Frederick F. Cartwright

Disease and History

フレデリック・F. カートライト

倉俣トーマス旭／小林武夫訳

歴史を変えた病《やまい》

りぶらりあ選書／法政大学出版局

Frederick F. Cartwright
in collaboration with Michael D. Biddiss
DISEASE AND HISTORY

Japanese translation published by arrangement with
Dr. Frederick F. Cartwright through
The English Agency (Japan) Ltd.

目次

序文

この本は、病気が歴史の流れを変えた数々の方法の徹底的なリポートであると自負するものでは決してない。原稿準備の初期の段階でこの問題を扱おうとすると何巻もの膨大な著作になってしまうということが明瞭になったので、この本には多少実験的な意味をもたせた。そのような理由でしばしばテーマの選択に迫られ、非常に興味のある課題を割愛することを余儀なくされた。例えば結核は歴史的に見て非常に重要な病気であるが、単一の事件やただ一人の人物に関連づけるには結核の影響はあまりにも大き過ぎるので省かざるを得なかった。

どの課題を受け入れるか、どの病気を落とすか判断は私自身の決定であり最終稿は私の責任であるが、歴史の専門家の協力が得られたのは私にとって誠に幸運であった。

ケンブリッジ大学ダウニング・カレッジ歴史学科主任であるマイケル・ヴィディス博士はたゆむことなく資料を私に教示し、執筆前並びに執筆中、私とともに各章について検討し、そして最終稿を読んでくれた。ヴィディス博士はまた、当然の結果として、私がしばしばやむを得ず歴史に対する病気の影響を強調し過ぎてしまうことを抑制してくれた。

私は友人から数々の援助をいただいた。クリストファー・ロング氏は初期の段階で図書館での調査に長時間を費やし、私に莫大な量の有益な資料を供給してくれた。ここに感謝の意を表する次第である。そしていつものようにキングス・カレッジ病院の私の同僚たちは無数の私の質問に対して辛抱強く答えてくれた。各章を熟読し、内容について助言してくれたD・W・リデル博士、C・C・マッケロン博士、S・ネヴィン博士並びにフィリップ・ヒュー゠ジョーンズ博士に深甚な感謝を捧げる次第である。特に言及するまでもないがキングス・カレッジ病院医科大学図書館員は私に親切極まる援助と助言を与えてくれた。

また、私は、草稿の批評、書きかえのみならず多くの情報を提供してくれたニューヨークのトーマス・Y・クローウェル社のヒュー・ローソン氏並びにロンドンのルーパート・ハート゠デーヴィスのアラン・ブルック氏の尽力を無視するわけにはいかない。

熟考の末私は参考文献の大半を省略することにしたが、多数の本を参考にしたのは勿論のことである。度々使用した重要文献に限り、興味を抱いてくれる読者のために巻末の参考文献にのせた。参考文献にはページ数の制約から本書にごく短くしかとりあげられなかったテーマについて、医学的ならびに歴史学的に精しく記載してある文献を含めた。

F・F・カートライト

キングス・カレッジ病院医史学科　ロンドン　S・E・5

序　言

歴史家と医師には共通点が多い。両者とも正当な人類研究は、〝人〟の研究をすることだということを認めている。両者とも人類の生存を左右する影響力の数々に特別の興味を持っている。この本の目的は医師と歴史家が必然的に遭遇する領域、つまり病気が歴史に与える影響を研究することにある。医学的診断の場合、単一の病因が発見されることが多い。しかしながら歴史学的研究の場合、原因はずっと複雑であることが多い。病気が常に歴史の大きな変化の主要原因であると主張するくらい馬鹿げたことはない。しかし歴史の社会学的観点が強調される場合、病気の影響が最も重要だと考えられるエピソードの数々を調査してみることは有意義であり特に病気の重要性が月並みの歴史家によって無視、または誤解された場合は尚さらのことである。

世界を悩ませた病気の数々を研究する目的は、歴史上重要な人物に対する病気の影響のみならず、ある民族に対する病気の影響を実例をあげて説明することにもある。それゆえこの研究は英雄の物語と考えても、あるいは、社会状態と一般的人類発展の物語として受け取ろうとも「歴史」に直接関連しているのである。文明人たちを悩ませた病気はその予防と治療と同様に文明の一部といってよい。歴史的にいって、もし病気自身が重要ならば病気征服も重要である。この物語が展開するにつれて解るように、病気を征服する努力は（未だ部分的であるが）我々に数々の別の問題を提供した。その問題の数々は病気とは異なる物であるため、我々をひるませるものであるが、我々の主題にとっては同様に重要なものである。

人間は群居性の動物であり、洞穴に孤立して住む未開人を描いた画は誤解を招くおそれがある。家族単位はほどなくこぢんまりした共同生活を営む部族に発展した。数少ない僻地のジャングルに今日未だ存在するそのような小さな地域共同体では、人々は人工的に切り開いて造った空き地に住み、道もない巨大な森林がたやすい連絡を妨げているので、各部族は互いに接触することもなく、存在している。人々は自給自足をし、バナナ類やキャッサバ[1]類を食料として生活した。バナナ類やキャッサバ類は主食であり、少量のヤシの油が、極く稀に人肉か獣肉が食生活に変化をもたらした。部族の敵は蛇、時たま襲いかかる野獣、ストロファンチン[2]毒矢を射って攻めてくるピグミー族であった。

産後の産褥熱や高率の乳幼児死亡率、マラリア、眠り病、フランベジアのような風土病が急激な人口増加を妨げた。病気に対する治療法はなく、炭水化物だけの食餌は重要器官に脂肪が沈着する若年性肥満症をもたらすので人々の寿命は短かった。そのため、部族の人口はほとんど静止状態で、新生児出産数が死亡者を上回った場合には人口は増加し、乳幼児死亡率が高い時には減少した。そのような過程が、適当に食餌を与えられ、そして大惨事から防御された共同生活における緩慢な人口増加のプロセスであった。しかし出産と病気の危険に対しては人々は打つ手を持っていなかった。

飢饉、戦争、伝染病のような大惨事は外部だけから襲ってきた。昆虫類による天災が作物の上に襲いかかり、飢饉の原因となったかも知れない。アフリカ大陸北部並びに東部より侵入したアラブ奴隷商人は遠隔の地にある村落の一つ一つを隅々まで巡り、その住民と戦い、生き残った住人を捕虜として連れ去った。後日になって白人が新しい病気を持ち込み、その病気は白人には無害であるが、先天的、後天的免疫のない村落の住民にとっては致命的なものであった。

何千年もの昔、人類はこのような原始的な自給自足の共同生活から抜け出し始め、そして大惨事の機会が増加してきた。文明の発達は人類に数々の利益、高度な生活水準や充実した知的生活をもたらしたがそれと同時に重大な危険も、もたらしたのだ。高度に文明化した人々が中心地から低文明の地域に押し出されるにつれて、未知の病気との接触の機会が増加した。道路の発達は、人々の容易で迅速な移動を意味し、そのため新しい病気は人体に侵入する微生物に対する抵抗力が出来る前に無抵抗な住民を世界的流行にまきこんで犠牲にしながら道路に沿って迅速に拡がることになった。

都市居住者は外部からの食料供給に依存する必要があった。もし供給が途絶えた場合には、とって代わる天然資源がないため、飢饉は避けられなくなった。飢餓、より大きくより良い生活圏への欲求、または首長の権力欲が原因で一種族が他部族に対して戦争をしかけた。新約聖書ヨハネの黙示録(3)に現れる三人の騎士(征服、殺人、飢饉)が青白い馬に乗った死という四人目の騎士を行列に迎え入れる話のように壮大なスケールに発展した。

疾病、飢饉、戦争は相互に作用し合い連鎖反応をもたらす。戦争は農夫を畑から追い出し農作物を破壊する。農作物の破壊は飢饉を意味する。飢えた抵抗力のない人々は疾病の猛攻に対して簡単に犠牲者となる。疾病、飢饉、戦争の三者とも障害状態である。疾病は人間の障害である。飢饉は植物と家畜の障害に原因する。それは異常気候によるか、もっと直接に、昆虫または細菌侵入によっても起こりうる。戦争は大集団の精神病的障害である。飢饉と戦争は歴史上それぞれ適当な位置を与えられるべきだが、この研究の中での我々の第一の関心は人間を直接冒す肉体的病気である。

(1) キャッサバ　熱帯の植物、根からでんぷん(タピオカ)を採る。

（2）　ストロファンチン　きょうちくとう科植物から採る有毒物質、強心剤。
（3）　黙示録の四人の騎士　新約聖書ヨハネの黙示録中に記された戦争の弊害を擬人化したもの。四人とは征服、殺人、飢饉と死であり各々白、赤、黒、青白い馬に乗っている。

第一章　古代における病気

文明といえるものは記録されている歴史以前にも存在していたので、文明と結びつけて考えられる病気は記憶に残っている歴史より古い。記録された人類発達史の比較的早期に病気と病気が及ぼした重大な影響の証拠が存在する。知られている最古の医学書、神農本草経は紀元前三千年頃と推定されているし、ロンドンにあるウェルカム医学博物館にはほぼ同年代頃のバビロニア人医師の封印が陳列されている。

一八六二年、ゲオルグ・エベルス教授によりテーベ[1]の墓で発見されたエベルス・パピルスには伝染性熱病のことが言及されている。パピルス紙は紀元前一五〇〇年頃の年代と同定されている。しかしパピルスのほとんどはたぶんずっと古いものから模写されたのである。

旧約聖書出エジプト記[2]には紀元前一五〇〇年頃エジプトを襲い、王位に就いているファラオの初子(ういご)から土牢に閉じ込められた捕虜の初子まで、またすべての家畜の初子を死亡させた疾病の物語が出ている。この物語は歴史の流れを変えた病気の好例であり、エジプト人たちを最後に襲った疫病がイスラエル人奴隷を出国させるようファラオを納得させ、そしてイスラエル人は四十年もの流離と試練の末やっと〝約束の地〟へ到着したのである。

戦争と疫病との因果関係は旧約聖書サムエル記上[3]によく記されている。紀元前一一四一年にイスラエル人はペリシテ人[4]と戦闘状態に入り四千人を失って敗北した。イスラエル人は神聖な契約の箱[5]を持ち出して再び交戦したが再び敗北を喫し三万人を失った。ペリシテ人は箱を捕獲しアシドドへ持ち去った。箱は民衆の要望によってガトへ移されそこから再びエクロンへ移された。両方の都市は直ちに疫病に襲われた。七カ月間の受難の後ペリシテ人は、唯一の方策として箱をイスラエルへ返還する以外にないと決定した。箱はペテシメシびとヨシュアの畑へ届けられた。返還された箱は神に燔祭を供え犠牲を捧げる儀式を以て迎えられた。好奇心のあるペテシメシの人々は箱の中を覗き、大悪疫にあう罰を受け七十人が死んだ。病気はイスラエル全体に拡がり五万人の人々が死んだという。

紀元前四三〇年に起こったアテネの疫病はいかに疫病が歴史の流れを変えたのかの格好の例を我々に提供する。紀元前五世紀の初めには、アテネ帝国は勢力の絶頂にあった。この小さなギリシャ民族は偉大なペルシャ王ダリウス一世をマラトンとプラテアの陸上戦とサラミス付近の大海戦で打ち破った。紀元前四六二年にペリクレスの開明な統治が始まった。彼の統治下ペルシャ人によって破壊されたアテネとエレウシスの寺院の数々が建築家イクティノスと彫刻家フェイディアスの天才によって復旧された。しかしながらギリシャの黄金時代は短か過ぎた。紀元前四三一年に、二大ギリシャ勢力のアテネとスパルタが共倒れになったペロポネソス戦争が始まった。スパルタは武を尊ぶ民族で素晴らしい陸軍を持っていたが海軍力はなかった。アテネは強力な海軍を持っていたが陸軍は取るに足らなかった。アテネ軍の国土防御線はほとんど難攻不落であり補給は海路から搬入されたので、アテネ軍は陸上戦に引き込まれたり飢餓のために降服する可能性はなかった。陸上で防御作戦をし海上では攻勢作戦を取る両作戦でアテネはスパルタを容易に敗北させることが可能であったはずである。開戦後一年にしてアテネ軍は陸上と海上両作戦に成功したので戦争の成り行きは決まったも同然と思われたが陸上防御の用兵策がまずく、城壁を回らした市内にアテネ軍をぎっしりつめこみすぎたため、スパルタ軍によって包囲される結果となった。

惨事が紀元前四三〇年に襲いかかった。疫病がエチオピアで発生したとされている。エチオピアからエジプトへ移り、エジプトから船で地中海を渡りピレウスとアテネに到着した。疫病は極く短期間だけ猖獗を極めたが大変な数の死者を出した。どのくらい死者が出たか想定出来ないがたぶん人口全体の最低三分の二が死亡したと想像される。さらに悲惨であったのは風紀の崩壊であったがこれは驚くには当たらない現象で疫病の流行の場合にしばしば見られる現象である。ギリシャの歴史家ツキディデスはこの恐るべき日々の物語を書き残し、アテネ人について次のように書いている。

人々を抑制する神々への畏敬心や法律はなくなった。神々への畏敬については礼拝をしようがしまいが皆同様にばたばたと死ぬので同じことだし、法律に関しては人々は裁判に引きたてられるまで長生きはしないと判断したからである。

さらにツキディデスは、最も堅実な社会的地位のある市民たちまで暴飲、泥酔、放蕩にうつつを抜かしたと付け加えている。

疫病が下火になった時ペリクレス(6)はスパルタ軍占領中のポティデア要塞を攻め取ろうと強力な艦隊を派遣した。しかし艦隊が出航するや否や（むしろ漕ぎ出したという方が正確だが）艦内に疫病が猛烈な勢いで発生し、艦隊はアテネへ引き返すことを余儀なくされた。ペリクレス自身が艦隊を率いてエピダウロスへ向かった時も同様な惨事が起こり〝疫病は彼自身の兵隊たちのみならず、彼らと言葉を交わした人々の命までも奪い去った〟のである。ペリクレスは紀元前四二九年に疫病により死んだといわれているので彼自身もその際感染したのかも知れない。

襲った疫病が何であったかは知られていない。当時テッサリアに住んでいた名医ヒポクラテスは疫病に関して何も記していない。ツキディデスは、急激に発病し高熱を伴った、喉が非常に渇く、舌と咽頭から出血する、皮膚の色は赤か鉛色の、最後には膿疱が吹き出し潰瘍となる病気と描写している。病気は貧富をとわず万遍なくあらゆる階級を襲った。医師たちは何も出来ず、彼ら自身も多数疫病に屈し死亡した。

大勢の意見ではこの病気は極度に悪性の猩紅熱であり多分地中海域で最初に出現した猩紅熱であったので特に致死的であったというのである。他の専門家は腺ペスト、発疹チフス、天然痘や、炭疽病の特に悪性のものであったと示唆している。この疫病が現在我々にとって未知の病気だという可能性もあるが、後世月並みとなり致死的ではなくなった伝染病が、はじめて出現したのではないだろうかという考えに傾いている。

アテネの疫病は疑いなくアテネ帝国の滅亡に寄与している。多数の人々を殺し、首都の士気を阻喪させ、特に海軍の戦闘力を破壊することによってアテネはスパルタに対して決定的一撃を加えることが出来なかった。ペロポネソス戦争は二十七年間ずるずると続き紀元前四〇四年にアテネの敗北を以て終止符を打った。アテネは海軍と在外資産を失い陸上要塞は破壊された。後世にとって幸いであったことは、都市と文化が無傷で残ったことである。

規模とその影響の長さにおいてたぶん歴史上最も驚嘆すべき事件はローマ帝国滅亡であろう。ローマ帝国滅亡の原因は歴史家によって過去に何回となく議論されてきた。しかし我々はここで病気と病気予防に関連した原因の影響についてのみ検討してみることにする。

公衆衛生と下水設備は西暦三〇〇年当時の方が十九世紀の中頃になって衛生思想が再興するまでよりずっと進歩していたのである。大下水溝（cloaca maxima）という偉大な排水施設が後日古代ローマの中央広場（forum romanum）の敷地となった沼地を排水するために紀元前六世紀に造られた。この排水施設は次第に現代の下水管の機能を持つに至り、この設計はイタリアとローマ帝国中のどこでも模倣された。現在の水洗便所はローマ帝国滅亡後、千年以上経過した時に初めて考案された。しかし西暦七九年にヴェスヴィオス火山爆発によって破壊されたポンペイとヘルクラネウムの遺跡には水洗便所とも結ばれた入念な水道工事がみられる。現在の市街では不愉快なくらい探し出すのが困難な公衆便所は西暦一世紀のローマではどこにも存在した。一番よく知られている公衆便所は、西暦七〇年頃ヴェスパシアヌス皇帝によって造られた、大理石の小便所が取り付けられた壮麗な建物であり入場料を多少取ったと考えられている。

清潔さは充分な水の供給いかんで決まる。最初の導水管は紀元前三一二年に既にローマへ清らかな水を運んだ。初期キリスト教時代のローマでは六本の導水管がローマへ入り、百年後には十本以上が毎日二億五千万ガロンの水を供給した。莫大な量の水の約半分は公衆浴場用に必要とされたが、二百万人の住民には一人当たり五十ガロンの水が残った。この量は今日ニューヨークやロンドン市民によって使用される量と同じである。一部の水道管は修理され今でも使用されている。一九五四年には四本の導水管が現代ローマの必需量を充分まかなった。西暦約二百年頃のカラカラ浴場[7]は千六百人の入浴者を一度に入場させる能力があった。約八十年後造られたディオクレティアヌス皇帝の浴場[8]は三千以上の浴室があった。現在のサウナに似た浴場はローマ文明が浸透したところならどこにでもついて回った。そして或るものは温泉あるいは鉱泉湯治場として有名になったのである。英国のバースやドイツのヴィースバーデンのような湯治場は現在に至っても上品な医療用温泉として評判を保っている。

巨大な都市国家ローマはいびつな細かい道路と汚らしい家々が並ぶ行き当たりばったりの町に発展した。ネロ皇帝統治時代の西暦六四年にほとんどこの町の三分の二が大火災によって破壊された。火災後のローマがロンドンより幸福であったのは、ローマがまっすぐで幅広い道路と広大な広場の都市計画に基づいて再建されたことである。道路清掃は食料供給もコントロールした造営官（aediles）によって管理された。造営官たちは生鮮食品、特に肉類の鮮度と品質を保証する規律を導入し、莫大な量の穀物を貯蔵して飢饉に備え、場合によっては十年間も全人口の需要に応じる量を貯蔵したのである。公衆衛生法令の中には城壁内での死体埋葬を禁じたものもある。しかしキリスト教が肉体の復活という考えを植えつけるまで、より衛生的な火葬が埋葬によって完全に取って代わられることはなかった。

清潔、衛生、給水という点ではローマは中世のパリや十八世紀のウィーンよりむしろ二十世紀のロンドンとニューヨークに類似している。ローマ人は大きなスケールによる最初の都市居住者であった。たぶん彼らは苦い経験から、もし清潔な水、綺麗な道路と下水がなければ多数の人々が健康でかつ誇りを持って密集生活をおくることはできないということに薄々気付いていたに違いない。十七世紀のロンドン市民は一世紀のローマ市民がとても我慢出来なかったであろうようなひどい生活状態で生き長らえていたのであるが、両者共、病気の原因には無知であったということで共通していた。もしローマの水道管から流れ出る綺麗な水が汚染した水源地に源を発しているとすると、ローマ市民たちは濁ったテームズ川から直接給水を受けたロンドン市民と同様な危険に曝されたことになる。この基本的知識の欠如が、ローマ帝国の偉大な健康条例をまったく無用の長物にし、その間、ローマ帝国は長年の疫病に悩まされ、衰退していくのである。

ローマ帝国を自分の巣の真中に座っている高慢な蜘蛛と想像してみよう。領土拡張のピーク時には、蜘蛛の巣は南はサハラ砂漠、北はスコットランド国境、東はカスピ海と、ペルシャ湾そして西はスペインとポルトガルの海岸まで伸展したのである。北と西には大西洋が横たわり、南と東はアフリカ人、アラブ人、アジアの蛮族という文明度の低い人々の住む未知の大陸の数々があった。ずっと霞のかかったような未知の大陸の彼方には、ローマより古い文明を持つインドと中国が存在した。長い国境線に散在する軍事拠点の数々には駐屯軍が配置されていた。国境駐屯軍から蜘蛛の糸の数々がローマに向かって伸びた。[10] ある糸はアフリカとエジプトからの海路であり、他の糸の数々はまっすぐなローマ軍団用道路である。ここに災難の材料が横たわっていた。つまり渺茫たる奥地は未知の秘密を隠し、その秘密の数々の中にはローマにとって未知の病気の原因である微生物とか、奥地に攻め込んだ軍隊が原住民に逆襲されるとか、海路または迅速な行軍のために特に造られた道路を経て自由に往来するとか、蜘蛛の巣の中心には高度文明を享楽しているが、感染に対する最も基本的防疫方法を欠如する密集人口が存在していたという事態があった。このような状況の数々の組合せを考えてみるとローマ帝国最後の世紀の物語は疫病の連続だったというのは不思議でも何でもないのである。

西暦一世紀前、悪性マラリアがローマ周辺の農業地帯で発生し、以後五百年間もの間ローマを悩まし続けた。悪性マラリア流行の最終的影響はたぶんゴート族やヴァンダル族の襲撃よりずっと悲惨なものであった。ローマに新鮮な野菜を供給した豊饒な農村地帯であるカンパーニャ地方のすべてで栽培は中止され、耕作する零細な農夫たちはローマ市に逃れ、そこの人口密集に拍車を掛け、そしてもちろん感染をローマに持ち込んだのである。他の原因があったかも知れないが、ローマ帝国征服地のどこでも出生率が増加していた時、主としてマラリアのためにイタリア＝ローマの出生率が急激に減少した。さらに無治療のマラリアによる常習的虚弱と病気のため、寿命が短くなり国力が衰えた。西暦四世紀には強力なローマ軍団の戦闘員はもはやイタリア人ではなくなった。兵隊だけではなく将校たちまでゲルマン系種族に頼るようになった。東方より輸入された退廃的快楽よりも、むしろマラリアがローマ帝国末期を特色づけた精神的弛みを説明するのである。

第二の危険は、はるか東のかなたからやって来た。西暦第一世紀の終り頃、好戦的で残忍な種族が強健な小型馬に跨り蒙古地方からステップ草原地帯を越えて南東ヨーロッパへ出現した。この移住はたぶん中国北方の土地における病疫か飢饉またはこの両者に原因していたと思われる。侵略して来る匈奴族に圧迫されてヨーロッパからアジアにかけての広大な陸地の中央に住むチュートン（ゲルマン）民族の数々は西方に向かって大移動を開始し始めた。アラニ族、東ゴート、西ゴート種族の容赦ない西方流入が結局ローマを没落させ、緻密な組織をもった帝国を、相争う烏合の衆の国々に分解したのである。西暦四五一年から四五四年の間、アッティラ王指揮下の匈奴がゴール[11]（ガリア）のオルレアンと北イタリアまで到着した。匈奴はヨーロッパへ未知の病気を持ち込み、それと反対に匈奴たちも彼らにとっては未知の病気の猛威のためヨーロッパから逃げ帰ったのかも知れない。

遠隔地と、そこから来た人々との接触によりローマは疾病に門戸を解放したのである。最初の大流行は西暦七九年頃ヴェスヴィオス噴火直後に発生した。この伝染病流行はたぶん炭疽病流行を伴った劇症マラリアであった。炭疽病は主として動物の疾患であるため、家畜類の大規模な死滅という結果を招いた。感染はイタリアに限局し、市内で猛威を振るいカンパーニャ地方だけで一万人の死者が出た。約一世紀の間、主としてマラリアと思われた病気が多発したあと、西暦一二五年には「オロシウスの疫病」

が襲って来た。広範囲に亘り農作物を台無しにしたバッタの来襲が先駆けたのでこれは飢饉と疫病の典型的な因果関係を示すものである。飢饉の後に続いた疫病はアフリカ北部のヌミディアで特に激しく八十万人が死亡したと言われ、アフリカ北沿岸地方では二十万人もが死んだと概算されている。この数字はたぶん誇張されているのだろうが、それにしても高い死亡率を物語っている。疫病はアフリカからイタリアへ渡りイタリアでは無数の人々が死亡し、村や街が放棄され、荒れはてた。

四十年経った後に「医師ガレノスの疫病」ともいわれる「アントニヌスの疫病」がやって来た。「アントニヌスの疫病」の物語は前述の話より詳しく記録されている。病気はローマ帝国東方国境でルシウス・ヴェルス副皇帝の軍隊中に発生した。病気は一六四年から一六六年までの二年間東方に局限されていたが、シリア内での反乱を鎮圧するため派遣されたアヴィデス・クラウディウス指揮下のローマ軍団の間に多数の死者を出した。疫病は帰還した軍団と一緒に地方の隅々に散布され一六六年にローマに到着した。疫病は急速にあらゆるところに広まり、多数の死亡者を出し、死骸はローマや他の街から手押し車や荷車で運び出された。

アントニヌスの疫病またはガレノスの疫病はローマ帝国防御戦に最初の亀裂を生じさせたことで注目に値する。西暦一六一年までローマ帝国は絶えず領土拡張をし続け辺境を維持していた。その年にゲルマン蛮人であるボヘミアのマルコマンニ族とモラヴィアのクアディ族がイタリア北東の防壁を侵略した。疫病による恐怖と混乱のために全面的報復戦に着手することが出来なかった。つまり一六九年までマルコマンニ族に対してローマ軍の全力を投入することが出来なかったのである。マルコマンニ族は侵入に失敗したが、この理由はローマ軍団の武勇と同様、ローマ軍が疫病を戦場に持ち込んだことにもあるらしい。というのは戦場に負傷した形跡のない多数のゲルマン人が死んでいるのが発見されたからである。

疫病は一八〇年まで荒れ狂い、最後の犠牲者の一人はローマ帝国中一番高潔であったマルクス・アウレリウスであった。彼は発病後七日目に死去し、彼の息子が罹病しないようにと最後まで息子との面会を拒絶したといわれている。西暦一八〇年の後、疫病は短期間休息し一八九年になって再び流行が活動化し出した。二番目の流行は最初のものほど広汎ではなかったが、ローマにおける死亡率はぞっとするほどひどいものであり、たった一日で二千人もの人々が死亡したこともあった。

医師ガレノスの名が西暦一六四年から一八九年の疫病に付けられたのは、彼が疫病流行に背を向けて逃げ出したのみならず、病気描写を後世に残していったからである。初期症状は高熱、口腔と咽頭の炎症、焼けるような渇きと下痢である。ガレノスは発病後九日目頃に出現する乾燥性あるいは膿疹様の皮膚発疹を描写している。多くの患者は発疹が出る前に死亡したと示唆している。ここでアテネの疫病との相似点が見出されるが、病気は間違いなく東方から持ち込まれたのと、膿疱が言及されていることから考えて、多くの歴史家はこれが最初の天然痘流行のケースであったと主張している。

一つの説は匈奴の西方移動が蒙古における悪性天然痘流行に原因するというのである。疫病は匈奴と共に旅し、通過中ゲルマン民族に伝染させ、ゲルマン民族に取って代わって彼らと接触のあったローマ人に伝染させたというのである。しかしながら二番目のローマでの疫病発生は後日十六世紀から十九世紀に亘って発生したヨーロッパの天然痘の物語と全然似ていないという反論もあることを知る必要がある。しかし後の章に出ている物語で解るように病気が最初に出現した時の症状はしばしば後日になって病気が定着状態になった時の症状とはまったく異なる形と経過をたどるものである。

西暦一八九年以後二五〇年まで疫病は記載されていない。そしてキプリアヌス大疫病が現れ、それは明らかに歴史の流れを変えたが疫病の本質は不明である。カルタゴのキリスト教司教であったキプリアヌスは激しい下痢と嘔吐、潰瘍性咽喉炎、高熱、手足の腐敗と壊疽等々の症状を記述している。別の記憶によると全身に急速に拡がる病気で飽くことを知らない喉の渇きがあると述べられている。この二つの記録は発疹や皮疹のことに言及していないが、「全身に速やかに拡がる」という記載がそれを意味しているのかどうかは不明である。アテネの疫病と同様病気の源泉地はエチオピアでありエチオピアからエジプトと北アフリカのローマ帝国植民地に伝わったといわれている。北アフリカはローマ帝国の穀倉であり、手足の壊疽の記載との関連においてこの事実を考慮すると麦角中毒症を考えたいのである。流行性麦角中毒症は麦角黴に犯されたライ麦から作られた黒パンを食べることによって起こる。しかしながら南部よりむしろ北部の農作物であるライ麦がローマの主食用パンの麦であったという証拠はないしキプリアヌスの疫病の広汎な流行と長期間に亘っての発症はこの説に反する議論の根拠である。この病気が何であったかを明確にさせない方が無難のようである。

この疫病は南はエジプトから北はスコットランドまで、真の世界的流行の形を取った。患者との接触だけでなく病人の衣服や物品との接触によって、すさまじい速度で拡がった。最初の圧倒的な破壊力をもつすさまじい疫病の出現の後、小康状態となりそれに続いて最初と同じように破壊力の強い疫病が同じ地域で再発した。流行は秋に始まり、冬と春中続き、夏の暑い気候と共に勢が衰えるという季節的発生の特徴が見られた。死亡率は他のいかなる悪疫より高く、罹病者中生存した者より死者の数の方が多かった。キプリアヌスの疫病は十六年以上続き、その間中、人々は社会的パニックに近い状態に陥った。何千人という数の人々が田舎を脱出して超満員の都市に入り込み、それが新しい発生の原因となり、イタリア中の農場の大部分は荒れ地に帰り、或る人々は人類が絶滅すると考えた。メソポタミア、東部国境線やガリアの戦闘にもかかわらず、ローマ帝国はやっとこの大災害を乗り切ることに成功した。しかしながら西暦二七五年にローマ軍団はトランシルバニア[12]とブラック・フォレスト[13]からダニューブ川とライン川まで後退し、情勢が非常に危険になったと思われたのでアウレリアヌス皇帝はローマ市自体を要塞化する決心を固めた。

続く三世紀の間、ゴート族とバンダル族の圧力でローマがゆっくりと瓦解する間に同様な疫病が繰り返して流行した。ローマ帝国に暗黒の帳が下り、強力な帝国が崩壊するにつれて、疫病の証拠は徐々に不明瞭になり、漠然とした戦争、疫病と飢饉の物語に退化していった。ゲルマン人たちがイタリア、ガリア、ピレネー山越えをしてスペインそして北アフリカにまで殺到した。四八〇年にはそこにいたバンダル族は疫病のため弱り果て、後日襲来して来たムーア人[14]に抵抗することが出来なかった。ローマ市内（四六七）とウィーン周辺（四五五）で沢山の人々が死亡したという噂が残っている。アングロサクソンの歴史に影響を与えた可能性もあるので、四四四年における疫病の大流行の一部が英国を襲った事実には特に興味がある。聖ビード[15]によると英国での死亡率は絶大で死者を埋葬する健康な生存者を探すのが困難なほどであり、ローマ領英国の首長ヴォーティガンの軍勢を枯渇させたため蛮族ピクト族[16]やスコット族による侵入に対抗することが出来ないほどであった。伝説によればヴォーティガン首長は彼の首領たちと相談の末ヘンジストとホルサの指揮下に傭兵として四四九年にブリテン（英国）に到来したサクソン族[17]に助けを求めることに決定したと言われている。疫病が英国人を弱めたためサクソン族浸透が成功したといえる。

話変わって東方に新しいローマ帝国が起こった時のことを述べてみたい。小アジアが紀元前一世紀にローマに併合され、四百年後コンスタンティヌス大帝（ローマ皇帝三〇六〜三七）は東方の都市ビザンティウムに遷都した。百五十年後西ローマ帝国は完全瓦解の過程にあったが東ローマ帝国は一二〇四年のフランク族（第四次十字軍のこと、ラテン帝国の成立）による征服まで、支配勢力として存在し続けた。ビザンティウムはローマ政府の組織を維持し、ローマ復活と東西両ローマの再統合の夢を抱いていた。この夢は東ローマ帝国皇帝ユスティニアヌス一世（五二七〜六五）によってもう少しのところで実現されるところであった。ユスティニアヌス一世は東方と北方の国境の安全を確保したのち五三二年西方に向かって攻撃を開始した。彼はカルタゴとアフリカ北岸のほとんどを奪い返し、シシリー島を奪還しイタリアへ渡った。彼の武将ベリサリウスによってナポリは陥落し、無防備のローマやラヴェンナ、中部及び南部の全都市はローマ帝国軍に占領された。五四〇年にはゲルマン族の抵抗は打ち破られたかに見えた。スペインの一部をも奪還したユスティニアヌスはガリアとブリテン（英国）まで征服する大胆な計画を建てた。

彼の勝利は長続きしなかった。ムーア人たちがビザンチンから来た人々をアフリカ海岸のほとんどから追い出し、五四一年には才気あふれた若いゴート族指導者、トティラがイタリアの大部分を取り返した。トティラはユスティニアヌスと妥協する用意があったが、帝国は征服以外の案には耳を貸さなかった。十一年間の激しい戦争が続きローマは五回籠城戦をした。戦闘終了後ローマはマラリアによって荒廃した土地に二、三千人が住む疲弊した街と化した。五度の籠城戦中、ゴート族は降服を強いるため水道管を切断する作戦を取った。壮大な建物と歴史に冠たる威光を担ったローマは西洋社会に対する影響をすっかり失ったわけではなかったので、中世の不潔と薄汚なさは一部この水道管切断に原因しているのである。もしローマ市の水道設備が働き続け、充分な量の水があったら他のヨーロッパの都市はローマに見習って同様な設備をしたであろう。

ユスティニアヌス大帝の統治は帝政の華麗な御代であるべきはずであった。ユスティニアヌス大帝は全領土を城や砦の数々で囲んだ。彼は聖ソフィア寺院をはじめ多数の壮麗な建築物を建立した。古代ローマ法を具体化した法律は以後何世紀にも亘ってヨーロッパの法律の基礎となった。彼はベリサリウスやナルセスのような常勝将軍たちに指揮された、熟練した槍兵と弓射手を含む素晴らしい軍隊を作り上げた。それにもかかわらず彼の統治中匈奴たちはすんでのことで首都を占領するところであったし、スラブ人たちはアドリアノープルを占領しペルシャ人はアンチオキアを略奪した。

きらめく栄光の中で始まった彼の政府は着々と衰微して行った。西暦五六五年にユスティニアヌス大帝が八十三歳で死んだ時、彼が五二七年に王位についた時に比べてずっと貧しく弱体化した帝国を後に残して行った。その理由は彼の最も成功した年、西暦五四〇年に、ゴート族やバンダル族よりずっと恐ろしい敵が待ち伏せていたからである。

ユスティニアヌス疫病は世界を悩ませた事件の中で最も恐ろしい出来事であったかも知れない。我々はユスティニアヌスの治世中、書記官または歴史家として活躍したプロコピウス[18]によって記された物語によりその事件について知るのである。疫病は西暦五四〇年に下エジプトのペルシウムにおいて始まりエジプト中に蔓延し、アレキサンドリアとパレスチナまで拡がった。パレスチナが当時知られていた世界に拡がっていく伝染の中心地だと思われた。疫病はビザンティウムに西暦五四二年に到達している。死亡率は最初憂慮すべきことはなかったが毎日一万人が死亡するまで急激に上昇した。死者が多過ぎて多数の墓穴を早急に掘ることが不可能であった。城塞の塔の屋根が取り除かれ、塔の中に死者が詰め込まれ、屋根を元に戻した。船に死者が積み込まれ、海に漕ぎ出し放棄された。

この病気は疑いなく腺ペストであった。犠牲者たちは急性の発熱に襲われ、初日か二日目に横痃つまり淋巴腺腫脹が鼠径部または腋窩に現れた。多くの患者は深い昏睡状態に陥り、他の患者は激しい精神錯乱状態を呈し、幻覚の中で幽霊を見たり死を予言する声を聞いた。患者は激痛の内に死亡した。死は普通五日目に起こったが、非常に早い場合もあったし、一〜二週間手間取る場合もあった。医師たちはどの患者が軽症であり、どれが重症であるか診断することが不可能であった。知られている治療法はなかったので医師は無用の長物であった。プロコピウスは二つの点を指摘している。第一点は疫病が必ず沿岸に発生し内陸に向かって拡がったこと、第二は予想に反して病人を看護したり死人の埋葬準備をした医師たちや付添看護人たちが特に一般人以上に犠牲にならなかったので、伝染性がないと言っている点である。

疫病はひき続き五九〇年まで何度も繰り返し襲いかかった。それはどの街もどの村も容赦せず、最も辺鄙な村里まで荒して回った。もし或る地域が疫病から免れたように見えても早晩必ず襲われた。キプリアヌスの疫病と同様、季節的発生があり、病気発生は二、三年下火になっても必ず同じ場所で同様の残忍性を以て再発した。どの年齢の人も冒されたが、女性より男性の方が死亡者が多かった。多くの都市や村落は全滅するか放棄された。農業は大部分消滅し恐慌が全帝国を混乱に陥れた。ギボン(19)によれば全領土中どこでも疫病前の人口密度を取り戻すことはなかった。多くの疫病記録に共通のようにプロコピウスは次のような観察をしている。曰く、「疫病後の堕落と放縦という事実は、最も不道徳な輩だけが生き残ったことを示唆する」と。

どの程度まで疫病がローマ滅亡とユスティニアヌス一世の野望を挫くのに貢献したかは議論のあるところである。不治の伝染病は依怙贔屓なく万遍に文化度の高い社会も、低い社会も荒らし回った。だが都会居住者は農民より特に危険度が高く、致命的流行病の場合緻密に組織された社会はばらばらに離れた場合よりずっと簡単に崩壊するものである。最も重要なことは風紀の頽廃は困苦欠乏の一生を過ごした人より、軟弱な生活を享受した人々に起こり勝ちだという点である。それゆえ疫病が蛮族の戦闘力に影響を及ぼしたのは間違いないが、ローマやビザンティウムの生活に及ぼしたショックは計りしれないほど大きかったのである。頽廃時期にあった帝国を襲った疫病の恐るべき結果を考えてみる時、我々は疫病より強力な災害の原因を他に求める必要はないだろう。

最初の三世紀間における疫病の災害はローマ帝国の基礎を揺るがした以外に、あまり広く知られていない二つの壮大で長期に亘る影響をもたらしたのである。その第一はキリストが昇天したあとの年月に、もしローマ帝国が不治の疫病によって荒廃されなかったなら、キリスト教が世界勢力としての基礎を固めることにたぶん成功しなかったであろうし、キリスト教が異なった形態のものになっていたのは確かであろう。第二はもし医学がキリスト教教会の支配下に入らなかったなら四世紀から十四世紀の一千年に亘る医学史は非常に違ったものになっていたであろう。どういうことが起こったかを理解するためには我々はヨーロッパ文明の初期、僧侶と医者が同一人であった時代にまで遡る必要がある。

極く初期の霞がかかって曖昧模糊としたギリシャ神話時代にアポロ神がデロス島でレト女神から生まれた。アポロはデルフォイへ運ばれそこで古代疫病の象徴であった大蛇を殺した。この行為のためアポロは健康の神となったが、彼は疫病の持参人でもあり、彼が矢を放つことによって疫病を死ぬべき人に命中させた。それゆえアポロは尊敬されなければならなかったしまた懐柔もされなければならなかった。アポロは医術の秘密をキロン（半神半馬の怪物ケンタウルスのうちもっとも賢明なもの）に伝授しキロンはさらにイアソン、アキレスとアスクレピオスに伝えた。アスクレピオスは紀元前一二五〇年頃実在[20]したとも考えられるのであるが、彼は医師として大成功し、死人まで生き返らせたため、ゼウス神は黄泉の国へ送る霊魂の数が減ったのに驚いて雷を以ってアスクレピオスを殺害した。アスクレピオスは神となりヘラス中の何百という寺院において崇められるようになった。[21]

アスクレピオス信奉者が増えるにつれ、アスクレピオス崇拝は「孵化」(incubation)または「寺院睡眠療法」[22](temple sleep)の儀式に発展した。患者は医療神に捧げ物をし、入浴して身体を潔めた(水垢離)。次いで患者はあけっぴろげの長い回廊に眠るために横臥した。ここで患者の夢の中にアスクレピオスが現れて助言を与えるか、それとも彼に伴う聖蛇が患者の傷口か目を舐めて治療したのである。後日になると、魔術のような寺院睡眠治療に体操、食事療法、マッサージ、入浴療法が追加された。多くの患者は寺院に何週間、何カ月と滞在し寺院は十九世紀の水治療所[23]に類似したものに発展した。そして治療は疑いなく水治療法のように効果的であったのである。

ギリシャ人は〝科学的方法〟を発展させた。ピタゴラス(紀元前五八〇〜四九八)は数学の父であるが、組織だった医学の基礎をも築いた。彼の弟子の中には二人の医師アルクメオンとエンペドクレスがおり、四元素、すなわち、地、水、火、空の学説を発表し、呼吸、視力、聴力、脳の機能の理論を生み出した。彼らの学説はアテネの黄金時代であるペリクレス時代の偉大な人物の一人ヒポクラテス(紀元前四六〇〜三五五)によって大成された。

ヒポクラテスは人体が血液、粘液、黄色胆汁、黒色胆汁の四体液(フモール)よりなりそれらが熱すぎるか、冷た過ぎるか、湿り過ぎるか、乾き過ぎるかして平衡が破れた時に発病すると信じていた。ヒポクラテスは病気が神々による刑罰という考えを否定し、多くの人々によって医療の創設者と見なされている。

紀元前三五五年までに、医学は純粋な魔術から脱却し、合理的基礎を獲得したが、この〝科学的研究方法〟がどれほど実際の医療に影響を与えたかは疑問である。ヒポクラテスは理論家だけではなかったはずである。彼は見覚えのある病気の数々と治療の結果を記述している。しかしながらアスクレピオス信奉者の流れはヒポクラテスまで及び、この偉大な医師がアスクレピオスの直系子孫であると自称したのは注目に値する。或いはこの偉大な医師のために他人がそのように主張したのかも知れない。ヒポクラテスが学校を設立したという確証はない。知られている最初の医学校に類似したものは彼の没後二十年経ってアレキサンドリアに創立された。彼の教訓が広く伝えられたとか、彼の影響力が在世中大きかったというような事実はないようである。

この点はローマ医学史上重要である。大プリニウス(24)によれば、ローマ市民は六百年間医者なしでうまくやって来たのだ。家長が民間療法と、適当な神に捧げ物をする儀式をすることで子孫を治療したというくらいの医療は存在していたのである。ローマはすべての国々から神々を借用したので、ローマにもアポロとアスクレピオスの信奉者たちがいたが、その他多数の〝土着〟の半神半人がおり、その多くは病気に直接関係していた。例えばサルスとマルスは健康一般を管理し、カルメンタは出産を管理し、フェブリスは熱の女神であり、メフィティスは発病させる空気の女神、カルナは胃の女神等々であった。ローマ人は生命のあらゆる機能に対してとあらゆる自然現象に対して、それぞれ固有な神をもちそれぞれの神は彼（男神）または彼女（女神）に特有な正確な儀式によって宥めすかされねばならないとした。もし神から希望した援助が得られなかった場合は、間違った神が呼ばれたためか、間違った儀式が施行されたからであった。

医療に携わるということは、ローマ人の威信にかかわるといわれるほど低級な仕事であった。最初の医師はギリシャ系の奴隷であった。ヒポクラテス没後百年以上経った紀元前二二〇年頃、ギリシャ人医師たちの最初の一人アルカゲテスがローマに現れた。アルカゲテスに続いて沢山の医師がやって来たが、どの医師も患者の福祉より金儲けの方に興味を示し、誰もヒポクラテスのレベルの医療はしなかった。奴隷である医師たちはユリウス・カエサル[25]のような偉大な人によってのみ、ローマでの自由行動を許された。彼らの地位はアウグストゥス治世中[26]向上したが、我々が知っている限りでは、医療は常に外国人の手によって行われた。マラリアと疫病がローマ帝国を襲った時、悩み苦しむ市民たちは古代からの神々か、ギリシャ人医師たちに治療を依頼することしか出来なかった。どの方法も特に目立って成功したわけではなかったので、ローマ人が他に援助を求めたのは別に驚くに当たらない。

外国の数々と接触し、無限と言える多神教のため、ローマは多種の宗教を保護し、信仰の自由を認めていた。自国の神々のみならずギリシャの神々や、東方の神々まで招き寄せた。ローマ人に征服された人々の宗教中、影響を与えたのはユダヤ人の宗教であった。小さなユダヤ人社会の数々が、地中海沿岸全体に沿って散在していた。それは西暦六六年の戦争に続くユダヤ人離散[27]のために増加した。

ユダヤ人社会は道徳に基づいた生活態度、正直な取引と病人と貧者への世話で有名であった。多くの非ユダヤ人たちはユダヤ人流の暮し方に興味をそそられていたがユダヤ人の宗教上の慣例が障碍となった。ヘンリー・チャドウィックの言葉を借りると

ユダヤ人は直接にも間接にも、どの異教崇拝者とも交際しなかった（これは反社会的である）。彼らは神々に捧げ物として供えられた肉のみならず、すべての豚肉をも食さず（馬鹿げたことである）、そして男の割礼をする（嫌悪の情を催す）。

もっと寛大な態度のユダヤ人社会は、このような奇妙な慣例に非ユダヤ人が従うことを固執せず〝ユ

ダヤ教入信者〟の外郭グループに加入することとユダヤ教の会堂に所属することを許した。使途パウロも含めた初期のキリスト教伝導者たちは、最初のキリスト教改宗者たちを〝ユダヤ教入信者〟の中に見出し、この準ユダヤ会衆の中にローマ帝国のキリスト教徒は最初の基礎を礎いたのである。このような理由で、ローマ帝国の役人は信仰の黙認や迫害の目的においてはユダヤ人とキリスト教徒は同一と考えたのである。

キリスト降誕後一世紀の間、彼の直弟子の使徒たちは未だ生存していた。教訓は口頭で行われ、キリスト教の教理は未だ形作られていなかった。二世紀中キリスト教の教義の基本的パターンが新約聖書の信条と聖句として要約され始めた。マタイ伝、マルコ伝、ルカ伝の共観福音書はキリスト教によって実行された多くの〝奇跡〟に言及している。ルカによって二十の奇跡が記述されているが〝水上歩行〟[28]と〝実らないイチジクの木の不思議なのろい〟[29]の二つはルカによる福音書の文ではない。ルカ伝福音書の中に記述されている奇跡を分析して見ると三つの例だけが医学的性格のものでないのに気がつく。それらは〝暴風の海を凪にする〟〝漁師の奇跡的大漁〟と〝群衆の給食〟[30]である。四つの例では不浄の霊魂が追い払われ、二例では死人が蘇生し、十一例の場合、病気と不具が治療されている。その上、ルカ伝福音書は「それからイエスは十二人の弟子を呼び集めて彼らにすべての悪霊を制し、病気を癒す力と権威とをお授けになった」と確信している(ルカ伝九・一)。この権威は後に七十人の弟子に与えられた。かくして奇跡的かつ神聖な治療法がキリストの弟子たちに渡されたのである。

西暦一二五年のオロシウスの疫病と、一六四年から一八〇年まで続いたアントニヌスの疫病が流行した第二世紀は致死病の時代であった。恐怖に怯えた疫病の犠牲者たちにとってキリスト教が他のいかなる教義にも見られない新しい希望を提供した。悔い改めた罪人には究極的天国の保証と死後の保証があった。とりわけ、生者にとってはキリストの奇跡と、キリスト教によって弟子たちに委託された奇跡の力は、致死病を癒し、死自体を打ち負かす聖なるとりなしのしるしであった。かくしてキリスト教教会の発展は相続いた疫病の際の特別な医療伝導により鼓舞激励されたのである。第三世紀の中頃までには、散在していた小さなキリスト教徒社会の数々が合同して、確立されたキリスト教教会となり、この過程は西暦二五〇年に起こったキプリアヌス疫病で大いに促進された。改宗者は飢餓、地震、疫病の間中、さらに増加した。キプリアヌス疫病がたけなわの時、北アフリカのキプリアヌス司教と弟子たちは一日に二百人から三百人の多数の人々を洗礼していた。

こうして治癒神キリストに対する崇拝が生まれた。三世紀のデキウス皇帝（二四九〜五一）とディオクレティアヌス皇帝（二八四〜三〇五）のキリスト教徒迫害はキリスト教を根絶することに失敗し、キリスト教は三一三年にコンスタンティヌス大帝から承認を受けた。第四世紀の終りに、テオドシウス皇帝による偶像崇拝反対の法律が制定された後、キリスト教はローマ帝国の公認宗教として採用された。この時代か、たぶんその前に、医療は、キリスト教会の手に移りビザンツ帝国皇帝の統治下、司祭と医師は再び同一人となったのである。キリスト教徒は、病人看護をするのに、ユダヤ人の習慣を踏襲した。ローマ共和国に野営診療所が存在したし、偉大なバルトロメオ病院は紀元前二九三年にローマ市内を貫流するティベレ川畔に建設されたので、キリスト教徒が最初に病院を建てたというのは真実ではない。病人看護はキリスト教徒の義務となり、奉仕に熱心なキリスト教徒の団体の数々が創られるにつれ診療所がキリスト教徒共同体の基本的部分を構成するようになった。

初期病院と初期教会は同じ設計図によって設計された。中央祭壇を中心にして出る二つか四つの長い身廊（または病棟）があり、各々の身廊には、守護聖者をいただいたいくつかの側病棟か礼拝堂がある。

このような病院では治療は司祭によって行われ、その司祭には助修道士か修道女の手伝いがついており闘病は完全に超自然の摂理に訴えることによってのみ行われた。

ビザンツ帝国と中世の「医師」の病気処置法は今日のクリスチャン・サイエンティスト[31]と本質的に同様である。病気は清浄なるキリスト教徒の生活の道を誤った罪に対する罰である。もし神が病気を治癒させようと決めた時は、神の奇跡の行為によってのみそれが可能であった。しかし治癒は神だけによってもたらされたわけではない。丁度異教ローマの半神半人が病気の経過に影響を与えようと介入したように、キリスト教会の半神半人ともいうべき聖人たちを奇跡を成し遂げるために呼び寄せることが可能だったからである。このような半神半人または聖者のある者は、殉教者コスマスとダミアンの双子兄弟のように特別な能力を持っていると思われていた。この兄弟は無料で施療し、キリスト教創生期の迫害中に処刑された。この二人はゼウスの双子の息子たちであるディオスクリ[32]のキリスト教版かもしれないし、実在の人々であったかも知れない。コスマスとダミアンは杭にくくられ、投石の刑に処せられ殉教者となったが、奇跡的に生き返り、斬首刑を以って命を断たれた。この物語は病気から、人を守るキリスト教聖者たちの多くに共通してみられる自己犠牲、忍耐強い受難、復活と最後の死のテーマを具体的に表現している。

他の聖人たちは名前を変えたローマ半神半人であり、種々の病気と、身体の部分か機能を司る守護神たちであった。熱の女神フェブリスは名前をほとんど変えることなく聖フェブロニアとなった。本当のことはほとんど知られていない司教であり殉教者であった聖ブレーズは咽喉を司った。聖アポロニアは西暦二四九年にアレキサンドリアにおいて、反キリスト教暴徒の群衆により歯を折られたために歯の守護神となった。エルモの聖エラスムスは三〇三年に捲上げ機により腸を抜き取られて殉教者となったため、半女神カルナから腹の守護を受け継いだのである。聖ローレンスは西暦二五八年に焼き網の上で火焙りの刑に処された時、背中がよく焼けていないのでひっくりかえしてくれるように頼んだという貧弱な根拠で背中の守護神となった。西暦三〇四年に殉教者となった聖ルチアは眼の保護神である。彼女は後日スコットランドの聖トリドゥアナと混同された。この人は異教徒の愛人が彼女の眼を賛美した時、眼を刳り抜き串刺しにして彼に贈呈した。

特別な病気に対して加護を呼び求められる聖者たちの中には、まったく神話での精神異常者に対する女守護者である聖ディムプナがいる。彼女に捧げられた十三世紀の精神病院は今なおアントワープ近くのギールに存在する。もう一人の神話上の人物聖アヴェルチンは癲癇の守護神となった。痔疾に悩まされた人々は六世紀のアイルランドの聖フィアクルに助けを求めた。聖フィアクルは庭師の守護聖人でもあり、後に彼の名前がパリの小型四輪乗合馬車につけられたのである(フィアルクル馬車)。

もっとよく知られている聖者はディオクレティアヌス統治下若くして殉職したといわれている聖ウィトウスである。聖ウィトウスは彼の名前を今日コレア[33]と通常言われている病気の聖ウィトウス舞踏病に与えた。西暦二五一年にエジプトの古都メンフィス近くで生まれ、百四歳の高齢で死んだ行者の聖アントニウスは多分、丹毒、腺ペスト、発疹チフスか麦角中毒であったかも知れない〝聖アントニウスの火〟に名が残っている。

特に興味があるのは流行病守護者である聖セバスティアヌスの伝説である。彼のまったく神話的生涯はローマとギリシャの半神半人から、奇跡的能力がキリスト教聖者へ譲渡されたことを示している。彼の伝記によればセバスティアヌスは西暦三世紀にナルボンヌ[34]で高貴な両親から生まれたとされている。若い頃彼は親衛隊一中隊を指揮し、常にディオクレティアヌス皇帝の側近であった。皇帝には忠実であったがセバスティアヌスは密かにキリスト教徒になり、マルクスとマルセリヌスという二人の貴族青年をも含めて人々を改宗させた。両人は告訴され、拷問に掛けられて自白し、処刑のために引き出された。両親たちは改宗を撤回するよう哀願した。セバスティアヌスは熱心に訓戒したため二人とも改宗撤回を拒否したのみならず、彼らの監視人たちや判事たちまで改宗させた。二〜三カ月後の西暦二八八年に全員は裁判にかけられ死刑の宣告を受けた。ディオクレティアヌス皇帝自身セバスティアヌスに撤回するよう勧告したが、彼がそれを拒否するとセバスティアヌスを杭に縛りつけ、矢で撃ち殺すことを命じた。命令は実行に移され、彼は死んだとして置き去りにされた。真夜中にマルクスかマルセリヌスの後家の母親イレネはセバスティアヌスが未だ生きているのを発見し、健康体に戻した。セバスティアヌスの友人たちは彼にローマを立ち去るように嘆願した。彼は友人たちの願いを拒否し、宮廷の門のところに立ってディオクレティアヌス皇帝にキリスト教徒の仲間たちの命乞いをした。皇帝は直ちにセバスティアヌスを野外競技場へ連行し、死ぬまで鞭打つように命じた。彼の死体はローマの大下水溝に投げ込まれたがお告げによりキリスト教徒ルシンダの眼に映り死体は回収され、地下墳墓に埋葬されその上に現在聖セバスティアノ教会が立っている。

聖セバスティアヌスを伝染病からの保護者とする信奉者たちの集いは約六八〇年頃始まった。セバスティアヌスの一番初期の肖像は年老いた、顎ひげのある、きちっと着物を着けた人として描かれている。そのような肖像画の一つには外套の襞で弓矢を受け流しているのがあるが、後日の肖像画は腰布だけを着けた肉体美の青年として描かれている。推測だがセバスティアヌスとアポロ神とは同一だと言う。矢には象徴的意味がある。アポロ神のもつ矢は病気の運び手でありセバスティアヌスは奇跡的に病気にかからなかったのである。かくして病気の矢を受け流し、生き残った者として聖セバスティアヌスは病気に襲われた他の人々を保護し回復させる力を与えられたのである。

キリスト教による病気治療はほとんどギリシャ、ローマの治療法からの模倣である。半神半人への捧げ物が聖者への請願供物となったアスクレピオスの「寺院睡眠療法」(temple sleep) あるいは「孵化」(incubation) はそのまま残ったが、信者は治療聖人たち、特にコスマスとダミアンの出現を夢の中で待ちうけた。アスクレピオス信奉者グループの水垢離の儀式は、キリスト教治療の本質的部分となったが、有益な身体浄化から、カトリックやギリシャ正教会において今でも行われている儀式的聖水散布へと急速に退化した。特にローマ時代の女神カルナ(錠と鍵の見張人から出発し、分娩室そして腹部を支配する)と結びついて考えられる儀式の「つなぐこと」(binding) と「解くこと」(loosing) は手先での催眠術となり、キリスト教司祭によって行われる按手に変形された。そして按手は自身たちを心霊療者と呼ぶ人々により未だに行われているのである。

それゆえキリスト教信仰療法の信奉者の集いは、初期キリスト教の仕事と信仰において、欠くことの出来ない一面であった。イエス・キリストを最も偉大で最も成功した新医学体系創立者の一人として認め、崇《うやま》うのは冒瀆行為ではない。しかし彼の弟子たちは医師というよりは精神医学者と信仰治療者の集りであった。キリスト教ビザンティウムの神権政治的〝医師〟と後日の修道院診療所看護人は主として超自然的な取りなしに頼り、ごく二次的にだけ世俗的治療に頼ったのである。祈りの言葉を書いたものや所謂、〝聖人の骨片〟を嚥み込むこと、お祈り、ざんげ、断食や奉納等々の治療法のほとんどはあからさまな魔術であった。しかしそこに確実な心理学的医学の基礎が存在し、また医学の学説、解剖学、理学療法の合理的原理もあったのである。

もしキリストがキリスト教学派医学の祖ならばガレノスはその正式な権威者でありまた並ぶものがな

い教師であった。不思議なことであるがガレノスはキリスト教を弁護し、半神半人たちの混淆するローマの宗教にくらべ、より理論的である一神教を好んだ形跡があるが、彼はキリスト教徒ではなかったのである。西暦一三一年頃、小アジアのペルガモンで生まれたガレノスはそこの剣闘士付外科医に任命され後日ローマへ引越した。ローマで開業し医学を教え、数々の科学的実験を行い偉大な名声を博した。彼の名前が付いた一六六〜八〇年の疫病流行中、彼はローマを逃げ出したと言われている。しかし彼はマルクス・アウレリウス皇帝によってローマに呼び戻されそこで西暦二〇〇年に死去した。精力的で独断的な教師であった。ガレノスは医学と科学の題目について五百にも及ぶ論文を書いたと考えられているが、極く少数のものが後世にまで残った。

　彼は解剖学、生理学、医学に大進歩を齎らしたが、昔からの簡単な治療方法にかえて莫大な数の有害無益な治療[37]法を導入して医療を汚してしまった。例えば五十から六十もの多くの成分の入ったすさまじい複合薬物が登場した。そのために中世の治療医師はいく分不公平で有り難くない批判を貰ったのである。

　およそ千二百年にもわたる長い間、そして中世の暗黒時代、ギリシャ医学という燈火は、あちこちに散在する修道院や帝国ローマ滅亡後の文明の一般的衰退をうまく切り抜けた文化を保った小さな島々に、明滅した。地中海対岸のアレキサンドリアにおいて、多くはユダヤ人とキリスト教徒であった所謂、アラビア学派医師たちが医学の進歩に貢献した。アラビア学派医師たちもまたキリストの弟子たちから学んだものである。というのは彼らの知識は四三一年に異端者として追放されたエルサレムのキリスト教大司教ネストリウスの会衆に起源を求められるからである。アラビア人たちはガレノスを尊敬したが、キリスト教徒たちよりも習慣に縛られなかったので彼らはガレノスの理論に疑問を抱き、実験し、書き直した。

最後にはこの二つの学派は一つに合併した。しかし十五世紀初期に文芸復興の口火を切った、思考習慣の変化が出現するまで両学派は完全に合併することはなかった。その時まで、医学に対するキリスト教会の支配は抑圧的なものであり、ガレノスの影響は神聖犯さざるものであって、彼の権威に対して疑義を抱くことは異端邪教に他ならないというまでになっていたのである。

（1）テーベ　ナイル川中流にあるエジプト都市。
（2）出エジプト記　十二章　二九。
（3）サムエル記上　四章　一・三。
（4）ペリシテ人　紀元前十二世紀頃よりパレスチナ南西海岸に定住した非セム族の戦闘的な民族で多年に亘ってイスラエル人を圧迫した。
（5）契約の箱　十戒を刻んだ二個の平たい石を納めた箱。ユダヤ人に取って最も神聖な物。
（6）ペリクレス（紀元前四九五？～二九）アテネ全盛時代を現出した古代ギリシャの政治家、将軍。
（7）カラカラ皇帝（二一一～一七）ローマ皇帝。
（8）ディオクレティアヌス皇帝（二八四～三〇五）キリスト教徒を迫害したローマ皇帝。
（9）造営官（Aediles）公共施設の管理、厚生、治安等を司った官吏職。
（10）すべての道はローマに通ずるという格言はこれから来ている。
（11）ゴール（ガリア）古代ケルト人の地。今の北イタリア、フランス、ベルギーの全部とオランダ、ドイツ、スイスの各一部を含む。
（12）トランシルバニア　現在のルーマニア北西部及び中部の地域。
（13）ブラック・フォレスト　ドイツ南西部の森林地帯。

(14) ムーア人　アフリカ北西部モロッコからモリタニア地方に住むイスラム教徒でベルベル族とアラビア人の混血種族。

(15) 聖ビード（六七三〜七三五）　英国の聖職者、歴史家、神学者。

(16) ピクト族　スコットランド北東部に三世紀末から九世紀にかけて定住し八四五年にスコット族に征服された民族。

(17) サクソン族　昔エルベ河口に居住した民族でその一派はアングル族とジュート族と共に五〜六世紀頃英国に襲来定住した。

(18) 下エジプト　エジプト北部ナイル川河口のデルタ地域。

(19) ギボン　エドワード・ギボン（一七三七〜九四）　英国の歴史家。『ローマ帝国衰亡史』の著者。

(20) ゼウス神　オリンポス山の神々の主神。

(21) ヘラス　ギリシャの古代語名。

(22) 寺院睡眠療法　患者は捧げ物をもってアスクレピオス神殿の背後にある部屋へ導かれ聖なる睡眠につく。夢の中にアスクレピオス神が現れ手をふれ、薬を与えると夜明けとともに病が治る。

(23) 水治療法（Hydropathy）　水または鉱泉を飲んだり浴びたりする。Water cure とも言う。

(24) 大プリニウス（二三〜七九）　ローマの博物学者、百科事典編集者、著述家。

(25) ユリウス・カエサル（紀元前一〇〇〜四四）　ローマの将軍、政治家。

(26) アウグストゥス（紀元前六三〜後一四）　カエサルの後継者、ローマ最初の皇帝。

(27) ユダヤ人の離散　バビロン幽囚の後に異邦人の間にユダヤ人が離散した。

(28) 水上歩行　マタイ伝十四・二八〜二九。

(29) 実のならないイチジクの木　マタイ伝二十一・十九。

(30) 暴風の海（ルカ伝八・二十四）、漁師の大漁（ルカ伝五・六）、群衆への給食（ルカ伝九・十五）。

(31) クリスチャン・サイエンティスト　一八六六年、米国婦人メアリー・ベーカー・エディが始めたキリスト教の一派で医薬を用いずに、信仰の力に従って病気を直すことをその特色とする。第八章二四一ページ参照。

(32) ディオスクリ　ギリシャ神話にでてくるカストールとポリュデウケース。ゼウスとレダの間に出来た双子で兄弟愛の典型と見なされている。後にふたご座の二星となったという。
(33) コレア（舞踏病）　顔面、四肢が不随意にうごく病気。歩行の様子が舞踏のようにみえるのでかく呼ばれる。
(34) ナルボンヌ　フランス南部の都市、ローマ時代の重要な港。
(35) 「つなぐこと」(binding)、「解くこと」(loosing)　マタイ福音書十六章、十九章ユダヤ学的術語で懲戒的意味を持つ。「破門につながれる」「破門から免赦される」。
(36) 按手　人の頭に手をのせて、祝福と、聖霊の力の附与を祈る。
(37) ガレノス製剤と呼ばれる。現代では「無益な薬」の意に使われることがある。

第二章　黒死病

黒病死は腺ペストの一種である。ユスティニアヌス疫病は疑いなく腺ペストであったし、ペリシテ人の疫病も同様であったとする意見が有力である。サムエル記上第六章四―五によると、ペリシテ人はイスラエルの神を、魔除けの捧げ物を以って宥めすかすよう勧告された。人々は言った。

「我々が償う咎の供え物には何をしましょうか。」彼らは答えた。「ペリシテ人の君主の数に従って、金の腫物五つと金の鼠五つである。あなたがたすべてと、君主に臨んだ災は一つだからである。それゆえ、あなたがたの腫物の像と、地を荒す鼠の像を造り、イスラエル神に栄光を帰するならば……」

欽定旧約聖書は、ペリシテ人の〝内緒の場所〟[1]をいためつけた腫物は、古語の痔（emerods）であると述べているが改訳聖書は〝emerods〟を腫物としている。鼠（mouse）は、くまねずみ（rat）の誤訳かも知れない、病気は腺ペスト（Bubonic plague）でなく、むしろ赤痢だとも言われているが、どれをとっても誤訳の危険が大きく、明確な意見を述べることは不可能である。bubonic という術語は特徴のある横痃、または腫脹したリンパ腺（現在の医学用語ではリンパ節である）のことをさす。腺ペストは

り感染することはない。それとも蚤が人から人へと移った時にのみ感染する。腺ペストは患者の呼吸や、患者との直接接触によ内で三週間とどまり、蚤が人を嚙む時吐き出される。真の腺ペストの場合、蚤が齧歯類から人に移るか、て、鼠から鼠へと移される。蚤は感染している鼠を嚙み、ペスト菌を飲み込む。ペスト菌は蚤の腸管の元来齧歯類の病気であり、最もありふれた保菌者は、鼠である。腺ペストは、鼠に群がり住む蚤によっ

普通の感染源は、時にはオールド・イングリッシュ・ラットと呼ばれる、くまねずみ（*Rattus rattus*）である。この動物は人と同居し、なかなか顔立ちの綺麗な、柔らかい黒色の毛皮を持ち、農場や下水にたむろするどぶ鼠と異なり家屋内や船内に住む傾向がある。人との同居が、鼠から人への蚤の移動を容易にし、そのため腺ペストの蔓延を可能にする。鼠にとっても、人にとってもこの病気は死亡率の極度に高い病気であり、或る流行の際には感染者の九〇パーセントという高死亡率が報告されている。人の場合、ペストの特色として横痃、つまり腫脹したリンパ腺が通常鼠径部に現れるが腋窩や頸部にも現れる。病原菌のペスト菌は血流中で迅速に繁殖し、患者は高熱を発し、敗血症によって死ぬ。ここまでのところでは、これは危険な病気であり比較的稀な孤立した症例か、また小さな散発的な流行が起こることが示唆される。このような状況は、現在でも腺ペストが地方病である国々において見受けられ、西暦六〇〇～一七〇〇年までのヨーロッパもそうであった。しかしながらこの病気には、あと二種類あるのである。一つは敗血症であり、急速な致死的敗血症が横痃の出る前に起こる。もう一つは肺炎型ペストであり、症状と徴候が極めて悪性の肺炎である。三つの型は別々かまたは一緒になって発生するが、我々は主として肺ペストに関心を払わなければならない。肺ペストは鼠や蚤による媒介抜きで、人から人へと直接拡がるからである。肺ペスト患者の呼気と痰は細菌で文字通り鮨詰めなのである。患者が話

し、咳をし、くしゃみをする時、ペスト菌を遠く広く撒きちらすので、そばにいる人は誰でも肺へ菌を吸い込んで肺炎型ペストに移る危険にさらされるのである。

この型のペストは広汎かつ迅速に拡がる。ただ一例の散発的肺炎型ペストが汎流行になりうるのである。だがこのような発生がどうして稀であるかは未だにミステリーである。西暦五四〇〜一六六六年までの千百年間に、汎流行はたったの三回に過ぎなかった。五四〇〜九〇年のユスティニアヌス疫病、一三四六〜六一年の黒死病、そして一六六五〜六年にヨーロッパを荒廃させた所謂ロンドン大疫病を生んだ流行の三回である。ユスティニアヌス疫病と、一六六五年の流行では、汎流行が鼠→蚤→人間と伝わる感染として始まった。伝染は沿岸から内陸に向かい、病人を看護をした人々は、しなかった人々より特に危険に曝されたわけではなかった。ビザンティウムでは初期の死亡率は僅かであったが、急速に増加しぞっとするような数字に上昇した。同様なパターンが一六六五年にも見られた。日記作家で有名なピープスは、一六六五年六月七日〝残念なことには劇場通りのドルリー・レーンで二、三の家々に赤い十字の印がつけられた〟と述べている。六月七日から七月一日までの各週のペスト病死者は、百人、三百人、四百五十人であったがそれ以後死亡者数は激増し、七月の末までには二千人に達し、八月末には六千五百人そして九月第三週のピーク時には七千人以上であった。一六六五年のロンドン人口の概算は四万六千人であり、そして腺ペストはほとんど常に存在し、極く稀にしかロンドンから完全に姿を消さなかったのであった。一週に二百〜三百人への死亡率上昇は、病源である鼠の増加のためと考えることも出来るが、何千人という死亡率は、人から人への直接的伝染を証拠だてている。それゆえ、ユスティニアヌス疫病と一六六五年の悪疫の場合、ある時期において、伝染方法が腺ペストの鼠→蚤→人という循環から主として肺炎型に変ったのに違いないのである。一三四六〜六一年の黒死病の場合にも同様のことが言える。

黒死病は、南方に向かってはアフリカ、東方は中国、北方はロシアとスカンジナビアの国々へと到達した世界的汎流行であった。事実、スカンジナビア諸国に生じた惨禍は最終的にイングランドを襲った大災害よりも、世界史に絶大な影響を残したかも知れない。数々の船が、西暦九八六年に〝赤毛のエリック〟[2]によって創られたグリーンランドの植民地へ病気を運んだのである。このような植民地の数々は、ペストによって弱体化したノールウェーからの物資供給の欠乏によってもろくなり、エスキモーの攻撃に抵抗することが出来なかった。最後のヴァイキング入植者たちは十五世紀中に姿を消し、グリーンランドは一五八五年にジョン・デーヴィスによって再発見されるまで、未知の国となった。ヴァイキング植民地は、カナダまたはニューファウンドランド海岸の一部であるヴィンランド[3]と時々接触していたと思われるので黒死病は北アメリカの歴史を完全に変えたかも知れない。

黒死病がイングランドの将来に与えた衝撃はヨーロッパの他のどの国のそれより甚大であった。その理由はイングランドの社会組織に歪みの徴候が既に存在し、黒死病はその崩壊を促進したからである。ヨーロッパの社会組織は英国のそれよりずっと強固であったので、長い間続いてきた。十四世紀の初めには、イングランドは封建制度によって統治されていた。そのため、すべてが究極において誰か他人に属したと言われていた。大貴族は国王から領土を授かり、騎士は貴族より領土を授かり、小さな地主は騎士から、そして農奴は村の地主から土地を授かった。土地代は奉公によって支払われた。かくして貴族は一定数の騎士を王室に対し用だてることを、また、騎士は一定数の兵士を貴族に対し用だてることを、義務づけられた。一方、百姓は自分の畠を耕す前に、何日かの日数を貴族の土地で強制的に働かねばならなかった。もちろんこれは極度に単純化した場合であり、社会組織はずっと複雑であって、実際には必ずしもそうとは限らなかったのである。複雑化の要因の一つは通貨の存在であった。金銭流通額が乏しく、支配階級にのみ限られた場合は、封建制度の基本原則がかなり広く適用出来た。しかし金銭が一般に流通し始めると、奉公を現金に交換する傾向が発達した。貴族は騎士たちの先頭に立って戦うことをせず、自領にとどまり、騎士は小作農に土地を耕させ、少数の職業軍人を雇って給料を払った方が採算が取れるのを発見し、百姓までも彼の労働を小作料と首尾よく交換したり、残業に対する報償を要求した。増加する人口は、大勢の、土地のない労働者階級を産み、労働の報酬は貨幣で支払わねばならなかった。

かくして流通貨幣額の増加が封建制度を弱体化させたのである。十三世紀における農業ブームは、国家が必要とするレベル以上の農産物過剰を招いた。上流階級や、国内最大の地主であるキリスト教会は、農業に全智全能を尽くして専心した。商業と工業は、十一世紀のノルマンの征服以来発達していたが、農業がイングランドの主要かつ一番収益のある職業として存続していた。

十三世紀の終りまでには、それ以前よりはるかに広大なイングランドの土地が耕された。イングランドは穀類輸出国となり、南部の小麦、北部の大麦や燕麦のような食パン用麦類の断間ない積荷が、商船隊の小船の数々によって大陸へ送られた。穀類は荷車によって港へ運搬される前に、市場のある町や荘園の倉といったセンターに集結されなければならなかった。重い荷車は、よく維持された道路を必要とし、そのため一三〇〇年代ではイングランドの道路システムや旅行は、十八世紀末までの他のどの時期よりも優れ、かつ便利であった。農業ブームは高生活水準を可能にし、そして高生活水準は生産児の出生率や寿命に影響を与えた。人口はノルマン征服時（一〇六六）には二百万以下だったものが着実に増加し、一三〇〇年には少なくとも三百五十万人、おそらく五百万人近くまでになっていた。

穀類輸出は贅沢品輸入だけでなく、貨幣を増加させたのだ。繁盛する農業と、範囲の広い金銭流通のため、早くも十三世紀頃から〝自由な〟農民による少なからぬ土地売買や〝非自由な〟農民による土地交換や賃貸しが行われていた。しかし農民が金を持っているという事実は、必ずしも彼らの〝自由〟を意味したわけではなかった。農民の〝自由〟は地方の状態次第であった。一般的に言って北部イングランドの方が自由を得ることが容易であった。北部イングランドはヨーロッパ大陸市場よりずっとかけ離れており、多くの労働力を必要とする耕作地が少なかったからである。

十三世紀の終り頃までに、封建国家の基本的に簡単な組織はいくつかの修飾をつけて複雑化された。組織安定に対する最大の弱点と危険は、耕作率の低い土地で働く貧困な農民の方が、自由を得る確率が大きかったという異常さに原因し、一方高率に耕作された地方の、ずっと裕福な農民の〝自由束縛〟がひどくなったのである。

このような農民がイングランド人民の大部分を占め、そしてこの階級が黒死病により最も深刻な影響を受けたのである。これより上の裕福な階級は密集生活をせず離れて生活し、広範囲に亘って旅し、輸入品の恩恵に浴し、しばしば煙突や窓ガラスを誇らしげに見せびらかした石造りの家に住んだ。多くのこのような家々は現在でもイングランドの田園に散在し、あるものは絵のように美しい廃墟であり、少数のものには未だ人が住んでいるのだ。

農民の家はほとんど完全に消滅してしまった。ほとんどの農民は、柱でフレームを造り、すき間を粘土と柴で塞ぎ、ヒースか藁や葦で屋根を葺き、煙突も窓もない円形テントのような茅屋に住んでいた。農民の食事はたぶん悪くはなかったと思われるが、地域、並びに季節による変化が激しく、不作シーズン後の飢饉は稀ではなかった。主食は穀物、蜂蜜、ベーコン、豆類であった。ねぎに似たリーキやキャベツに似たコラード以外の新鮮野菜は夏だけしか入手出来なかった。冬の飼料欠乏のため、年々二頭か三頭の家畜しか飼うことが出来ず、少量のチーズ以外の酪農製品も、夏の食料品であった。一般に果物は健康に有害だと見なされていた不思議な事実と相まって、新鮮肉類の欠乏、冬中の牛乳とバター不足と新鮮野菜欠乏が、農民をヴィタミン欠乏症、特に壊血病に罹り易くした。農民は夏と秋の間、十分に食べることが出来たが、長い冬と春の時期は栄養不良の期間であった。栄養不良は労働環境と家屋の寒冷と湿気とによってさらに悪化した。

凶作は広汎な飢餓をもたらした。村人は僅かな鳥を罠で捕えたり、野兎を密猟したり、堅果、牧草、ギシギシ、イラクサのような、森林地や平原に生きる乏しい資源を掻き集めたりして、かろうじて生き残ったのであった。しかし次の収穫期が新鮮な食物を供給するまで、強壮な人たちだけが長期間に亘る極端な食料欠乏を切り抜ける望みを持つことが出来、幼児や老人たちは明らかな栄養失調や、弱り切った身体のため併発症に抵抗出来なくなって死亡した。湿気と寒冷に原因する病気、特に肺疾患はこの時代に多くの老人や幼児たちの命を奪い去っていったに違いない。この現象は広汎な抵抗力減少のためであり、全共同体が伝染病に罹り易くなったのである。飢饉による病気は、十三世紀の農業繁栄時代にただ一回だけ（一二五七〜九）大きなスケールで発生したと思われる。十四世紀が始まりブームが終ると、景気後退がやって来て、イングランドの保険衛生と経済に深遠な影響を及ぼしたのである。

家畜を冬の間中飼っておくことが困難なことから、広汎な酪農や食肉産業が不可能であったので大地主たちは牧羊に転じた。十二世紀には家庭用にかなりな量の羊毛が生産されていたが、この時点で耕作地から牧羊地への転化がさらに加速した。その結果、農民階級の生活水準は低下し始め、出生率は減少した。農民の経済水準は、一二九六年の対スコットランド戦争と一三二七年に始まった対フランス百年戦争によってさらに悪化した。特にエドワード二世によるヨーロッパ大陸での軍事作戦は、封建制の徴兵では賄いきれず、給料を支払う〝年季契約部隊〟つまり傭兵を必要とし、その費用は最終的に土地を耕した農夫の肩の上にかかって来た。

かくして一三四六年には、外面的には安定した封建制度組織は数々の亀裂を生じ、イングランドの経済状態は不安定となり、農民の生活レベルは凶作の到来次第であった。良好な道路網が内陸の町村とドーバー海峡や北海の港町を結びつけた。そしてそこから兵士たちの流れが短い海路を経て、戦場のフランスとの間を往復した。凶作、飢饉下の国民、そしてヨーロッパ大陸における疫病の因果的連鎖反応を考えてみると、疫病がイングランド中に蔓延することは避けられなかった。その連鎖反応は一三四七年と一三四八年に起こった。

人々はこの世界を揺るがした事件を振り返って見て、これに先駆けて天界における前兆と驚異が起こったことを思い出すのである。地震、噴火、津波の報告が黒死病流行直前の年にあったが、もしこれらの事件が本当に起こったのであっても、それはまったく偶然である。疫病のコースに或る影響を与えたと報告されている一つの先行した事件は、一三四六年～四八年にかけてヨーロッパ全体を襲った恐ろしい天候であった。三回続いた異常なほどの降雨続きの寒い夏、つまり夏の中頃からクリスマスまで絶え間なく続いたと伝えられ、一三四八年夏に頂点に達した降雨は、長びいた食料不足とそれに続く栄養失調、病気と伝染病に対する抵抗力減退をもたらした。

黒死病は最初たぶん、黒海クリミア半島海岸のカファ（現フェオドシア）にあった小さな要塞化された交易所で発生した。一三四四年にヨーロッパと中国間の陸路交易に従事したイタリア人商人一行が、タタール人遊牧民による攻撃から逃げるためここに避難したのだ。タタール人たちは、交易所を包囲攻撃するため陣をしいたが、イタリア人たちはタタール人たちを二年間以上にもわたって撃退するのに成功した。このタタール人包囲軍はたぶん南ロシアと東部からの新しい遊牧民の群れによって時々補強されたに違いない。一説によるとペストは一三四六年～七年の冬にカファ自体で発生した。もう一つの説は、包囲軍が死体を城壁の外から内へ投げ込むことによってペストが持ち込まれたというものである。両者とも沢山の死者を出し、包囲は解かれた。タタール遊牧民たちはペストを背負ってカスピ海まで撒き散らした。そこから伝染は北方に向かってロシアに拡がり、東方へ向かってインドと中国の方へ蔓延し一三五二年に中国へ到着した。やっと生き残ったイタリア人貿易商人たちは、カファから船でジェノアへ脱出した。年代記作者であるガブリエル・デ・ムシスによると、航海中にペストは発生しなかったが、船がドックに停泊して一日か二日経った後ジェノアに命取りの病気が出現したと述べている。彼の記事は病気が未だ鼠→蚤→人のサイクルにあったことを示唆している。

ペストはジェノアをヨーロッパの病源地として、直ちにイタリア、フランス、ドイツ、スカンジナビア諸国を通る西方と北方への大きな半円形をなすルート、および、ゆっくりと北方ルートを進行し、合同してモスクワに一三五二年に到着した。惨禍はひどいものであった。歴史家たちは二千四百万人くらい、つまりヨーロッパ人口の約四分の一が死亡したと計算している。船の乗組員たちはそっくり全滅し、そのため、多くの船は地中海や北海を水夫なしで波任せに漂った。南部フランスでは死亡率があまりに猛烈なため、川へ投げ込まれた死体がキリスト教の埋葬を受けたと見なすようにローマ法王はアヴィニョンでローヌ川を神聖にする儀式を行った。(4)ボッカチオとペトラルカの両者はイタリアにおける恐ろしい疫病の描写を後世に残している。(5)一三四七年の晩冬に、英国で公には認められていないが、ペストの小発生の噂がある。もしそれが本当なら、この小発生は鼠→蚤→人というルートを介する感染としてとどまったものに違いない。というのは感染が自然消滅したからである。

現在、黒死病の激しさを軽く見る傾向がある。種々な理由が挙げられているが、その根底にある考えは「そんなことが起こったはずがない」ということである。多くの人々はこの疫病が、後日の伝染病より多少悪かったくらいだと考えている。ペトラルカはこのような態度を予想していたように見えるのだ。彼は南フランスのアヴィニョンに住んでいた。彼の最愛のローラが疫病のため一三四八年四月に死んだ。ペトラルカは、後世の世代は、持ち主のいない家々、置き捨てられた町々、荒れ果てた田園、死骸がごろごろ散らばった野原、全世界を覆い包んだ恐ろしい静寂等々を信じないだろうし、想像も出来ないだろうと書いている。このような黒死病流行の時には、誰もなす術を知らなかった。医師たちは無用の長物であり、歴史家たちはそのような災厄の先例は聞いたこともなかったし、哲学者たちはただ肩をすぼめて、博識らしき顔をすることしか出来なかった。ペトラルカは、実際に見聞した人たちが信じられないのに後世はそのようなことを果たして信じられるだろうかと疑った。そして彼の疑いは正当なものであったのが後世判明したのである。

黒死病は世界を悩ました数々の疫病をならべた長いリストの中での〃ある一つ〃の事件ではなかった。これはたぶん歴史上、ヨーロッパ最悪の災害であったのである。

災害の大きさを考えてみる時、我々は黒死病について驚くほど少しの事実しか知っていないのである。例えば描写された徴候と症状は非常に貧弱であり、血痰（吐血は記述されているけれども）に言及することさえしていないのである。しかも血痰は悪性肺炎の主要症状の一つである。それにもかかわらず、疫病の広汎な蔓延や、極度に高い死亡率は黒死病流行が主として肺炎型ペストであったに違いないことを物語っている。イングランドにおける発生は、ドーセット州沿岸へ船で運ばれて始まり、現在は海浜リゾートのウエイマスに合併された村のメルコムにおいて発生した。一般に認められている日付は一三四八年八月の最初の週ということになっていたが、感染した船が、ガスコーニュから六月二十四日に行われる洗礼者聖ヨハネ祝祭日直前に到着し、この船によって〝メルコムの人々がイングランドで最初に感染した〟ということが最近わかった。リンにあるフランシスコ修道会年代記の抜粋を証拠にフイリップ・ズィーグラーは小さなスケールの地域的な鼠→蚤→人という感染が七月末に発生し、急速に蔓延した肺炎型は八月初旬または中旬に発生したと考えている。

港町のメルコムから疫病は陸上と海路両方の経路を経て広まり、沿岸航行船は南部と西部沿岸の港とブリストル海峡に感染を持ち込んだ。疫病は迅速にドーセット州とサマセット州を通って北と東に拡がり、八月十五日までにブリストルに到着した。しかしブリストルは大きな港町で、ヨーロッパからの多くの船が寄港したので、これが別の新しい病源地であったのかも知れない。グロスター州の市民たちは疫病発生のことを知り、ブリストルとのすべての連絡を断って病気襲来を防ごうとしたが無駄な努力であった。疫病はグロスターからオックスフォードへ移り、オックスフォードからロンドンの方向へ進み、十一月一日頃にロンドンに初めて発生した。疫病はコーンウォール州中部のボードミンにクリスマス直前まで到着しなかったことからみて西方に向かった蔓延は、比較的人口稀薄なデボンやコーンウォール州をずっとゆっくり進んだと思われる。その頃までには疫病はドーセット州とサマセット州を管理するバスとウェールズ司教管区で猛威を振った。一三四九年一月四日、司教は大変な死亡率と、多くの牧師管区に秘跡の儀式を行う僧侶がいなくなってしまった事実について記述している。

ロンドンでは一三四九年一月一日、疫病のために議会は停会し、三月十日にも再び停会した。最初は、死者はあまり多数ではなかったが、冬と春中、病気は激しさの度を増し、四月と五月に頂点に達し、それから次第に下降し出した。オックスフォードは最初一三四八年十一月以前に病気の侵入をうけたが、最大の死亡率の出現は一三四九年まで起こらなかったことからみて同様なことがブリストル～ロンドン間の路筋についても言える。

ロンドンからの主要道路は人口密度の高い東部諸州を抜けている。ノーウィッチは一三四九年三月に侵され、ヨークはキリスト昇天日つまり五月下旬に感染した。その頃までには、イングランド南部、東部、並びに中部全域が襲われたが、北部と西部の人口稀薄な地域では伝播速度が遅くなった。アイルランドは一三四九年に海路を伝って襲われたがウェールズとスコットランドは一三五〇年まで被害を受けなかった。ところがスコットランドは、疫病に悩むイングランドの弱みにつけ込んで、イングランド北部での死亡率が頂点に達した一三四九年の秋に攻撃した。漁夫の利を占めようとさえしなかったならば疫病から逃れることが出来たかも知れなかったのだ。セルカーク近くに野営したスコットランド軍に疫病が発生し、兵士たちが帰郷するに従ってスコットランド中へ散らばったのである。

伝播速度の相違は予測可能であった。南部、中部、及び東部諸州では、村々が密集していたのみならず、イングランドの主要穀類輸出地帯であり、荷馬車交通用の道路の数々が便宜を提供していた。大荷馬車隊は既に姿を消していたが、五十年ほど経ったその頃は未だ道路は使用可能であった。ペストは一度腰を落ち着けると、鼠と同様に人によっても蔓延した。それは人から人への肺炎型によるか、人と鼠の不断の友であるペスト菌保菌蚤による感染によっても起こった。恐怖感が、疫病に悩まされた村からの逃避を誘発した。逃避は障碍物のない道路か、かつては麦畑であった空地を通って行った方が容易かつ速かった。イングランド北部と西部、スコットランドとウェールズにおいては、地形が平坦ではなく、村々は離れ離れに散在し、道路はほとんどなかった。そのような理由で逃避はずっと困難であり、伝播速度は緩慢であった。

我々はどのくらいの数の人々が、この恐るべき年に死んだか解らないのだ。死亡者統計表はなく、ドゥームスデー・ブック(6)もなく、国勢調査もなかった。一三四八年には誰も大きな数を概算する能力を持っていなかったし、抽出標本の調査から大ざっぱな数を引き出すことも出来なかったのである。我々は一三四七年におけるイングランドの総人口さえ知らないのだが、三百五十万人から最高五百万人と見積もられている。さらに黒死病はただ一回だけ発生したのではない。十四世紀の終りまでに亘って四回か五回の反復した流行があったのである。このうち最悪のケースは一三六一年に発生した流行であり、イングランド、フランス、ポーランドその他の国々で猛威を振るった。一三六一年の流行に付けられた名前 *Pestis puerorum*(7) が我々に最初の手掛かりを与えてくれる。pueroruml という言葉は、異常なほど高率の子供たちが一三六一年に罹病したことを示唆している。もし十三年前（一三四八）に全年齢グループがおしなべて高死亡率を経験したと仮定すると、この事実と符合するのである。

もう一つの手掛かりは一三七七年に課税された人頭税によって提供される。人頭税に基づく概算によると、人口は二百七万人となる。一三四八年における人口は最低三百五十万人であったので、一三四九年から一三七七年の間に、百五十万人の総人口減少があったに違いない。人口はノルマン征服（一〇六六）から一三四八年の間、着々と増加していたし、また十四世紀の終りからも着々と増加し、十六世紀の中頃には再び最低三百五十万人に到達するまでになった。両方とも人口増加は生児の出産率が死亡率を上回ったためによってのみ起こったのである。この期間には伝染病発生をも含めた月並みな病気の数々も死亡の原因となったのであり、通常の死の過程と同様に、正常な出産の過程も続いたのである。かくして一三四九年から一三七七年の間における百五十万人の人口減少は異常な死亡率によってのみ可能である。多産能力のある成人数の大きな減少は出生率上昇を防げるので、最大死亡率は二八年の初めに起こったと考えても差し支えない。

イングランドとヨーロッパでは、感染と死亡率のパターンに大きな相違があったに違いない。城壁で囲まれた、人がぎっしりと詰まった街は、明らかに危険が高かった。人口密度と交通の便が、高度の感染率と急速な疫病蔓延に貢献した。村々が近接し、荷馬車のために道路がよく維持された、東部の人口密集した諸州では、多数の死者が出たに違いない。内陸水路や沿海交通も、伝染を促進した。イングランド西部と北部の人口稀薄な地域と、南部のある州では、単に交通不便なためというだけで、多くの地域が疫病から完全に逃れたのである。だが一三四八年には、イングランドの富と、人口の大部分は東部と中部諸州に集結していた。そこでの高死亡率はイングランドに深遠な影響を及ぼしたので、主として森林と荒地からなる広い地域で疫病がなんとか免除されたことは、ほとんど帳消しとなってしまった。

黒死病の直接の影響は、全般的麻痺状態であった。交易はほとんど停止し、英仏間の戦争は一三四九年五月二日に停戦によって中止され、一三五五年九月まで広汎な戦争再開はなかった。一三五〇年には、あまりにも多数の壮丁が死亡したので、イングランド防衛は重大関心事となり、既に枯渇した資源の中から、各町は兵士、船、兵を賄わなければならなかった。

疫病が勢いを増している間に、麦畑は既に種蒔きを終了していたか、または、その最中であった。牛や羊の病気は、黒死病流行中に発生したと言われているが、人間の死亡数の方が家畜類よりずっと激しかった。黒死病流行中には、流行の前にも後にも例を見ないほど多くの遺言書が検認された。例えば、平時には月当たり三つの遺言がロンドンの都市裁判所で検認を受けたが、一三四九年の一月から十一月の間に毎月十八から百二十一にまで激増した。黒死病から生き残った人々は、めったにない繁栄に遭遇したのである。すなわち生存者一人当たりにさらに多くのお金、家畜、穀物が天から降ったように転がり込んで来たのだ。すべて需要より供給が多い買手市場のため、物価は急激に通常の三分の一またはそれ以下に下落した。四十シリング[8]もした駿馬は十六シリングの値段に下落し、肥えた雄牛はたったの四シリング、雌牛は一シリング、丸々と肥った羊は四ペンスで買えた。大豊作の時には小麦一クォーター[9]が十六ペンスで買え、一三一五～一六年の凶作の時には二十六シリングの高値を呼んだ。それがわずか一シリングで売られた。

一三四九年秋、収穫を取り入れるため、地主たちは、必要に迫られて高賃金を払うことを余儀なくされた。東部、中部、並びに南部諸州では収穫取り入れと草刈り人は通常賃金の、少なくとも倍額を受け取った。黒死病から生き残った労働者たちの食事は食物が余っているので、稀に見る素晴らしい物となった。ウィリアム・ラングランドが書いたように〝飢餓〟はもはや〝支配者〟ではなくなったのである。乞食たちまで、豆から造られたパンを拒否し、牛乳入り高級小麦精白パンの塊と最高の褐色エールを所望したほどであった。かつては、腐りかけた野菜や冷たいベーコンの切れ端を少量のビールで流し込んで満足した日雇い労働者たちは〝胃袋が冷えぬよう〟熱い新鮮な肉や、揚げ魚か焼き魚以外の食物は鼻先であしらうようになった。

減少した労働力のため、限られた数の家畜だけしか飼育出来ず、限られた広さの土地でしか耕作出来なかったので、この著しく豊かな生活も長続きしなかった。一三五〇年と一三五一年、議会によって制定された〈労働者規定〉は労働者だけを目的にしたものではなかった。この法律は一三四六年レベルに賃金を安定させる目的で立法されたが、同様に飲食店主や、他の商人たちに対しても、手頃な値段で商品を売るよう指示したのである。事実この〈労働者規定〉は〝物価と収入政策〟の最初の例であった。

一三四七年まで続いた人口増加は、耕作地を凌駕しており、事実労働力は過剰であった。黒死病流行は、この状態を逆転させた。流行直後、以前の人口過密であった地帯の労働力不足は極端であり、混乱は激しかったので、お役所は実態を改善することが出来なかった。黒死病にあまり犯されなかった地域では、一三五〇年の時点で未だ過剰の労働力を持っていた。そのため、人々の移動性を考慮に入れた場合、小さな予備労働力を未だ利用出来たので、賃金を抑えておくことが出来たのである。だが続発した疫病と、減少した出産が労働力を欠乏させた時、この予備労働力は長期に亘って問題を解決するのには、少なすぎたのである。しかし〈労働者規定〉は、少なくとも一三六一年まで賃金と価格がまったくコントロール不可能になるのを防ぐことにより、ある程度の安定回復に成功したのである。

　黒死病流行中並びに流行直後、労働者階級はイングランド史上初めて移動性を持つようになった。移動性の推進力は、ごくはじめ疫病から逃れようとする当然の衝動と、荒廃した社会共同体の少数の生存者がよそで生計を立てようとする本能から来ていた。後になって、一三四九年の秋と冬の収穫期に労働者を集めるという絶対的な必要性が、利用出来る労働力の目的にかなった移動を引き起こしたのである。労働者の移動は局所的であったが、労働力不足がひどくなるにつれ高賃金の噂が新しい雇主を求めて労働者を遠隔地まで旅させたのである。封建的土地保有の原則を施行するのにやぶさかでない雇主たちは、労働力不足に直面しても素性も調べずに浮浪者たちを雇うことを余儀なくされた。

　〈労働者規定〉は労働者に適用されたのみならず雇主にも適用された。労働者が高賃金を要求出来なかったと同様に、雇主も高賃金を払うことは出来なかった。雇主たちは必ずしも大地主たちではなかった。多くの農奴[10]は三十〜四十エーカーの土地を耕作する実質的小農業経営者となっていた。農奴は貴族への奉仕をすることによって土地を所有したり、奉仕を現金その他に交換したりしたので自由民ではなかった。しかし、十三世紀には非常に増えた、日雇い人や作男のような土地を持たない階級の雇用労働者を雇ったので、彼らは雇主であった。

一三四九年に既に経済的に困窮していた大地主たちは、一三六一年になると入手可能な労働力がさらに減少したので、事実上解決不能の窮地に直面した。多くの小作人つまり農奴は死亡し、彼らの土地は再び大地主たちに戻って来た。もし地主が自分で耕作しようとすれば労働者が必要であった。もし耕作しないというのであれば、採算のとれる唯一の選択は、土地を賃貸することであった。増えた土地の一部を進んで賃借りする人は、貴族の畑を耕し栽培する義務を持つ生き残った農奴だけであった。地主で構成された政府は、封建制度の特権を情容赦なく強いることによってこのジレンマを解決しようと試みた。つまり奉仕と支払いとの交換は停止されたのみならず、既に交換を終った者たちにも、奉仕を強要した。

入手可能な労働力が減少するにつれ明らかにこの解決法は農奴たちの生活を困難にし、そして同じく明瞭なように、かなりの自由を楽しんだ労働者社会の一部に強い敵意を引き起こしたのである。二十年に亘る騒然とした年月を経て、憎悪感は激化し一三八一年の暴動によって具体化した。暴動は一三七七年の悪名高い人頭税によって促進されたが、これは主として農奴が地主に、一エーカーに付き四ペンスの〝公正小作料〟を払って、すべての奉仕を帳消しにすることを主目的とした百姓一揆であった。反乱は差し当たりの目的を達せず失敗に終り、その結果過酷な抑圧が起こったが、結局地主は、唯一の適当な解決方針は農奴たちと交わす条件を善処することであるという結論に達した。地主は土地所有権は保持したが、代官（bailiff）や奉行（reeve）を介しての耕作を中止した。貴族農園の労働者たちを監督した奉行は、貴族の借地人から小作料を取り立てる所有地管理人となった。奉公労働者または農奴は小作農に発展した。かくして黒死病流行は、既に弱体化した封建制に打撃を与え、封建制は二世代（約六十年）の間にほとんどその意味を失い、百五十年間で完全に消滅してしまった。しかし小作農自身も雇われ労務者を必要とした。そして雇われ労働者を、才覚のあまりない農奴や、土地を持たない日雇人や作男のような階級から掻き集めた。この新しい様式は十五世紀初めに明瞭となり、十六世紀になって完成した。すなわちイングランドは小作農の国となり、農場は土地を持たないプロレタリアによって耕作された。ほとんどのヨーロッパ諸国においては、封建制度が四世紀から五世紀ほど長びいたが、イングランドでは自由のない農奴のような存在はなくなり、小作農と雇用労務者がそれに取って代わった。

新小作農は以前の貴族地主耕作者より土地に密着して生活した。広い土地は少ない労働力をうまく使わないと経済的に成り立たないということを、彼らは消滅した以前の雇主よりずっと早く理解した。そのため、彼らは速かに耕地を減らし牧草地を増やしたのである。穀物栽培中心地の東アングリアでさえ羊が主要な産物となり、北部と西部では羊が他の農産物をほとんど追い出してしまった。チューダー王朝[11]の繁栄は羊毛に依存していた。変化があまりにも急であったので労働力不足は十五世紀に再び労働者過剰に変り、ヘンリー八世の頃になると、羊が人を食い尽しているという苦情が聴かれるほどであった。我々は空腹を抱えた失業した耕作人と刈り入れ人の話を、しばしば誤って引用される童謡[12]の中に垣間見ることが出来る。

メーメー　黒羊さん、羊毛を持っていますか？
はいはい、いいえいいえ、袋に三杯あります。
二杯は私の主人用に　そして一杯は主人の奥様用に

だけども道端で泣いている　男の子には何もありません。

Baa baa, black sheep, have you any wool?
Yes sir, no sir, three bags full.
Two *for my master and* one *for his dame*
But none *for the little boy who cries down the lane.*

かくして、一世紀そこそこの間に、農奴は羊毛貴族に発展した。羊毛貴族は、百五十年くらい続いた戦争が地主たちに強いた絶間ない負担によって漁夫の利を得た。黒死病流行に続いた労働力危機がなかったなら、旧農奴はバラ戦争[13]に付随した無秩序を利用することは出来なかったであろう。一四五五年から六一年に亘る王朝間の争いで、イングランドの古い封建制貴族階級は集団自殺をしたため、いまや小作農になりあがった農奴が破滅した貴族の所有地を買い取ることにより、地主としてのし上がって来た。大部分のイングランドの古い〝地方の名門〟はこの時代に、このような方法で発生したのである。彼らの素性はサクソン族であり、ノルマン血統ではなく、むしろ農奴の家系である。このような〝新顔〟は、チューダー王朝時代に勢力を握った。ノルマン豪族と異なり、新顔は目下の者と同じ素性の出であった。そのため時には粗野で傲慢であり、しばしば怒りを買ったが、彼らはヨーロッパ大陸貴族のように閉鎖した冷淡な特権階級制度には発展しなかった。イングランドの社会構造の強みはここにある。すなわち打ち続く変遷が、階級間の厳密な区別を阻止したのである。

ペトラルカは正しいのである。桁外れの、治療法のないペストを経験した人でなければ、ペストに付随した恐怖と絶望を想像することは出来ないであろう。人頼みや、神様の仲裁はしょせん無益であった。黒死病は、不明の罪人たちが犯した不明の犯罪に対する、全能の神による刑罰という超自然界に原因していると思われたに相違ない。人々は犯罪人たちを捜し求めた。貴族、障害者、ユダヤ人たちに疑いが次々と掛けられた。特にユダヤ人は井戸を汚染させたり、家や人に想像上の毒物を塗って故意にペストを広めたと疑われた。ユダヤ人迫害は、一三四八年にジュネーブ湖畔のシオンで始まり、急速にバーゼル、ベルン、フライブルク、ストラスブールに拡がった。バーゼルとフライブルクではユダヤ人とされているすべての人々が、木造建物に追い集められて焼き殺された。ストラスブールでは、ユダヤ人埋葬地に造られた絞首台で二千人以上が絞首刑にされたと言われている。迫害があまりに激しくなり過ぎたので、寛大なローマ法王クレメンス六世は、ユダヤ人無罪の二つの教書を公布している。多くのユダヤ人は西ヨーロッパから、東ドイツとポーランドへ逃避した。そこではユダヤ人の存在を大目に見たので、彼らは共同生活体を造り、その数は急激に増加した。この事実が、西部ロシア、東ドイツ、ポーランド、北東オーストリアで十九世紀と二十世紀初期に多くのユダヤ人が存在したことを説明するのである。かくして黒死病は〝身代わりのユダヤ人〟という中世キリスト教の因襲を強化し、また大量のユダヤ人をヨーロッパ東部と北部に移動させたことによって、黒死病は帝政ロシアのユダヤ人虐殺とアウシュヴィッツ強制収容所におけるガス処刑室とに結びつけられるのである。

一方、犯罪人捜査の企ては、道徳価値の一般的弛緩とシニカルでみじめな快楽の追求を伴い、他方、神罰を受け入れるかまたは迂回させるため被虐性衝動が発達した。被虐性衝動の最も劇的な表現は、組織だった集団鞭打ち苦行への熱狂振りであった。鞭打ち苦行者は一二五八〜九年の飢餓疫病の後イタリアやドイツでも悪評が高かったことがあり[14]、黒死病だけの産物ではなかった。しかし一三四八年には鞭打ち苦行運動はヨーロッパ中に拡がり、何千何万という数の人々が参加した。鞭打ち苦行者は隊を組織し、各隊は隊長の指揮の元、特別の制服を着用して統率のある生活をし、定められた儀式に従って、公開あるいは非公開で自身に対し鞭打ちを行った。我々の考えでは、鞭打ち苦行者は異常であり、身の毛がよだってくるが、彼らの不思議な行動の動機はまったく論理的なのである。つまり黒死病は神の懲らしめである。それゆえ鞭打ち苦行者は自身を懲らしめることによって神の懲らし目を迂回させようとしたのである。それゆえ、悪疫の出現よりむしろ悪疫来襲の噂が鞭打ちショーの開催をうながした。鞭打ち苦行者は自身の身体に罰を加えることによって、彼の同胞が受ける神罰に、先回りをしようと試みたのだ。

鞭打ち苦行運動は、最初、集団懺悔としてキリスト教会により歓迎された。クレメンス法王自身アヴィニョンにおいて、疫病をくい止める試みとして公開鞭打ち苦行を命令したほどである。しかし鞭打ち苦行者たちはすぐ手に負えなくなり、ユダヤ人、裕福階級、同じくキリスト教会に対しての革命運動のような性格をおびてきた。一三四九年十月、ローマ法王は鞭打ち苦行禁止の教書を公布した。多くの鞭打ち苦行者たちは打首になったり、絞首刑や火焙刑に処せられ、すべての鞭打ち儀式行列は禁じられた。教会の心理はおかしな急転回をし、鞭打ち苦行者たちは、ローマの聖ペテロ教会祭壇前で、僧侶によって、鞭打ち刑に処せられたのである。

初期に発生した数々の疫病の結果、キリスト教会はある程度支配的勢力にのし上ったのであった。黒死病のような並外れた大災害が、千年もの間確立された宗教の権威の上に、何らかの影響を及ぼさなかったとしたら不思議である。ヨーロッパに対するキリスト教会の並々ならない支配力は、この危険を切り抜けさせたが、無傷で黒死病を切り抜けることは出来なかった。

教会の影響力はある点まで、公共の利益であった。教会は紛争には限られた平和を維持し、人間の行動に対する規則を課し、丁度学校での女教師のような役目を務めたのである。教会は知識人を統制しそして育てた。行政官、法律家、医師を教育し、そして供給した。建築学、文学、芸術を奨励し、そして保存した。だが独創的な仕事は奨励されたかも知れないが、しばしば独創的な思考は断固として抑制された。迫害という教義は、中世キリスト教の欠くことの出来ない一部分であった。教会によって許可された厳密な路線に従わない文書や言論の思考の持ち主は異端者として迫害される危険にさらされた。

物質的には、教会は黒死病により大被害を受けた。人的資源の喪失と、広大な土地を耕作出来なかったことに原因する窮乏が一三五〇年の時点において、一三四六年時代よりずっと教会の支配力を弱めた。さらに大きな損害は、災害時における教会の無為無能、牧師と修道士の大量損失とその後継者をコントロール出来なかったことに原因した。ウィリアム・ラングランドによると、教会の働き手の中で一番敬愛されていた教区牧師たちは、何百人という莫大な数が死亡し、禄付き聖職の地位はしばしば〝頭を剃って書記になったばかりの多数の若者たち〟によって急いで補充されたのである。もしラングランドの言っていることを信ずるならば（信じられぬ理由はないのである）、清浄潔白と慈善の名声が高かった修道士たちは〝放蕩と貪欲〟に席を譲り、一方田舎の教会司祭たちや管区牧師たちは、教区員に奉仕する代わりにロンドンで時を過ごし、高い地位を得ようとねだって回った。ラングランドは、疫病以来、これらの不品行は増加したと明確に言明している。

その上、キリスト教会が国際的または超国家的という外見上の利点を所有していた事実は、教会の力に対する反勢力を引き起こした。例えばドイツと英国のように、多くの国々で国民と教会との間に意見の不調和が見られたのである。キリスト教会各国支部は改革を声高く叫んだが、自治権がなかったので、自身を改革する権力を持っていなかった。各国に存在する教会は、事実上、キリスト教会という莫大な勢力と威信を持つ外国組織の、中心から離れた一部分であった。

すべてこのような理由で、キリスト教会に対する公然たる敵対行為が黒死病流行直後に起こった。一般大衆の反応は、二人の著名なイングランド聖職者殺人事件を対比させることにより窺い知ることが出来るのである。黒死病流行前の一一七〇年に、カンタベリー大主教はイングランド王ヘンリー二世の軽率な言葉の結果処刑された。トーマス・ア・ベケット大主教の教会政策は一般的に受け入れられていなかったが、この冒瀆行為に対する大衆の嫌悪の情は、イングランド王をして恥辱的な懺悔をせざるを得なくさせたのである。黒死病流行後の一三八一年には、反逆者の一団が、温和な性格のカンタベリー大主教サイモン・サッドベリーを捕え、大群衆拍手の中で、ロンドン塔の丘の上で打首にしたのである。G・M・トレヴェリアンの著述によれば〝キリスト教会と国民との間の関係は、この大衆の祖先が聖なる殉教者トーマス・ア・ベケットのために、鋤の横にひざまずいて、お祈りを捧げて以来、大きな変化をとげた〟のである。

この変化はサッドベリーの殺人、ラングランドの非難、または鞭打ち苦行者たちの常軌を逸した行動によって示唆されるよりさらに深甚であったのだ。一三二〇年頃に生まれ、一三八四年に死亡したジョン・ウィクリフは著名な神学者であり、オックスフォードのバリオール・カレッジ学長であった。ウィクリフは、教会のこれまで挑まれたことのない権威に挑戦した。彼は各国独特の方式で礼拝を行うこと、聖書を英語に翻訳することを請求したのみならず、偶像と遺宝の崇拝、免罪符の販売、死者にミサを行うことを攻撃した。ウィクリフはロラード（Lollard）と呼ばれる莫大な数の同調者を得た。ロラードは一般大衆のみならず、貴族や修道士、また裕福な僧侶や司教を嫌う理由のある下級の牧師たちからも寄り集まったのである。

ウィクリフの抗議は時期尚早だった。キリスト教会が動揺した威信を回復するにつれてロラードは迫害の対象となり、地下へ潜り、ヘンリー七世並びに八世の時代に再び出てきた。そして今度も迫害され、ロラードはマルティン・ルターの新教と組んで再び出現した。ルターは初期の宗教改革者であるボヘミアのジョン・フスの教えに多少恩恵を被っているが、一方フスは彼自身ウィクリフの弟子であることを認めている。それゆえ、宗教改革や、一六二〇年九月六日メイフラワー号に乗ってプリマスから出帆したブラウン派[15]ピルグリム＝ファーザース、一六八一年のクェーカー教徒ウィリアム・ペンによるペンシルバニア創設等が、黒死病災害後に起こった既成宗教からの分離と関連していると言っても過言ではない。

医師も牧師も無能だということを証明した大疫病は神政医術（theocratic medical art）の発達に深遠な影響を与えたに違いないと誰でも思うであろう。事実はそうではなかった。黒死病に直接原因するほとんど唯一の医学進歩は、公衆衛生部門である。一三七四年にヴェネツィア共和国は、感染した船を港から閉め出す、臨検官三名を任命した。一三七七年、ラグーサ[16]は伝染地からの旅行者を三十日間（trentini giorni）拘留した。これが無効だと判明したので、拘留期間は四十日間（quaranti giorni）に延長された。この早期における予防措置から、現在も使用されている検疫（quarantine）が派生している。

検疫の他に、黒死病は聖人名簿にもう一人の聖人を加えたのである。聖ロッコは腺ペストの特別守護聖人である。モンペリエ生まれの聖ロッコは黒死病流行中、北イタリアで患者を看護し、彼自身も感染した。彼は既に死んだとして放置されたが、犬に救助されて恢復した。彼は故郷に帰ったがスパイの嫌疑を掛けられて牢へ投げ込まれ、牢内で死亡した。ここに再び致命傷、奇跡的恢復、そして究極の死という殉教者のパターンが見られる。

我々はたゆまなく病人を看護するキリスト教会に敬意を表すものであるが、教会の、医学と科学進歩に対する影響に関する限り、まったく有害であったことを認めざるを得ない。ローマ帝国滅亡とルネサンスまでの一千年に亘る、多方面での創造的思考抑圧は、貧弱な剽窃をもたらしたのである。イタリアにおいては、サレルノやボローニャ、フランスでは、パリやモンペリエのような偉大な医学校が創設されたが、このような医学校での教育は、古代理論の無批判な反復であり、医学研究は、原文の厳密な意味についての議論という形を取った。この長い時期における、莫大な量の医学文献は、多くの独創的観察を含んでいるが、独創的思考はほとんど見られないのである。これらの医学文献は第一世紀の著書と、それに対する回教徒注釈者のラテン語原本から引き出された資料の一連の集積より、多少ましという程度である。もちろん、いかなる弾圧も批判を完全に抑圧することは出来ないので、聖火の〝ひらめき〟はときどき起こった。ボローニャのムンディヌスは、人体解剖禁止令を無視して、紀元前三〇〇年頃ギリシャ人医師たちによって達成された基準にまで、解剖学を復活させるのに貢献した。[17]暗黒中でのもう一つの〝ひらめき〟はオックスフォードとパリで活躍したロジャー・ベーコンである。彼は医師というよりも哲学者であり、確かに独創的思索家ではあったが、この独創のため、死の前まで十三年間牢獄で過ごすことになってしまった。

神権政治的不寛容さによって、かもし出された思考習慣が、十五世紀末まで医学の進歩を窒息させたのである。ガレノスは疑問を挟む余地のない権威として君臨した。ガレノスのみが医学思考を支配するということ自体、問題があったが、それ以上にガレノスの写本がほとんど価値がなくなってしまうほど質を低下させたのは嘆かわしいことであった。ガレノスの真の教えは、ずっと遅くなって、すなわち十五世紀末に新思考法が、学識と美のパノラマを開く時まで回復されなかった。ルネサンスという素晴らしい現象は、古典文化の単なる再生ではなかった。それはドグマティズムの暴政からの脱出と、キリスト教会によって強いられた思考制限からの脱出を要求した『思考する人たち』の全視野の変化であった。ガレノスの亡霊はウィリアム・ハーヴェイ(18)が十七世紀に「血液〝干満〟運動説」に反対するまで消え去ることはなかった。教会の医学に対する束縛を決定的に解いたのはルネサンスであった。

腺ペストは黒死病流行後、三世紀に亘って致死的な病気の一つとして、ヨーロッパにいすわった。腺ペストは十八世紀の初め頃、ヨーロッパの大部分から姿を消したが。地中海南沿岸と東海岸や、アジア、アフリカ、南米において、地方病として残り、時には流行病の域に達したのである。一九一〇〜一年の中国東北部における大発生(19)はほとんどすべて肺炎型ペストであり、黒死病に類似していたといえる。感染地帯へのヨーロッパ人旅行者は、現在でも感染する可能性がある。

腺ペストの予防と治療は、現在かなり成功をおさめている。病源ペスト菌は一八八四年の香港における発生の際、日本人北里柴三郎とスイス人アレキザンダー・イエルサンによってほぼ同時に発見された。予防は殺菌ワクチン接種か、無毒性生菌すなわち比較的無害なペスト菌株の接種によって可能であることが発見された。ストレプトマイシンやテトラサイクリンといった抗生物質は、感染患者に投与された場合有効である。一番重要な予防手段の一つは、鼠と蚤のコントロールである。鼠は殺鼠剤ワルファリンで殺せるし、蚤はDDTやBHCのような永続性のある殺虫剤で退治出来る。しかし腺ペスト、特に肺炎型腺ペストはまだ非常に危険であり、黒死病流行時や一六六五年大疫病の時のように、付添看護人はマスク、保護用ガウンや手袋を着用せねばならない。

近代的予防法の成功は、どうして十八世紀に、ペストがヨーロッパから姿を消したかを説明していないのである。ここに医学のミステリーの一つが存在する。その解答は他の病気におけるような大衆に抵抗力がついたといったことではない。ペストは風邪に類似しており、一回の流行で免疫を得ることはほとんどないのだ。時々示唆されるように、ロンドン大火災は、ロンドンを煉瓦で再建する努力が局所的であったので、何の影響も残さなかったのである。〝鼠説〟が一見したところ有望のような印象を受ける。くまねずみはずっと強くて獰猛などぶねずみにより皆殺しにされ、ほとんどヨーロッパの内陸地方から姿を消したのである。人間と同居出来るくまねずみは、ペスト菌を保菌する蚤を持ち込んで人に感染させると考えられる。どぶねずみもペスト菌によって感染し、蚤も巣食っているが、人間とは同居しないので鼠→蚤→人の伝播サイクルはずっと僅かである。それゆえ〝鼠説〟は十七世紀末どぶねずみがくまねずみに取って代わったことを証明出来るという条件で、ペスト消失を説明することが出来るかも知れない。しかし英国では、ペストが一六六六年以後ほとんど消失したも同然であるにもかかわらず、どぶねずみは一七二八年まで登場しなかったのである。一七八三年の後期に到るまで、くまねずみはロンドン、ミドルセックス、バッキンガムシャーにおいて、ごくありふれた種類の鼠であった。

けれども十八世紀初期のヨーロッパでの、どぶねずみの緩慢な繁殖が共生的メカニズムを目茶目茶にした可能性がある。どうしてこの特別の伝染病が、その時にヨーロッパから姿を消したかという質問には未だ答えが出ていない。多分黒死病は消失したのでなく、六世紀から十四世紀までの期間のように、隠遁生活に入ったのかも知れない。もしそうだとすると、不愉快な不意打ちが、我々を待ち伏せしているということになる。

（1）鼠径部を指す。
（2）赤毛のエリック（Erik the Red 九五〇～?）スカンジナビアの探検家、九八五年頃グリーンランドを探検し植民した。
（3）ヴィンランドとヴァイキング（八～十世紀）もしヴァイキング入植者がペストで死に絶えなかったなら、一四九二年にアメリカ大陸を発見したコロンブスは最初の発見者ではなくなったかも知れない。
（4）ボッカチオ（一三一三～七五）イタリアの作家、詩人。『デカメロン』の著者。
（5）ペトラルカ（一三〇四～七四）イタリアの詩人、人文主義者、イタリア文芸復興の主唱者。
（6）ドゥームスデー・ブック（domesday book）中世英国の土地台帳。調査の厳正ぶりを〝最後の審判〟（doomsday）に譬えたもの。D・B・と言う。
（7）Pestis puerorum. puer = child.
（8）シリング　一シリングは二〇分の一ポンドで、十二ペンスに等しい（シリングは一九七一年に廃止され、現在は一ポンドは一〇〇ペンスである）。
（9）クォーター　乾量及び液量の単位、八ブッシェルまたは二十八ポンド（十二・七kg）。
（10）農奴　封建制度下、領主に対して賦役や貢納の義務を負った半自由民。
（11）チューダー王朝（一四八五～一六〇三）ヘンリー五世の寡婦と結婚したウェールズ人、オーエン・チューダーの子孫であるヘンリー七世からエリザベス一世まで続いた英国の王朝。
（12）一般的には以下のように言われる。本文にあるような多くの変形がある。
Baa baa, black sheep, have you any wool? Yes sir, three bags full.
One for my master and one for my dame, and one for the little boy who cries down the lane.
（13）バラ戦争（一四五五～八五）王位継承に関するランカスター家とヨーク家との争い。前者は紅ばらを後者は白ばらを記章にした。
（14）苦行を行えば、一切の罪が清められるという論理は教会の論理に反することになる。
（15）ブラウン派　英国清教徒の説教者ロバート・ブラウンの唱えた主義で、教会はキリストにおいて結ばれた個々の会衆（congregatin）であって、キリストのみが、教会の首であるとする。
(16) ラグーザ　現在のドゥブロヴニク。
(17) ロジャー・ベーコン　英国の哲学者・科学者（一二一四?〜九四?）。
(18) ウィリアム・ハーヴェイ　血液循環の原理を発見した英国の医学者（一五七八〜一六五七）。
(19) 六万人が死亡したという。

第三章　梅毒のミステリー

医学史において、常に議論の対象となる問題の一つは、どんな方法で、そうしてなぜ十五世紀の終りに突然梅毒がヨーロッパに出現して来たかという疑問である。梅毒は主として性交渉により人から人へと直接接触により蔓延する性病である。しかし梅毒は性交渉以外の経路で飲食器を共用したり、創口から感染する可能性もある。最初の感染後十日から九十日間に亘る潜伏期を経て（通常二週間から四週間）最初の症状が現れてくる。最初の症状は感染に対する局所組織反応である下疳の形で現れ、それは接触部に見られる潰瘍である。それゆえ下疳は普通性器か性器の周辺に発生するが、性交以外の経路で感染した場合はどこにでも出現する。下疳は治療を受けない場合でも三週間から八週間の間に薄い人目につかない瘢痕を残して自然に消失する。時によっては下疳はかなり大きく、また場合によっては単なる堅い吹出物でしかない。専門クリニックで診察された全患者の四分の一は、最初の病変の存在に気が付いていない。

下疳出現より六週間から八週間後に、第二期症状が出現し、この症状は時によると一年またはさらにそれ以上遅延することがある。第二期症状は感染に対する通常組織反応である。症状は細菌侵入に対するどの反応にも似ている。患者は全身違和感、頭痛、多くの場合咽頭痛、微熱、そして七五パーセントの患者は皮膚発疹を訴える。発疹は種々様々の形を採るので我々の物語にとっては極めて重要である。

梅毒は皮相的診察によると他の多くの病気と間違われるので「偉大な模倣者」として知られている。発疹に関する限り、はしか、天然痘その他多数の皮膚病に似ているために特にそのようなことが言えるのである。原則的に第二期は永続せず、患者は早期潜伏期に入る。早期潜伏期にはどの症状も、徴候も消失するが時々発疹は再発しそしてまた消失する。第二期活動期と早期潜伏期では、患者の伝染性は強く、特に危険である。この時期は患者が無症状にもかかわらず他人に梅毒をうつす時期である。

約二年間を経て患者は後期潜伏期に入り、梅毒の症状も徴候もなくそして他人に病気をうつす可能性は低い。しかし血液検査では患者の組織内に梅毒が存在することが証明されるので患者が治癒したとは言えないが、病気は静止し、患者の生涯中そのままの状態を保つこともある。患者は梅毒と無関係の原因で死亡するかも知れない。治療を受けない場合でもこれはしばしば見られる現象である。

このような理由のため、梅毒は極めて危険な病気なのである。後期潜伏期は何事もなく何年間も続くこともある。患者は災難は過ぎ去ったと信じて何も知らずにのほほんと暮らすのである。しばしばこれは糠喜びであり、病気は慢性期に入ったに過ぎないのである。

初感染後、三年から十年経って（しばしばさらに後になって）第三期梅毒の徴候が現れる。梅毒は身体中ほとんど、どの組織をも冒すことが可能なので多数の現れ方がある。典型的病変は梅毒性ゴム腫であり、骨、心臓、咽喉、皮膚等々どこにでも発生する。第三期梅毒は血管系に起こる変化として現れることもある。血管壁は虚弱化し風船のように膨隆し、大動脈破裂または脳血管破裂が起こって死に至る。神経系統も冒され、脊髄癆として知られている状態となり、患者は徐々に麻痺し、大小便失禁を起こす。或る場合は脳自体が冒され、恐ろしい性格変化を起こしたり、進行性麻痺または麻痺性痴呆と呼ばれる手のつけられないような狂乱状態になったりする。しばしば麻痺性痴呆の前兆として患者は合理的ではあるが少し偏った、誇大妄想的な考えや計画を抱く段階を経るのである。コナン・ドイルは経済不況の時にバラ色の農場経営予想をして隣人たちを驚かせた若い百姓の話をしている。この若い百姓は伝統的な農作を中止し、その代わりにツツジを農場全部に植え、市場を独占する提案をしたのである。治療を受けないほとんどの麻痺性痴呆患者は最初の症状が出てから五年以内に死亡するが、多くの患者たちは実際に発狂したり、障害者になることはない。脳梅毒過程が患者の態度を変化させるが患者はほぼ正常な生活が可能で、梅毒以外の原因で死亡するのである。神経系統を冒す第三期梅毒の一般的な症状は頭痛、電撃性疼痛、生殖不能（インポテンツ）、成人性癲癇と五十歳以下の年齢で起こる卒中発作である。普通、麻痺性痴呆患者の最初の症状は関節痛、神経衰弱、性格変化である。

梅毒の恐るべき特質の一つは、両親から子供に伝わる可能性があることである。もし母親が活動期の梅毒に罹っている場合、子供はたぶん生まれる前に死亡するであろう。胎児の死は最も早い場合でも妊娠四カ月以前には普通起こらない。それゆえ妊娠の四カ月以内に起こる度重なる流産の既往歴は梅毒を示唆しないが、妊娠四カ月以後繰り返す流産は梅毒を強くほのめかしているのである。妊娠後半を経過するにつれ子供が生きて産まれる可能性が高くなってくる。もし梅毒が自然治癒した場合には健康な正常児が生まれてくる可能性がある。

梅毒患者の典型的な分娩パターンは次のようである。

初回妊娠→五カ月目に流産。
二回目妊娠→八カ月目に死産。
三回目妊娠→生児出産。産後間もなく梅毒で死亡する。

四回目妊娠↓生児出産。産後数週間から数カ月で梅毒の症状を呈す。
五回目妊娠↓外見上健康児。生後一年か二年で梅毒の症状を呈す。
六回目妊娠↓十代になるまで健康で、それ以後梅毒の症状を呈す。
七回目妊娠↓健康児で梅毒の症状皆無。

だが梅毒は稀にしか典型的パターンを呈することをせず、梅毒家庭においては健康児と疾病児が交互に出生するかも知れない。

梅毒に冒された子供は成人と同じステージを経て発病する。だが病気が発育中の人体を冒すので（必ずしもすべてというわけではないが）しばしば特殊な徴候を呈するのである。特別な徴候とは骨に起こる欠陥、視力と聴力障害、歯の奇形である。一八六一年ロンドン病院の、ジョナサン・ハッチンソンによって初めて記述された有名な「ハッチンソン三徴候」とは難聴、視力障害とV字型刻み目のある杭状に並んだ歯のことである。難聴は聴神経の損傷に原因する。特殊な視力障害は間質性角膜炎として知られ、片方の角膜の中心近くに拡散した「かすみ」が現れ、通常五歳から十五歳の間に最初に出現する。「かすみ」は角膜全体に拡がり二〜三カ月後にはもう片方の目も冒される。罹患した子供は一時的に失明するかそれともほとんど失明するが一年か一年半の間に意外にも快方に向かう。角膜の「かすみ」はしばしば一生の間つきまとい、そのため視力は完全に正常には戻らない。どういうわけか不明であるが女子にくらべほとんど二倍の数の男子が冒される。罹患した子供たちは強い光にあうと眼痛を訴え、そのためしばしば顔をしかめるように瞼と眉毛を下げて目を細める習慣を身につけるようになる。

梅毒の歴史を論じる場合、前述のすべてのことは今日における未治療梅毒のことを言っているのを銘記しておくことが重要である。今日における未治療の梅毒は、十五世紀の終りに梅毒が初めてヨーロッパに出現した時医師たちによって観察された臨床症状とまったく同様の経過をたどるとは必ずしも限らないのである。

一四九〇年以来、当時のもの書きにとっては新しい病気と考えられた疾病がヨーロッパを席巻した。ヨーロッパからインド、中国、日本へと拡がり遂に世界中に蔓延した。初期医学史家はこの新しい病気は、一四九四年の秋にイタリア侵攻を開始し、一四九五年の二月にナポリを攻撃した、シャルル八世の軍隊に源を発したか、それともナポリ市内に発生し、それがフランス軍に伝染したという説を受け入れている。事実三万人の軍隊はフランス人ではなくフランス人、ドイツ人、スイス人、英国人、ハンガリー人、ポーランド人、スペイン人傭兵たちによって混成されていた。多数の患者が出たため、シャルル王は退却と北イタリア征服計画放棄を余儀なくされた。少なくともこれは事実であり病気がいかにして歴史の流れを変えることが出来るかという良い例を我々に示している。一般に信じられている物語かそれともたぶん伝説かも知れないが、シャルル王の軍隊は解散し、解散した残存兵士たちは故郷へ続々と復員しそのため彼らの出身地であるヨーロッパの各地へ病気をばら撒いて回ったというのである。その後間もなくこの病気は出身地と思われる場所の名前で呼ばれるようになった。人々は「ナポリ病」「フランス病」や「ポーランド病」などと呼称した。後日になって中国では「広東病」、日本では「唐瘡」として知られるようになった。英国人はFrench pox「フランス疱瘡」またはgreat pox「大疱瘡」と呼び、フランスでも同様に「大疱瘡」la grosse vérole と呼んでいる。さらにフランスではこれを「スペイン病」とも名付け、スペイン病という名称が梅毒起源の一番古い学説を我々に示している。

クリストフォロ・コロンボ（一四五一～一五〇六）ことコロンブスは一四九二年十月十二日に初めて新

世界を発見した。彼の発見した新世界はたぶんバハマ諸島の一つだと考えられている。コロンブスは十月から一月の間にキューバとハイチを訪問している。一四九三年一月に彼はヨーロッパに向かって出帆し一四九三年三月十五日に母港のパロスに上陸している。コロンブスは西インド諸島から先住民十人と乗組員四十四人を連れて帰り、先住民の一人は上陸後間もなく死亡している。

乗組員たちは帰国後解散し、ある一部の者たちはシャルル八世と一緒にナポリへ向かって進軍したゴンザロ・デ・コルドバの軍隊に合流した。[1] コロンブスは九人の先住民を連れてセビリアまで行き、三人をセビリアに残し、残りの六人をバルセロナまで引き連れて行った。四月の末に六人の男性のインディアンは宮廷において裸体で引見された。彼らは褐色の肌で器量が良くアフリカ人よりも東洋人に近いと記述されている。そしてどのような病気も記録されていないのである。

二十五年経って一五一八年にヴェネツィアで出版された本に「スペイン病」がアメリカまたは西インド諸島から一四九二〜三年のコロンブス統率下の探検隊水夫によって輸入されたという説が初めて記述されている。この説はコロンブスがインディアンをスペイン宮廷で披露した時に小姓であった、ゴンザロ・フェルナンデス・デ・オビエド・イ・ヴァルデスによって支持され普及された。オビエドは西インド諸島へ数回航海し、原住民たちの間に新しい病気が存在する証拠を発見したと報告している。一五三九年に医師ロドリゴ・ルイズ・ディアズ・デ・イスラは「西インド病」または「bubas」（スペイン語で横痃のこと）の記事を出版しコロンブスの乗組員の少なくとも一人をバルセロナで治療したと主張している。ディアズ・デ・イスラは数カ所のスペインの大きな港町で医療に従事したので四十年以上の日々の推移の後ではパロスやリスボンの町をバルセロナと間違えたのかも知れない。

それゆえ第一の説は船によって一四九三年に梅毒が西インド諸島からヨーロッパに導入されたと主張

するのである。多くの医学史家はこの意見を支持している。この説の有利な証拠は、毒性の強い新しい病気が疑いなくコロンブスが帰還した頃と一致してヨーロッパに出現した事実である。時々引用される別の論点は、古くから知られた最も人気のあった梅毒治療法の一つが聖木またはグアヤック樹脂、つまり *Guaiacum officinale* と *Guaiacum sanctum* という二種の常緑樹より得られた樹脂であり、二種の常緑樹は南米と西インド諸島特有の物であるという事実である。

グアヤック樹脂は一五〇八年つまり西インド諸島由来説が最初に記載される十年前に輸入されている。この事実が西インド諸島由来説を有力にする根拠である。だがこの意見の反対派は、役にも立たないグアヤック樹脂は、伝統的治療だから輸入されたのではなく西インド諸島由来説を支持する目的で故意に輸入されたのだと主張している。さらに西インド諸島由来説に反するのは連れて来たインディアンとコロンブスと一緒に帰還した四十四人の水夫たちに病気の証拠が皆無だった事実である。帰国航海中は全員驚くほど健康だったと思われる。コロンブスまたはアメリカ説が彼の帰国後二十五年以上、そして最初の病気出現まで広く受け入れられなかった事実は重要な意味があると思われる。もちろん後日の新世界遠征で前にはみられなかった事実が明るみに出た可能性は常に存在するのである。

第二説は梅毒がアフリカに由来し、奴隷の輸入と共にスペインとポルトガルへ導入されたとする説である。アフリカの病気で細菌学的に梅毒と区別のつかないフランベジアという病気があるが現代の梅毒と異なり、主として性交によらない接触によって起こる病気である。フランベジアは裸体で一緒に遊び回る子供の間によく見られる。このことからわかるようにフランベジアは熱帯地域において見られ、恐ろしい皮膚の吹出物として現れる。

原因となる微生物は梅毒と同じスピロヘータであり、もしその細菌を通常人々が着衣する寒冷地域に導入した場合、主として性交により感染する普通の梅毒に落ち着くのである。事実フランベジアと梅毒はたぶん同一の病気の異なった表現型である。もし十六世紀初期における梅毒がフランベジア様の病気だと仮定することが許されるなら、梅毒はアフリカからヨーロッパへ持ち込まれたことを支持する証拠があるのである。

一四四二年に〝海洋探検家〟エンリケ皇子に率いられたポルトガル探検隊がアフリカの大西洋岸を踏査し、ベニン湾に停泊した。船長の一人オータム・ゴンサルヴェスは少数のムーア人を捕らえ、捕虜として船へ連行して来た。エンリケ皇子はゴンサルヴェスに捕虜の返還を命じ彼は皇子の命に従った。ゴンサルヴェスが捕虜を返還するとムーア人の友人たちは砂金と十人のアフリカ黒人をおくってゴンサルヴェスに報いた。黒人はポルトガルで大金で売れ、アフリカからポルトガルとスペインへのかなり広汎な黒人奴隷貿易の先駆けとなった。多くの奴隷の子孫たちはキリスト教徒となった。一五〇二年にフェルディナンド王はキリスト教徒の奴隷、特にセビリア周辺の奴隷たちを西インド諸島へ送るよう命令した。あまりに沢山の黒人奴隷が西インド諸島へ送られて来たため、ハイチ総督は黒人の数に驚愕し、一五〇三年に奴隷輸送を中止するよう懇願した。

ここで示唆しているのは黒人奴隷がフランベジアをアフリカからヨーロッパに持ち込み、衣服を着たポルトガル人とスペイン人がフランベジアに感染した時、梅毒に変化したというのである。この説は非常に魅力的なものであり、それ以前に起こったことも、それ以後に起こった出来事も便利に説明出来る。梅毒がアメリカ由来説とする考えは一五一八年に初めて出版されたので、コロンブスまたはアメリカ説もフランベジア説に都合よく適合することが出来る。すなわち一五一八年は最初のアフリカ奴隷が西インド諸島に送られてから十六年経った後だからである。だがしばしばハンセン氏病と混同された明瞭な皮膚病は我々の先祖に特別の恐怖感を起こさせたのである。コロンブスによって連れて来られた六人のインディアンは、宮廷において裸体で引見させられた時、もし皮膚病があったなら誰かがそれに気付いたはずであるから、病気を持っていたはずはなかったとうまく主張されている。しかし同様な議論がアフリカ人の奴隷にもあてはまるかも知れない。世間一般の皮膚病恐怖心を考えて見た時、奴隷商人がフランベジアに罹っている黒人を船積みにして送り出すことはとても出来そうもなかったと思われる。

梅毒アフリカ由来説を伸展させると、梅毒のヨーロッパ導入をずっと早い時期に位置づけることになる。赤道付近に住んだアフリカ黒人はエジプト、アラビア、ギリシャやローマへの道をたどり、フランベジアを一緒にヨーロッパへ持ち込んだかも知れないのだ。そうすると梅毒がヨーロッパにおいて非常に古い病気であり、何か未知の因子が十五世紀末での再燃の原因となったということを示唆している。或る歴史家はレバントから十字軍が持ち帰ったとされるハンセン氏病は実際には梅毒であったとする意見を持っている。[2] ハンセン氏病がヨーロッパから、さらに医書からも姿を消し梅毒がそれに取って代わったのはまぎれもない事実である。両方共恐ろしい皮膚病を起こすことが出来るのもまた事実である。

梅毒古代存在説の難点は、梅毒がしばしば明白な永久的骨変化を起こすことにある。そしてヨーロッパで発見された骨には梅毒の証拠が見られないのである。もう一つの難点は一四九〇年代に、我々の祖先が非常に悪性の新しい疾病がヨーロッパを迅速に席巻したと信じて疑わなかった事実である。我々の祖先は診断をつけるのに、現在我々が使用している手段を持ち合わせず、その上彼らの病気描写は我々が望むほど明確でない。だが我々の祖先は正直な観察をする能力を持っていたのである。

十五世紀に出現し、英国では great pox（大疱瘡）または French pox（フランス疱瘡）、フランスでは grosse vérole（大疱瘡）、スペインでは bubas（横痃）というような多数の名前をつけられたこの病気は一体なんであったのだろうか？

一五一九年にウルリッヒ・フォン・フッテンはドイツに初めて現れたぞっとするような〝ただれ〟のことを記している。フォン・フッテンによると約七年経った後、病状は変化し、急性の明白な皮膚症状が少なくなりその結果病気に感染する危険度が高くなったのである。フォン・フッテンがこれを記述した一五一九年に彼は伝染が性交によって起こるという極めて重要な観察をしている。

ディアズ・デ・イスラは一五三九年における病気描写で、今日我々が知っている梅毒のステージを記述しているが、彼は末期の発熱、衰弱、下痢、黄疸、腹部拡張、精神錯乱、昏睡と死をも付け加えている。これはむしろ一世紀前によく見られたpupia（第三期梅毒の症状としての牡蛎殻疹）のように思われる。現代の研究家は牡蛎殻疹を強度の組織破壊を伴った膿疹として描写している。

初期の梅毒に関する一番重要な仕事はジロラモ・フラカストロ(3)が一五四六年に行っている。これより遡ること十六年にフラカストロはイタリアのヴェロナでsyphilis sive morbus gallicus（梅毒またはフランス病）という名の長い詩を発表した。かくしてフラカストロがこの病気にsyphilis（梅毒）という、想像上の牧童Syphilusより由来した名前をつけたのである。この名称は十八世紀の頃まで普及しなかったが、現在我々が使用している名称である。フラカストロは一五四六年にヴェネツィアで出版された『伝染および伝染病について』（*De Contagione et Contagiosis Morbis*）というタイトルの非常に重要な本の中で我々が感染性または伝染性と見なす沢山の病気を調査している。彼は梅毒を次のように記述している。最初に生殖器に発生する小さな難治性の潰瘍として発生し、通常、頭皮から始まる濃疱性発疹が皮膚全体を蔽う。濃疱は骨が露出されるほど深い潰瘍となる。悪性粘膜カタルは口蓋、口蓋垂や咽頭を糜爛《びらん》させる。時には口唇または目が完全に腐食破壊される。後になると彼がgummata（ゴム腫）とよぶ腫脹が出現しそれに筋肉痛、倦怠感と衰弱が伴う。フラカストロによると彼が記述した時点で、膿疹が少なくなり、ゴム腫が増えて来たので過去二十年の間に（一五二六以来）病気の特性が変化したという意見であった。

この新しい悪性疾患は腺ペストのような速度では蔓延しなかった。もし我々が一四九三年をヨーロッパにおける最初の梅毒性疾患出現の日付としても、一四九六年の英国侵入までに三年間という時間の推移がある。ポーランドは一四九九年に侵され、ロシアとスカンジナビアは一五〇〇年にそして広東は一五〇五年に侵されている。ある国々はずっと後まで梅毒を免れることが出来た。例えば日本は一五六九年まで、アイスランドは一七五三年、フェロー諸島[4]は実に一八四五年という後期に至るまで梅毒侵入を免れたのである。

一四九八年のインドにおける伝染は歴史上特に興味がある。一見したところ、英国の二年後、ポーランドの一年後という日付は不可能のように思われる。このことはバスコ・ダ・ガマに率いられた探検隊員が、梅毒をポルトガルから水路アフリカ南端喜望峰を回りマラバー川河口のカリカットに運び[5]、一四九八年五月二十日に、そこに上陸した事実で説明される。

梅毒の歴史を見ると初期ではこの病気は今日の梅毒[6]よりもずっと伝染性が強かった。パリ市民の三分の一は罹患していたと言われている。エラスムスは、梅毒病みでない貴族のことを「下賤で田舎者」と言っている。初期の猛毒性と後期での衰退に対する興味ある証拠がトーマス・モア卿[7]により提供されている。この人くらい信用出来る証人は他にないと思われる。彼はサイモン・フイッシュによる修道院病院抑圧の要求に対する答えとして一五二九年に「煉獄での霊魂の祈願」と題する小論を書いた。モア卿の小論は次のようなセンテンスを含んでいる。「そして三十年前のフランス疱瘡患者五に対して現在は一が入院を懇願する……」。これは「一四九九年には五人の梅毒患者が病院に入院したのに対し一五二九年には一人が入院している」ということになる。もしこの記事にロンドンの外科医ウィリアム・クロウスが一五七九年に述べた「通常セント・バーソロミュー病院に入院させられた二十人の患者の内、ほとんど十五人以上が梅毒病みであった」という陳述をつきあわせると、一五〇〇年のロンドンでは梅毒が非常に流行していたことが明らかである。

だが梅毒は十六世紀初期にどうしてこのように伝染性があったのであろうか？　もし梅毒がフランベジアと呼ばれるアフリカの梅毒類似疾患に由来したという説を受け入れると少なくとも答えの一部が出てくる。フランベジアは概して皮膚病であるので、ひどい皮膚病疾患が度々記録されている事実が説明出来る。フランベジアが非性病的皮膚病状態から、今日の梅毒への過渡的段階を経過していたのである。残りの答えは、全梅毒歴史家によって不思議にも見逃された簡単な事実の中にあるのかも知れない。英国チューダー朝時代(8)での普通の挨拶方法は握手ではなく接吻であった事実である。

最も普通な伝染経路は案外気付いていない経路、つまり性交渉によらない伝染であったのかも知れない。病気は人から人へと経口的接触または同じ器で飲水することによって移された。そのような場合には初期下疳は口唇または舌に現れたはずであり、当時の疎かにされた個人衛生状態のことを考えると、たぶん見落とされたかそれとも膿痂疹か単純疱疹と間違えられたのであろう。たとえば、ウォルセイ枢機卿はヘンリー八世に息を吹きかけて梅毒をうつしたと非難されている。そうかも知れないが彼は同様な確率で悪性感冒による口唇単純疱疹になやまされていたかも知れないのだ。多数の性病の症例が存在したのは間違いないが、十六世紀の梅毒を調べる時、不道徳な性関係や香ばしくない醜聞を追い回す必要はないのだ。性関係以外の接触で梅毒にかかる可能性が同様の確率であったのである。

梅毒が広く蔓延したもう一つの理由は、第三期梅毒である神経系や動脈系の障害が病気と関連しているということが知られていなかったためである。ひどい皮膚病症状は必ずしも存在したわけではなく、初期下疳や第二期発疹のような初期に出現する軽い症状は平凡な病気と間違われたのかも知れないし、いずれにしてもすぐ消失してしまったのである。

この病気を何と呼称したかの最初の日付を調べることで推定に対する証拠が得られるのである。オックスフォード英語辞典は次のように記載している。pox 一四七六年、great pox 一五〇三年、small pox 一五一八年である。small pox（天然痘）として知られている病気の歴史は曖昧であり、十六世紀の医者は天然痘と麻疹とを混同し、麻疹を最も危険な感染症と見なしていた。この事実や各名称の日付を考えて見た時、great pox は早期によく見られた梅毒による主要な皮膚症状のことを言っており、一方 small pox とは病気が初期の毒性を失った時にしばしば見られた第二期発疹のことを言っていると考えることが出来る。事実、small pox の名前はそのものずばりで great pox の軽症という意味である。このような理由で多数の梅毒患者が、罹病していることを知らず、治療を受けることもなしに一生を過ごしたと推定しなければならない。

梅毒の影響は悲惨なものであった。苦悩と苦痛の物語の数々は尽きない。ざっと回顧してもこの不愉快な病気が次のような人々を死に至らしめたり、さらに死よりひどい苦痛を齎し生活を破滅に導いたのである。統治者ではフランスのシャルル八世とフランソワ一世、聖職者では、アレッサンドロ（ボルジア）六世法王[9]、彼の甥ペトロ・ボルジア、彼の家令でセゴビアの枢機卿兼司教、芸術家ではベンベヌート・チェリーニとトゥールーズ＝ロートレック、作家と詩人ではハインリッヒ・ハイネ、ジュール・ド・ゴンクール、アルフォンス・ドーデー、ギイ・ド・モーパッサン等々である。何千何百万人という数の一般市民も同様に苦しみ、さらにイワン雷帝の物語の中に出てくるように無数の人々が間接的に被害を蒙ったのである。

イワン四世、モスクワ大公国君主、全ロシア初代皇帝（ツァー）は一五三〇年八月二十五日に生まれ、一五三三年十二月に父親ヴァシリ三世の崩御と共に、三歳で大公国君主の地位についた。彼をコントロールせんとする大貴族たちの権力争いに怯え、子供であることを無視された幼年時代を過ごした彼は十四歳という若さで権力を握った。表面上イワンは典型的な当時のロシア皇子であり、狩猟、女道楽、飲酒に耽り、商人から金を巻き上げ、不幸な農民を恐怖に陥入れたのである。しかし彼にはそのような悪行皇子のイメージ以外の何かがあり、彼には無教養な貴族より、下賤な生まれではあっても学識ある者との交友を好む真摯な学者という一面があった。

イワンはそのような学識者の一人、アレクセイ・アルダチェフを最も親密な顧問として選んだ。一五四七年一月十六日にイワンは、ビザンチン帝王コンスタンチン・モノマクの孫、ウラジミールの家系であることを主張し、最初のモスクワ大公国支配者として正式に皇帝（ツァー）の地位についた。二週間後イワンは信心深く慈悲深い女性アナスタシア・ザカリーナ＝コシュキーナと結婚した。

同じ年にモスクワのほとんど大部分が大火事で破壊された。マカリー大司教はこの機会を利用してイワンに青年時代の罪深い不品行の数々を銘記させた。そしてロシア史上最も啓蒙した治世となりうる統治が始まった。

法律は規定され、最も抑圧的な暴君貴族は追放され、全権力を握った教会は改革され、学校がモスクワや他の大都市に設立された。イワンは勇敢な男でも優れた兵法家でもなかったが彼の軍隊を十字軍的な聖戦精神を以て鼓舞し、タタール遊牧民を攻めてカザンを占領しさらに彼の帝国をヴォルガ川の下流アストラハン港まで拡大した。一五五八年には鋒先を西に向け、ドイツ騎士団に対抗し一五六〇年夏までにはプロシアとの国境のリガまで到着した。

今日の我々の標準ではイワンは治世初期においても疑いなく残酷な暴君であった。だがその当時のロシアやヨーロッパの標準では、イワンは一五五一年から一五六〇年までの間、抜け目なく国を統治したと言える。彼は閣議の討論では暴君的にふるまったが、そうかと言って言論と意見の自由は許したのである。ロシア史上最初で最後、イワンはすべての階級の臣民からの陳情を受付けたし、ロシア国内で一番貧乏な民でさえ君主に拝謁することが出来たのだ。

一五五二年十月アナスタシア皇后は男子ドミトリを出産したが皇子は六カ月の短命で死亡した。九カ月後皇后は再び男子イワンをそして一五五八年には三男フョードルを出産した。多分イワン皇帝は結婚以前に梅毒に犯されていたのである。ただ憶測ではあるが幼児ドミトリは先天性梅毒で死亡したと推定出来る。ガイルス・フレッチャーは「ロシア共和国」にイワン雷帝の死後まで生き残ったフョードルのことを次のように記述している。

…中背で虚弱、でぶでぶし、血色は悪く、むくみの傾向があり、鉤鼻、四肢軟弱の為、歩行不安定、動作は精彩を欠き、鈍重であり、そして普段はにこにこ笑顔というよりも、むしろげらげら笑うという方が正しい。それ以外の素質は単純で頭の悪い男である。

フョードルもまたたぶん先天性梅毒に犯されていたのだ。

一五六〇年七月にアナスタシア皇后は死亡した。イワン皇帝は衷心より悲嘆にくれ、葬式後すぐ悲しみを忘れようと暴飲放蕩の乱行にひたった。彼は友人であるアレクセイ・アルダチェフと彼の賢明な助言者シルベスター師が魔法を使ってアナスタシアの死を企んだという幻想を抱いた。両人共罷免され監禁された。イワン皇帝はさらに、偉大な軍人であったアルダチェフの弟と彼の十二歳になる息子を処刑した。続いて彼の友人である後家のマリア・マグダレーナと彼女の五人の子供をも死刑に処した。

一五六一年八月二十一日イワンは裕福なチェルケス人皇妃と再婚したが、それにもかかわらず一五六三年に英国のエリザベス一世女王に結婚の申込みをするのに躊躇しなかった。同じ年、彼は大軍を率いてリトアニアを侵略した。重要な貿易都市ポロックを占領しリトアニアは彼の意のままになったものと考えた。すると彼の好戦的ムードは一過し、彼は再びモスクワでの放蕩三昧の生活に舞い戻った。モスクワでは新しい皇后が男子ヴァシリを出産し、ヴァシリは五週間の短命の後死亡した。

一五六四年十二月には、イワンがもう明らかに脳梅毒に冒されていると考えられる最初の事件が起こった。十二月三日の早朝、クレムリン広場に沢山の橇が整列し、宮殿からの金、銀、宝石類が積み込まれ、イワン皇帝、皇后と二人の息子が乗り込んだ。そして一行は行先も告げずに立ち去ってしまった。イワンからの最初のメッセージは次のようなものであった。

「私が取り囲まれている背信反逆にはもう我慢が出来ない。私はこの国をあきらめ、神のお示しになる方向へ向かって行く。」

あっけにとられた貴族たちと司教たちは皇帝捜索を開始し、モスクワ北西百マイルにあるアレクサンドロフの村に滞在する皇帝一家を発見し、直ちに帰都するよう懇願した。

イワンは彼が欲するどの「反逆者」をも自由勝手に処刑し、クレムリン外の家に住み、千人の護衛隊（オプリチニナ）を持つ条件で帰都することに同意した。イワンは一五六五年二月二日にモスクワへ帰り、二月四日に処刑が始まった。オプリチニナは六千人もの匪賊の群に増員され、彼が住む新しい家は既婚者イワンが大修道院長であるという奇妙な修道院となった。黒貂の毛皮と金襴衣の上に黒い法衣をまとった三百人のオプリチニナは僧侶として仕えた。

日程は朝四時の朝拝で始まり、夜八時の晩禱で終わったが、イワンは大変な情熱振りで祈禱したため、激しく平伏をする度に傷ついた彼の額は一生消えない痕がついたほどであった。熱狂的祈禱は都合よく地下に作られた拷問室を時々訪問することで中断された。

残余のイワン統治の日々は拷問、笞打ち、火刑、煮沸刑その他あらゆる種類のぞっとするような死刑という胸が悪くなるような物語であった。

ノヴゴロド市に対して強いた、疑わしい謀叛への恐ろしい復讐では五週間に亘って、何千人という人が笞打ち刑に処せられ、弱火の上で火あぶり刑に遭い、氷の下に押し込められて殺された。一五七〇年七月二十五日のモスクワにおける処刑ではイワン雷帝と、息子のイワンが自らぞっとするような仕事に参加し、ヴィスカヴァティ首相が絞首台から吊され、ナイフで小間切れにされて殺された。その処刑の折、イワンがヴィスカヴァティ首相の後家を強姦し、息子のイワンは長女を強姦するという恐ろしいことをしている。前期のような事件は一五六五年から一五八四年まで続いた恐怖政治のごく一部の知られている話である。

イワンの狂気沙汰は、自分自身の息子であり後継者であるイワン皇太子の殺害によって頂点に達した。一五八一年十一月十九日における、すさまじい激怒発作中鋼鉄の尖頭がついた指揮棒で自分の息子を刺し殺した。英国女王エリザベスとの結婚話がうまく伸展しないのに失望した彼は、女王の従妹に当たるレイディ・メアリ・ヘースティングスに結婚申込みをしたが、この申込みが謝絶されると英国女王のどの血族とも喜んで結婚すると声明した。彼は既に結婚していたにもかかわらずイワンは英国王室との婚姻関係の夢にとり憑かれていたのである。たぶん、エリザベス女王は一五五三年にイワン支援下に創立されたロシア商会の巨万の富のことを記憶していたので、女王の使者は女王の約一ダース近い数の血族女性たちの誰とでもイワンと喜んで結婚すると保証した。罪のない血族女性たちにとっては幸いなことにイワンはこの結婚計画が進展する前に死亡した。彼の末期は身の毛がよだつようであった。不眠、恐怖と発狂がイワンを襲ったのだ。彼は占い師に囲まれ、彼の唯一のくつろぎは宝石類を愛撫して宝石の治療力について説教することであった。死因はチェス（将棋）盤を用意している最中の卒中発作であった。

何千という臣民が、イワンの梅毒のために死んだ。だが長い目で見た場合彼の病気による歴史への影響はずっと顕著であったといえる。イワン雷帝統治初期における比較的自由な、ほとんど慈善ともいうべき政策の遂行を中止したため、ロシアの歴史は根本的に変化したということが出来る。ロシア帝国皇帝統治のすべてのパターンが別の形に発展したかどうかは疑わしいが、初代イワン雷帝の政治が、残酷な独裁ではなく外見だけでも啓発統治のパターンになっていたかも知れない。

イワンは息子に残虐と色欲の業を教え込んでいたから、イワン皇太子殺害はたぶん父親イワン雷帝の残虐さよりさらに血に飢えた悪政からロシアを救った。だが皇太子殺害は、王位を先天性白痴のフョードルに譲る結果になってしまった。統治する能力のない無能なフョードルは最初ボリス・ゴドノフの後見の下に皇帝となり、そしてゴドノフに取って代わられた。一六〇五年四月にボリスが死亡すると、ロシアは混乱状態に陥り、一六一三年のロマノフ朝初代が王位につくまで統一国家らしい姿は存在しなかった。

発疹、皮膚病やいかなる治療の報告もないが、どの専門家もイワンが梅毒病みであったことをまったく疑っていない。イワン雷帝とほぼ同時代に君臨したイングランド王ヘンリー八世の場合はもっと議論の余地がある。多くの著者は、ヘンリー八世が梅毒病みであったという説をきっぱりと否定している。そうかと言ってこの著者たちは、梅毒に取って代わる病名については同意出来ないのだ。シュルースベリー教授は痛風という診断に賛成している。N・R・バレット氏はヘンリーが勝ち抜きの試合で負った重い負傷の結果〝ふらふらの状態〟になったと信じている。アーサー・マクナルティ卿は著書の『ヘンリー八世、難しい患者』の中で梅毒説を退けているが診断をつけず未解決のままにしている。後日彼はヘンリーが大腿骨慢性炎症(骨髄炎)を患っていたと示唆しているがこれもたぶん障害の結果という説であろう。J・J・スカリスブリックはこの診断にさらに静脈瘤を付け加えている。このような多くの異なった意見を考慮してみると、証拠を再検討してみるのが賢明だと思われる。というのは病気が何であれ、ヘンリーに対する病気の影響が、疑いなくその後の英国史に深遠な影響を与えたからだ。

第一番目の議論として、ヘンリーが前に述べられたすべての疾患に罹っていた筈はなかったという理由の片鱗も存在しないということが言える。その当時は多くの治療不可能の疾病が存在したので、五十六歳まで生きた十六世紀の人物がもし唯一の病気にだけ罹っていたとしたら、彼は自分自身を幸福だと考えていたに違いない。ヘンリーは莫大な量を食しかつ鯨飲した。彼は試合場内での馬上槍試合という当時の貴族のスポーツに積極的に参加し、二度重い事故にあったと言われている。彼はひどく肥満し、そして静脈瘤はしばしば肥満症を併発するのである。彼はたぶんある時期に脳震蕩を経験し、おそらく痛風にも悩まされていたのであろう。それだからといって彼が梅毒に罹っていなかったという証拠にはならない。

梅毒はしばしば先天的疾病なので、最初にヘンリーの少なくとも四人いた子供たちのことを調べてみることにする。私生児であることが知られているヘンリー・フィッツロイことリッチモンド伯爵は一五三六年に十七歳で死亡している。彼の肖像画が未治療のアデノイドを示唆しているのと、彼の最後の病気が肺感染症であった事実以外、はっきりとしたことは何も記録されていない。

ヘンリー八世と彼の二番目の妃アン・ボーリンとの間のエリザベス女王は一六〇三年に六十九歳という長寿の末死亡している。エリザベス女王は近視で、その上健康な子供を産むことが出来ないと考えていたふしがある。未来のスコットランド王ジェームズ六世兼イングランド王ジェームズ一世誕生のニュースを聞いた時エリザベスは次のように述べている。「スコットランド女王は立派な息子を産んだが、私は不妊症の家系です。」エリザベス女王とヘンリー・フィッツロイが梅毒に犯されていたという証拠はなにもない。

ヘンリー八世の最初の王妃、アラゴン家のキャサリンの娘メアリは一五五八年に四十二歳で死亡している。彼女はひどい近視であった。メアリが難聴であったという記載はないが〝彼女は太く低い男性のような声で話したので遠いところまで声が行き届きよく聞こえた〟と言われている。耳の遠い人が話す時にしばしば聞かれる声である。彼女の鼻はどちらかと言えば〝低くて幅広く〟彼女の夫君であるスペイン王フィリップ二世は、彼女の鼻から出る悪臭を嘆いていたと報告されている。平ったい鼻柱は先天性梅毒に時々見られ、しばしば悪臭のある膿様の鼻汁を伴うのである。

メアリは無月経だった証拠があり、若しエリザベス女王が「不妊症の家系」と信じる理由があったのならエリザベスも無月経だったのかも知れない。

ヘンリー八世の三人の子供は、誰も子供にめぐまれなかったのでエリザベスが死んだ時唯一の王位継承者は、スコットランド女王メアリと彼女の二番目の夫ヘンリー・スチュアートの間の息子であるスコットランド王ジェームズ六世であった。この事実は非常に興味ある医学史上の問題を提供する。スコットランド女王メアリの最初の夫は年若いフランス王のフランソワ二世であった。十七歳の時フランソワ二世は耳の急性感染症を患った。偉大な外科医であったアンブロワーズ・パレは手術を行うことを望んだが許されなかった。フランソワは耳からきた脳膿瘍のために死亡した。

問題はこうである。もしフランソワが感染症を患わなかったとしたら、それとも若しパレがうまく膿瘍を排膿したとしたらヨーロッパはどうなったであろうか。メアリとフランソワの間の子供はイングランド、スコットランド並びにフランスの王位継承者となったのである。一六〇三年に、三国家が一つの王冠の元に合併したであろうか？　その答えはどうであろうともエリザベスとメアリの不妊症とフランソワ二世の早死がヨーロッパの歴史に深い影響を与えたのは明らかである。

ヘンリー八世の三番目の王妃、ジェーン・シーモアの息子エドワードは十五歳で不可解な死を遂げている。エドワードは童話に出てくるような可愛らしい子ではなく、肥った軟弱な子でいつも病気勝ちであった。

一五五二年四月に、エドワードは自分の日記にこう書いている。「麻疹と疱瘡にかかった」と。これにサー・ジョン・ヘイワードは「発疹と疱瘡は、長患いや死の誘因となる不健康な体液（フモール）が自然に脱出してエドワードの体を浄める手段と考えられた」と付け加えている。ここに発疹は事実梅毒だったというありそうな示唆があるのだ。彼は十六カ月後に死んだので発疹は不健康な体液を体外に排出させたがエドワードの体を浄めなかった。彼の死因は肺結核（肺癆）と思われているが彼の病状には侍医たちを当惑させた特徴があったのである。つまり特効薬を持っていると称する看護婦によって毒を盛られて死亡したという意見が広く信じられていた。死亡二週間前に、身体中吹出物が現れ、爪は剝げ落ち、手足の先端が壊疽状態となった。激しい腹痛の記述がないので、恐らく毒物として使用されたのであろうアンチモンや砒素中毒は確認出来ないのである。臨床症状は結核だけによるものと言えるかも知れないが、十九世紀のスラム街の子供たちによく見られた肺結核と先天性梅毒の混合感染の症状の方によく合うのである。エドワードの話については梅毒の確証は何もないが疑問は残しておくべきである。

口を開いているヘンリー八世の子孫の肖像画はないので彼らにハッチンソンの歯があったかどうかを推測することは出来ない。エドワードとエリザベスの肖像画には、両人が先天性梅毒に犯されていたか、或いはいなかったかを示す何の手掛かりもないのである。

ここでヘンリー八世の六人の妃たちの場合を考えて見よう。(1)アラゴンのキャサリン（結婚していた期間、二十四年）、(2) アン・ボーリン（三年）、(3) ジェーン・シーモア（十七カ月）、(4) クリーヴスのアン（六カ月）、(5) キャサリン・ハワード（二年）、(6) キャサリン・パー（四年）である。

詳細の一部には議論の余地があるが、六人の王妃たちの産科学的既往歴はかなりはっきりと記録されている。そして一つの著しい事実がとび抜けて目立つのである。最後の二人の妃たち、つまりキャサリン・ハワードとキャサリン・パーとの結婚関係六年の間に、生児出産、死産、流産の記録が皆無であるという事実である。十六世紀の基準で言えばヘンリー八世は中年過ぎということになるが、未だ子供たちを生ませることは可能だったはずである。

歴史家たちが考えているように、もし彼の婚姻政策が健康なチューダー家系男子を得る願望によって定められていたのなら、ヘンリーは四十九歳頃生殖不能かインポテンツだったと推定される。この事実は彼の婚姻歴の中で、梅毒の一番有力な証拠だと言える。

メアリ一世（血のメアリ　一五一六〜五八）の母親であるアラゴンのキャサリンは男子を出産したが一〜二日の間に死亡しその上妊娠七カ月か八カ月での少なくとも三人の死産をしている。エリザベス一世（一五三三〜一六〇三）の母親アン・ボーリンは妊娠六カ月目と三カ月半目に流産し、月齢不明の胎児をも流産している。三番目の王妃ジェーン・シーモアはただ一人の子供エドワード六世を産んだが、ヘンリーが四番目の王妃クリーヴスのアンと同衾したという証拠はない。王妃たちの産科学的既往歴は梅毒の診断には確定的ではないが、罹病の疑いが充分あると見なさねばならない。

ヘンリー自身に関しては青年時代にヴェネツィアのパスクウィリゴによって次のように描写されている。

　私が見た中で最も美男子の君主である。背は高く、脚のふくらはぎはすらりとし、色白で生き生きし、赤褐色の髪をフランス風に真直ぐ短くすき、丸々とした顔は美人の女性のように美しく、頸は長く太い。

十九歳の青年にとってこの世に欠けた物はなかったのだ。体の美しさ、素晴らしい風采、魅力、頭脳明晰とないものはなかった。彼はたぶん王位についた青年美男子の一番見事な見本であったのである。ヘンリーは狩猟とあらゆるスポーツ、ダンスや音楽に夢中であったが、大臣のウールジー枢機卿がはっきり言っているように彼は統治に精励し、自分の主張を持ち、たやすく自分の意見を覆えされることはなかった。

一五一四年二月、彼が二十三歳の時疱瘡に罹ったが順調に回復したと思われた。一五二一年に、彼は十六世紀の英国で流行っていたマラリアの最初の発作を起こした。それ以来一生の間、間欠的にマラリア発作に悩んだ。三年後、一五二四年三月にサフォーク公爵と馬上槍試合中ヘンリーは事故にあったが、重傷を負ったとは思われなかった。一五二七年、ヘンリーは頭痛に悩まされるようになり、一五二七～八年には彼が一生涯悩まされた腿（または両腿）の悪名高い潰瘍が現れ始めた。

極めて重大な年であった一五二七年にはヘンリー八世は三十六歳であった。それまで彼は穏健に、賢明な政治を行った。一五一七年の「不吉なメーデー」[10]のような数回の危険な暴動は当時の標準による残酷行為抜きで断固として鎮静したのである。この穏健統治時代にヘンリーは英国海軍行政の基礎を築き、船を造り、水先案内人協会を創立し港湾を改良し、造船所や倉庫を設置した。

一五二一年には「英国中の全知識人」の助けを借りて、ヘンリーはマルティン・ルターに対する学究的な猛烈な反論を書いた。そのためローマ法王レオ十世から「信仰の擁護者（Defender of the Faith）」という称号を授けられ、この称号は現在に至るまで王位相続者によって使用されている。彼はトーマス・モア卿による浄水供給と下水処理の政策に対する努力を激励した。

一三四八年における黒死病流行以来、医学はキリスト教会の特権であることに終止符を打った。そのため贋医者や無知文盲な開業医が大活躍した。一五一二年の条例は司教管区の司教または司教の任命した専門家による能力試験を必須とすることにより医業を秩序だてた。この条例は一五一八年の英国医師会創立への道を開いた。このような医業改革を行うに際して、自分自身熟練した素人医師であったヘンリーが大切な役目を果たしている。

だが一五二七年から彼の性格は変り始め、立派な若者は気難しく憎々しい暴君に変った。この性格変化の原因の一つは間違いなく最初の王妃アラゴンのキャサリンとの離婚話による心痛に原因している。

離婚の論争は実に六年近くも続いたのである。

最初の確実な精神不安定状態の症状は、ヘンリーが新しいそしてぎょっとするような〝釜茹で刑法令〟制定を許した一五一三年に現れたのである。少なくとも三人がこの方法で処刑された。ヘンリー没後まもなくこの条例は、エドワード六世の顧問たちによって廃止された。一五三三年に最初の「反逆条例」が制定され、二番目の王妃アン・ボーリンとの結婚を中傷したり、アン・ボーリンとの間に出来た後継者について反対意見を持つ者はことごとく反逆罪に問われた。

ヘンリーの恐怖政治は一五三四年に、ウィクリフ派、ルター派、再浸礼論者、カトリック信者たちの無差別虐殺を以て始まった。次いで一五三五年にはカルドジオ会修道院々長と僧侶たちの野蛮極まる処刑や、徳の高いトーマス・モアやジョン・フィッシャーの斬首が行われた。

一五三六年一月一七日、ヘンリーは馬上槍試合中重傷を負い二時間以上意識不明となった。彼は二月四日までには恢復したと言われている。この負傷がヘンリーは本質的に〝ふらふら状態〟という論議の根拠となっている。だがこの障害は最初の性格変化が現れてから九年経ってから起こっているのだ。もうその頃になるとヘンリーは明らかに異常である。二番目の王妃アン・ボーリンに対する彼の仕打ちは残酷であった。英国国教会首長であるヘンリーは簡単にアン・ボーリンを離婚することが出来たのだが、彼はむしろ彼女を死刑にした上、彼女との間に出来た娘（エリザベス一世）を私生児と宣言して離婚する道を採ったのである。一五三八年から四〇年までの僧院弾圧は、大胆にも彼に反抗したり服従をしぶった修道院長を絞首刑にするというひどさであった。無数の中世英国芸術品が理由もなく破壊された、無益な野蛮行為は一五〇九年に王位を継承した才気溢れる若い学識者であったヘンリーであれば、絶対に黙認されなかったであろう。

この抑圧の時代にヘンリーは断えず頭痛と不眠症、咽頭痛や足の潰瘍（または瘻）になやまされていた。一五三八年五月、四十七歳の時〝彼は時々喋ることが出来ず顔色は暗紫色となり危険状態であった〟と記されている。この出来事を報告したフランス大使カスティオンはこの発作を足の瘻孔閉鎖と関係付けている。とにかく〝彼は時々喋ることが出来ず……〟はヘンリーが肺動脈血栓つまり静脈瘤からの凝血による肺動脈閉鎖に冒されたと考えられる。喋ることが出来なかったという症状はむしろ卒中発作という診断の方に合っている。(11)

一五三九年には「六個条規正」つまり英国国教首長としてのヘンリーに挑戦した者たちに対する法律が制定された。この法律で挑戦した者がプロテスタントなら異教徒として火刑にされ、カトリックなら反逆者として絞首刑に処された。宗教改革の範囲に関するヘンリーのためらい勝ちな政策はたぶん彼自身の考えによると言うよりも、次々に変る六人の王妃たちの意見並びに、王妃が変る度に変る〝側近たち〟の意見によって影響されたのであろう。宗教改革グループがヘンリーに紹介した四番目の王妃クリーヴスのアンが醜女であったことに対するいらだちが、トーマス・クロムウェル(12)の失脚に直接連なり、彼の友人かつ支持者であったクランマー(13)の地位と生命を危機に陥入れ、プロテスタント弾圧の再開になったのは間違いない。

ヘンリーは自分自身の教会である現在の英国教会を改革する意図を以て宗教改革に着手したが、彼が行った改革が『最後の審判の日』において彼の霊魂に齎すだろう結果に怯えていたという印象を受ける。ここに一方ではカトリック教会の忠実な信者と見られるよう努力し、他方ではその教会を自身の意志で屈服させようとする相反する二つの感情を持っていた形跡が見られる。

ヘンリーは国務を疎かにしたことはなかった。事実一五二九年のウールジーの失脚と死後、彼は立憲君主国というよりむしろ専政君主国の方へ傾いて行った。死去するほんの三年前、フランスとの戦争中、軍隊を陣頭指揮し、フランス軍の英国侵攻計画に対して戦う手段を熱心に監督している。

若くして老《ふ》け、白髪となり、途方もないほど肥満したが、彼は身体的にも精神的にも病み衰えた人に成り下がって朽ち果てることはなかった。ヘンリーはイワン雷帝のように恐れおののき狂乱状態で死にもしなかった。彼の臨終については意見がまちまちであり真の死因は明確ではない。ヘンリーは最後まで彼に献身的に仕えたただ一人の友人クランマー大司教の手を握って安らかに死んで行ったのである。

ヘンリーの病状で梅毒と診断する明白な根拠はないが、それを疑わせる症状が多数ある。頭痛と咽頭痛、関節痛、梅毒性骨炎または骨膜炎であったかも知れない脚潰瘍、四十七歳の時の〝発作〟、生殖不能症が示唆されること、そしてとりわけ華々しい青年時代から別人のように残酷な中年時代への性格変化等々がある。

現代の医学生は診断をつける際、〝細字部分〟を読む前に単純で明白な症状を探すよう教育されている。もし十五歳の少年が発熱、腹痛、右下腹部の圧痛を訴えたら、医学生は珍しい診断を考える前に急性虫垂炎を疑わねばならない。ヘンリー八世の物語もまったく同様である。彼自身の病歴、六人の王妃たちの産科歴、エドワードの疑わしい死因、メアリの疾病、等々そしてエリザベスの近視でさえ診断への指針となるのである。前述の症状の数々は他の病気を引合いに出して別々に説明することが出来る。だが証拠は多々あるのである。梅毒は十六世紀初頭ありふれた病気であり謎を解く単純な鍵はヘンリーが梅毒病みであったということである。

ヘンリーの病気（一つだけではない）がどのような性質のものであったにせよ、それは英国の将来の上に深遠な影響を及ぼしたのである。彼が健康な世継ぎを産ませることが出来なかった事実が強力なチューダー王朝衰退の始まりであった。ヘンリーには正系にしろ庶子にしろ孫はいなかった。強力なチューダー家が弱いスチュアート家の企てた専政主義に道を譲りそのため、英国は内戦状態に落ち込んだのである。

一五四七年のヘンリーの死後、九歳のエドワードが母方のシーモア家の保護を受けて王位についた。シーモア家の庇護の元にエドワードはプロテスタントの擁護者となった。ヘンリーが始めた修道院財産略奪はエドワードによってさらに容赦なく遂行された。大部分の修道院所有地、財宝と収入は貪欲な貴族たちによって略奪された。エドワードの統治は露骨な貪欲さで特徴づけられる。

英国民の間にはカトリック教に対する親愛感が根強く残っていた。エドワード統治下の熱狂的偶像破壊のため一般英国民はプロテスタンティズムに親しみを覚えなかった。もしエドワードの後継者であり異母姉の「血のメアリ」(bloody Mary)が穏健さを以て振舞っていたら、たぶん以前のような勢力ではないが永続的な英国国教としてカトリック教会を再興させることに成功していたかも知れない。メアリが数々の警告、特に彼女の夫でカトリック信者である、スペイン王フィリップ二世による警告にもかかわらずプロテスタント教徒迫害を固執したのは間違いない。もしメアリが密かに一年に数人の熱狂的なプロテスタントを火あぶり刑にしたとしても、彼女は異端者に対処した純粋な信仰擁護者として尊敬されたであろう。だがほぼ確実に精神異常をきたしていたと思われるメアリは理性の声に耳を貸さなかった。彼女は三百人以上の一般男女市民を、三年ほどの間に火あぶりの刑に処し、そのため大部分の英国民はカトリック教を異教よりずっとひどい罪悪だと見なすようになった。エリザベス一世統治下の和解はおそすぎたのだ。信仰の自由ということが二百年もの間考えられなかったのである。

メアリの精神異常がすべて（または一部）脳梅毒に原因しているのかそれとも心の痛手となるほどの

不快な少女時代に原因したかどうかは知る由もないが、メアリの精神異常が英国における宗教的考え方を根底からゆさぶり、今日に至っても未だその影響は明白である。事実プロテスタント作家による話は、カトリック作家のそれと著しく食い違うので、十六世紀と十七世紀に起こった多くの事件の真相を追及することは未だに困難である。これらの遠因をもつ怒りの炎は北アイルランドでプロテスタントとカトリック間の闘争の中でいまだにくすぶっている。

メアリ一世による迫害は、苦痛に対する英国人の思考を明確にするのにも役立ったのだ。英国と従弟の関係にあるアメリカはいつも勇気を尊敬したが、他のいくつかの国々とは異なり、苦痛を自発的に堪え忍ぶことが高潔であるという考えを好まなかった。このような理由で自己を鞭打ち苦行した中世の狂信者、つまり鞭打ち苦行者運動は英国で支持者を得ることが出来なかった。これと同じ理由から慈悲深い科学の麻酔はアメリカと英国で最初に実行されだしたのである。十六世紀の殉教者の苦悶は英国とアメリカでは怒りと憐みだけでなく嫌悪感をも喚起したのである。拷問は自由意思で堪え忍ばれたのであり、受難者は単に転向を表明することで拷問から逃れることが出来、ほとんどの場合、子供の時に受けた教義に復帰するだけの手間でよかったのである。大部分の英国人にとっては、光栄ある殉教という中世の理想は十六世紀のスミスフィールド処刑場の火事と共に滅びたのである。

我々に知られている一番古い梅毒治療法は下剤か半分魔法のような解毒剤である。最初の特効薬グアヤック樹脂は急進的医師の一人のパラケルススにより攻撃されたが十六世紀の末まで広く使用され続けた。こんな治療法は何の役にも立たなかったに違いない。危険な薬品ではあったが水銀はずっと有効な治療法であった。

辰砂[14]の形の水銀はアラビア派医師によって皮膚病治療用に使用されていた。そして十三世紀に金属水銀の軟膏はルッカのテオドリック[15]によって処方されている。

テオドリックは六日間のコースを勧め、水銀中毒症状である過剰な唾液分泌に注目している。古くからある〝水銀療法〟が、梅毒がヨーロッパにおける古い病気である証拠として引用されている。そして水銀治療が言及されていない（水銀治療法は隠匿することが困難である）事実が或る歴史家たちにとっては、ヘンリーが梅毒に罹っていなかったという根拠になっている。どっちの議論も特に説得力はない。水銀はどのような形の重症皮膚病にも使われたようである。ヘンリーのばあい明らかな皮膚変化がなかったので水銀は使われなかったのであろう。

記録に残っている最初の水銀を使った梅毒治療は一四九六年に北イタリアのヴェロナのジョルジョ・ソンマリヴァによって行われた。ソンマリヴァは医師ではなかった。その後間もなくベンベヌート・チェリーニ[16]を治療したジャコポ・ベレンガリオ・ダ・カルピは水銀を使用して治療に成功しイタリア中で有名になった。この方法は莫大な量の唾液が出るため、間もなく「流涎病」として知られるようになった。軟膏、経口投与、蒸気浴室による水銀薬は三世紀に亘って人気があった。水銀薬を持続使用した場合かなり有効であったが、危険を伴い非常に不愉快な治療法であった。この理由で他の特効薬を探す無数の努力が試みられたが永続使用に値したのは沃度カリだけであった。沃度カリは一八四〇年頃に使用され出し、後期の梅毒に有効であった。秘密の治療法を持っていると自称する藪医者の行為により多くの害が齎された。一九一七年の条例は英国における無資格者による梅毒治療を犯罪とした。

梅毒に関する物語のすべては二十世紀まで、はっきり解らなかった。一九〇五年に二人のドイツ人F・R・シャウディンとP・E・ホフマンは原因となった微生物を発見しスピロヘータ・パリーダと名付けたが後日になってトレポネーマ・パリードゥムと改称された。日本人の野口英世が進行性麻痺の患者の脳よりトレポネーマ・パリードゥムを分離し、かくて一世紀に亘って想像だけされていた初期と後期の梅毒のつながりが証明された。一九〇六～七年にワッセルマン試験が開発され、ワッセルマン反応は潜在的な場合にも病気の存在を証明したのである。

病原菌発見の四年後・医学の発達史上最大の一つと言える発見がなされた。一八六五年にジョセフ・リスターが石炭酸を傷口の治療に使用して以来、化学者と医師たちは人体を傷つけることなく殺菌する「完全な防腐剤」を探し求めていた。このような選択性殺菌剤は人体には無害で血管に注射出来るかも知れないのだ。多くの研究者たちはこのような考えを空想と考えたがフランクフルトのパウル・エールリッヒはその実現性を確信していた。エールリッヒは種々の化合物を利用して沢山の実験を行った。六百六番目の試みでエールリッヒ自身か、または日本人助手の秦佐八郎が人体に注射された時細菌にとっては致死的ではあるが人体には過度の害を及ぼさない最初の効果的「全身防腐剤」を製作した。有名な「六百六号」は有機砒素化合物アルスフェナミンであり、サルヴァルサンとして知られるようになった。エールリッヒは彼の発見した薬を「魔法の弾丸」と名付けて「魔法の弾丸」が多くの細菌に対して有効であるという希望的観察をしたがサルヴァルサンは間もなく重要なグループに属するスピロヘータまたはトレポネーマ以外の細菌には無効であることが判明した。しかもサルヴァルサンは激しい副作用を起こすため彼が欲していた人体無害の薬品でもなかった。彼はさらに三百以上の実験を行った後、より安全な薬品「九百十四号」すなわちネオアルスフェナミンまたはネオサルヴァルサンを製作した。第一次大戦（一九一四～八）の時、梅毒コントロールが困難なため、各国軍隊において梅毒が猛烈に流行した際、このような有機砒素調整剤はその真価を発揮したのである。

効果的治療としてその次のステップも重要な医学の進歩と結びついているのである。一九二八年にロンドン市セント・メアリ病院のアレキサンダー・フレミングは粗末なペニシリン（その存在は五十年以上前から知られていた）を分離したのである。フレミングは彼の重大な発見をほとんど利用せず、十三年後の一九四一年にハワード・フロリーその他のオックスフォード大学研究者たちによって最初の臨床実験が行われるまで、この重要な発見はほとんど無視されていた。最初の抗生物質の薬品であるペニシリンは非常に多くの種類の細菌に対して有効であることが証明され、しかも通常有毒な副作用がなかった。一九四三年、ニューヨークのジョン・フレンド・マホニーは梅毒治療にペニシリンを使用して素晴らしい結果を収め、ずっと有効で短いクールの治療法が間もなく砒素化合物に取って代わった。ペニシリンは梅毒だけでなく、二番目の主要性病である淋病に対しても有効であることが証明された。

各個人個人の患者治療よりもさらに重要なのは社会衛生による性病コントロールである。この非常に難しい問題をスウェーデンは特にうまく取扱い、他の国々はスウェーデンの法律を模範としているのである。法律もそうであるがさらに良いことは、簡単に治療が受けられるため、一九一七年と一九三九年の間に着実かつ急激に患者数が減少したのである。戦争という特殊状態は性病に罹る危険を増加させる。そのため、患者数の減少は第二次大戦により頓挫したが、一九四七年に患者数減少が再開し一九五四年まで続いた。一九五四年の時点において性病は西欧社会においてはコントロールされたかに見えた。そして新しい患者数が激減したため、沢山のクリニックが閉鎖された。しかしながら一九五八年以来梅毒のコントロールが明らかにうまくいかなくなってきた。この事実はある程度人々の不注意さと、ずっと自由になったセックスに対する態度によるが、もう一つの理由はペニシリン耐性微生物が出現して来たためであり、性病は今再び焦眉の社会問題である。

(1) ゴンザロ・デ・コルドバ(一四五三〜一五一五) 南イタリア作戦で活躍した有名なスペイン軍の指揮官、イザベラ女王の命令によりフランス軍に敵対してナポリ王を助ける。
(2) レバント ギリシャからエジプトにわたる地中海東海岸地方。
(3) ジロラモ・フラカストロ(一四七八〜一五五三) ヴェロナ出身のイタリア人医師、詩人。
(4) フェロー諸島 アイスランドとシェトランド諸島の中間にある二十一の島々からなるデンマーク領群島。
(5) カリカット インド南西部ケララ州の港都、一四九八年にバスコ・ダ・ガマは新航路を発見してこの地に到着した。
(6) エラスムス(一四六六〜一五三六) オランダのロッテルダムに生まれた人文主義者。
(7) トーマス・モア卿(一四七八〜一五三五) 英国大法官、著述家、エラスムスの友人、ヘンリー八世の宗教改革に反対したため、反逆罪で処刑された。一九三五年に聖列に加えられた。
(8) チューダー朝 ヘンリー五世の寡婦と結婚したウェールズ人オーエン・チューダー卿の子孫であるヘンリー七世からエリザベス一世まで続いた英国の王家。
(9) ロドリゴ・ボルジア(一四三一〜一五〇三) 一四九二年より法王となる。
(10) 徒弟達が暴徒化し、軍隊により鎮圧された事件を指す。
(11) 足の瘻孔が開放されている限り、ここから滲出液や凝血塊は自然に排泄されるが、瘻孔が、肉芽その他により閉鎖されると出血塊は内攻して血栓となり、上行して肺動脈を閉塞することになる。この状態は、現在でも極めて重篤な疾患である。しかし下肢の静脈に発生したものは、心臓に奇形がない限り、脳にまで行って脳卒中をおこすことはない。
(12) トーマス・クロムウェル(一四八五〜一五四〇) 英国政治家、ヘンリー八世に仕えて修道院解散の立役者になったが、後に処刑された。
(13) トーマス・クランマー(一四八九〜一五五六) 英国宗教改革の指導者、新教徒として最初のカンタベリー大主教となりbook of common prayerを制定、化体説を否定して血のメアリこと、メアリ一世により火刑に処せられた。

(14) 辰砂　水銀の原鉱。
(15) テオドリク　テオドリコ・デ・ルッカ（一二〇五～九六）　ボローニャ大学の外科医。ルッカはイタリア北西部の古都。
(16) チェリーニ（一五〇〇～七一）　イタリアの彫刻家。

第四章　ナポレオン将軍と発疹チフス将軍

ナポレオン・ボナパルトは傑出した個性の人である。だがナポレオン冒険物語は、ナポレオン自身の物語であると同様に、彼の軍隊の物語でもある。フランス革命によって荒廃した国に生まれたこの軍隊は、ローマ帝国以来の最大戦力として彗星のごとく現れ、英国を除く全ヨーロッパを征服した。ナポレオンの運命は彼の兵士たちの運命から切り離すことは出来ないし、兵士たちの運命をナポレオンから切り離すことも出来ない。ナポレオン皇帝の勝ち誇った生涯は、ほぼ二十年近く連戦連勝をとげた〝大陸軍〟(Grande Armée) の破滅によって終止符を打った。〝大陸軍〟はナポレオンの判断力減退により、そしてある病気によって一八一二年晩夏に滅びたのである。一八一二年の征軍中、数々の病気が彼の軍を襲ったが、主因であり最も有害であったのは持続熱または発疹チフスとして知られる従軍病の流行であった。

発疹チフスは腸チフスと全然異なる病気である。腸チフスは細菌によって起こる水系伝染病である。一方発疹チフスは不潔病であり、病源微生物 (Rickettsia prowazeki) はリケッチャに属している。この微生物は、倍率の高い顕微鏡の下で簡単に見られる腸チフス、梅毒、結核のような病気の原因である比較的大きな細菌と、天然痘、麻疹のような病気の原因であり、電子顕微鏡によってのみ見分けられるくらいに微小なウイルスとの中間に位置する微生物である。原因微生物は虱によって媒介される。虱はしばしば動物に見られるが、古い建物の亀裂や割目に見出すことが出来、不潔な身体や汚染した衣服の縫目に巣くっている。

この理由で発疹チフスは牢獄熱という名前を貰ったのであり、牢獄熱は悪臭に原因すると考えられていたので、英国の判事は今日に至るまで慣例として香りの良い花束を身に着けるのである。牢獄熱こと、発疹チフスは不潔な牢獄に始まり、被告席の罪人から判事席の裁判官へと跳び移ったのである。十六世紀にそのような「巡回裁判所流行」が三回発生している。このような流行は発疹チフスの歴史上、最近の出来事である。病気の発端は未だはっきりしていない。一説では病気が虱と鼠の感染症として東方で始まり、後日、虱と人間の感染症になったとする説である。キプロスやレバント(1)はたぶんヨーロッパの流行の最初の中心地であり、一番最初に知られている大流行が一四八九〜九〇年にフェルディナンドとイザベラのスペインの軍隊で発生している。

発疹チフスは従軍病あるいは不潔病である。沢山の人々が密集し、長期に亘り同じ衣服を着用し、体を清潔に保つ手段を持たない状態の時に発生し易いので、戦争の運命を左右する上に重大な影響を与えたのである。一つの良い例をあげると比較的小さく局限した流行が、一五二八年七月ナポリ包囲中のフランス軍を滅ぼしたので、ローマ法王クレメンス七世がスペイン王カルロス五世に降伏するのに決定的影響を与えた。発疹チフスはマクシミリアン二世の帝国軍隊をして、一五六六年のトルコに対する従軍中止を余儀なくさせている。一六一八〜四八年の三十年戦争中、兵士たちは発疹チフスをヨーロッパ中に撒いて歩いたので、この時期に病気はヨーロッパにしっかりと根を下ろしたのである。

発疹チフスはヨーロッパ全体において、十七世紀から十九世紀末まで地方病として残ったが、戦争、極貧、飢饉の状態が発生した時に大流行が起こった。アメリカは十九世紀初期まで感染しなかった。つまり一八三七年にフィラデルフィアにおいて大流行が発生した。発疹チフスの歴史は、複数の病型の存在によって複雑化してくる。高熱、精神錯乱、激烈性、斑点状発疹によって特徴づけられる真性発疹チフスは極めて危険である。その他、危険度の低い亜型はロッキー山紅斑熱、ブリル氏病（一八九八年にネーサン・エドウィン・ブリルによって記載された、ニューヨーク在住ユダヤ人に起こった軽い型）や第一次世界大戦時の塹壕熱がある。ドイツ兵と連合軍兵士たちの間で流行した塹壕熱は真性発疹チフスに取って代わって流行した。真性発疹チフスはセルビア人とロシア人たちの間で猖獗を極めたが、ドイツ軍と連合軍の間には発生しなかった。ロシア革命とそれに続いた内乱の後、飢饉と疾病がロシア全土のほとんどを荒廃させた。一九一七年と一九二一年の間だけで約二千万例の真性発疹チフスがヨーロッパ・ロシアで発生し、二百五十万人から三百万人が死亡した。

一九一一年に、感染した衣虱による発疹チフス媒介方式が最初に記載された。H・ダ・ロカ・リマが一九一六年に原因微生物を分離し、アメリカ人のハワード・テーラー・リケッツとオーストリア人のスタニスラウス・ヨセフ・フォン・プロウァツェクの名称をつけたのである。両者共、この病気の研究中に死亡した。それ以来、衛生状態の改善と虱を殺すＤＤＴの開発により発疹チフスは下火になったが、未だこの病気は謎に包まれているのである。虱の蔓延があっても、致命的な形として猛威を振う前に、ある特殊な状態の存在が必要と思われるのである。発疹チフスは致命的流行の発生する前に、付随する栄養不良と不潔な生活環境を必要とするように思われる。我々は、この恐ろしい病気の再発を不可能にする全世界的な生活の高基準を設け、それを維持することを願わねばならない。

ナポレオンの滅亡は不可避ではなかった。時間、忍耐と或る程度の幸運があったとしたら彼は帝国を東方に拡大し、政府を強化し、英国をして海上では無敵でも、ヨーロッパとアジア大陸への武力介入を許さない無力な孤立状態に追い込むことが出来たはずである。不運と短慮がナポレオン軍敗北の主な原因である。

一八一二年春、ナポレオンは権力と繁栄の絶頂に達した。彼の帝国は東方に向かってはロシア国境とオーストリアまで、北方、西方と南方は北海、大西洋、地中海まで拡大した。彼の兄弟の内二人は王位に着いていた。ジョセフはスペイン王、ジェロームはウェストファリア王[2]であった。一人の妹はトスカナ大公妃、[3]もう一人はボルゲーゼ公爵夫人、[4]そしてミュラ元帥に嫁いだ三番目の妹はナポリ王妃になっていた。彼の最初の妻ジョセフィーヌ・ド・ボーアルネの息子ユージェーヌ[5]はイタリア総督として活躍していた。ナポレオンは一八〇九年にジョセフィーヌを離婚し、マリー・アントワネットの姉の孫娘に当たり、最後の神聖ローマ帝国王で初代オーストリア皇帝フランシスの娘であるマリー・ルイーズ皇女との輝かしい結婚契約を結んだのである。一八一一年三月二十日、この結婚によって彼の最初の嫡子である後継者が生まれ、直ちにローマ王の称号が与えられた。

このような赫々たる家系と皇帝の威信は大西洋岸までは威力があった。陸路なら一日足らずで進軍出来るフランスと英国間のたった二十マイルの狭い海峡を渡る手段を見出すことができなかったからである。英国海軍が立ちはだかったのだ。その上無礼な英国はようやくポルトガルに首尾よく基地を築き、強固なトレス・ヴェドラス要塞線の後ろで塹壕を掘って守り、軍隊を海路維持し補給する可能性を証明したのである。しかし英国は未だ陸上で弱みを持っていた。貿易の大部分と、富のほとんどは東インド会社によって統治されたインドに由来していた。フランス海軍はインドの富を積んで英国へ向かう〝ジョン・カンパニー〟こと、東インド会社の巨大な商船の数々を妨害したり捕らえることは出来なかった。戦争遂行上、英国は金が絶対必要であった。インドをおさえること自体が英国への入金を否定し、その上英国の威光を計り知れないほど傷つける結果になるのである。インドへの陸路は長くかつ厳しいが、路のかなたに横たわる戦利品はどのような犠牲にも値する価値があった。

ナポレオンは既に地中海を横切り、エジプトとアラビア越えをしてインド洋へ向かうインドへの南方ルートを試していた。しかしその冒険は一七九八年八月にホレイショ・ネルソン提督が、エジプトのアレキサンドリア近郊のアブキール湾においてフランス海軍に大攻撃を与え失敗に終った。地中海を英国領の湖に変えたのである。パレスチナで退路を断たれたフランス陸軍は腺ペストに襲われ、かろうじてヨーロッパへ帰って来たのである。アブキール湾での敗退は海上輸送に頼る侵攻が非常に危険であり現実的でないことを証明した。インド並びに東方征服はロシアの援助に依存するかまたはロシアの敗北と服従の後でのみ達成することが可能であった。

十日間のロシアに対する軍事的勝利の後、一八〇七年六月二十五日、ナポレオンはディルジェト[6]においてロシア皇帝アレクサンドル一世と会見し、永久友好条約を締結した。六カ月後ナポレオンはトルコとペルシャを経由しての仏露合同インド進攻計画を立案した。ナポレオンにとって時機は誂えむきであった。彼は陸上ですべての敵を破り、英国は未だポルトガルに基地を確保していなかった。ナポレオンは充分な数の軍隊を指揮下においていた。補給と軍事援助をロシアから受ければ、この遠征は多少長くて難しい遠足行進と大差ないと思われた。

専制主義によって醸し出される異常な心理構造は、めったにたやすく交渉に応じさせないものである。もしフランスが協力的ならばアレクサンドルはナポレオンを援助することによって彼の希望する物をすべて手に入れ、それと同時にロシア領土をダーダネルス海峡、バルカン半島、シナ海まで拡張出来た。もしロシアが協力的ならば、ナポレオンは疑いもなく欧州征服を片付け、フランス国民に東欧の広大な穀倉の恩恵を与え、インドの富を享受し、フランス沿岸防備を固め、意味のない海上制覇を嘲笑しながら英国海軍に任せたであろう。この計画は充分成功する可能性があり、もし成功した暁には仏、露による全ヨーロッパとアジア支配を意味したに間違いない。しかしながらこの計画には一番大切な相互信頼と協力が欠けていた。取らぬ狸の皮算用をする未来の勝利者たちは、獲物を取る前に、その分配のことで仲違いをしてしまった。アレクサンドル・ロシア皇帝は、ロシアの援助に対する最低の報償としてコンスタンチノープル(7)とダーダネルス海峡(8)を要求した。地中海とジブラルタル海峡再制覇を夢見るナポレオンはロシアが彼の東側面に堅固な保塁を築く考えを拒否した。いたずらに短い時間は机上の空論によって空しく費やされてしまった。一八〇八年五月、ナポレオンはスペイン反乱に直面し、八月には英国遠征軍がポルトガルのヴィミエラにおいてジャン・ジュノー元帥を破り半島戦争(9)の火蓋が切られた。ヨーロッパで全面戦争が起こったことを認めざるを得なくなったナポレオンは、大陸軍の大部分をスペインに移動させた。一方ロシアも次の四年間オスマン帝国との戦争に捲き込まれてしまい、企画された偉大な同盟は暗黙の内に破棄された。

二人の皇帝は一八〇八年十月十四日にドイツのエアフルトにおいて外見上は円満な会議を終了した。しかし一つの大きな問題が解決されないままで残ったのである。一八〇七年にナポレオンはワルシャワ大公国を創ったが、アレクサンドルはそれを独立国家ポーランドを復活させてロシアから切り離す動きであると見なしたことである。エアフルト会議でアレクサンドルはナポレオンにもしフランスとオーストリアが戦闘状態に入った場合、ロシアはフランスを支持する約束をしたが、彼はその戦争を防ぐ努力は何もせず、そして一八〇九年四月に戦端が開かれてからも動こうとはしなかった。その時になってはポーランドにおけるフランスの野心を挫くことがアレクサンドルの最大関心事となった。この問題は一八一〇年二月にアレクサンドルが「ポーランド王国は決して再興させず」と正式に主張して来た時に重大化した。ナポレオンは伝達書の余白に「ロシアが提案すれど、その解答は神のみぞ知る」と書いた。

もう一つのさらに個人的な不和の原因が二人の皇帝の間に台頭した。ナポレオンの結婚生活は子種に恵まれなかったが、彼の最初の妻ジョセフィーヌは前夫のド・ボーアルネとの間に複数の子供を産んでいた。ナポレオンは、自身を、男性不妊症ではないかと疑っていた節がある。そして、フランスでは皆そのように疑っていた。この疑いは彼の愛妾エレオノール・ドニュエルが男子を産み、次いでマリア・ワレスカからもう一人の庶子が生まれることにより解消された。この時点でナポレオンはアレクサンドル皇帝の妹で十五歳になったアンナに求婚したが、フランスとの同盟を嫌いナポレオンの男性不妊症の噂を信じ込んでいる強力なロシア皇太后の反対に遭遇したのである。結局ナポレオンはアレクサンドルの妹との結婚交渉を突然中止し、一八一〇年にオーストリア大使を通してマリー・ルイーズ・ハプスブルク皇女に求婚した。これは直ちに受け入れられた。

この劇的な「回れ右」はロシアとフランス間の不和の原因というよりむしろ不和の症状であった。ティルジェトにおけるナポレオンとの友好条約会議以来アレクサンドル皇帝は海運国特に英国に木材を売って富を得ている貴族たちの反感を買っていた。貴族たちはナポレオンの大陸封鎖政策[10]と英国によるヨーロッパ大陸海上封鎖[11]のため、収入源を断たれたのである。一八一〇年十二月、ナポレオンの大陸閉鎖経済政策を黙認していたアレクサンドル皇帝は、フランス商品に重い課税をし、中立国の海運業に対してロシアの港を開港して便利を計る勅令を発した。英国が海洋を制覇していたので、この勅令はフランスの宿敵の英国に無制限の貿易を許すことを意味した。ロシアは大陸閉鎖とフランス同盟から脱退したのである。

こうとなってはナポレオンは一八一〇～一年に、危険が迫っている西側の障碍物を取り除いて帝国を堅固にするべきであった。要塞線内に頑固に立て籠った英軍と言えども三万人以上の軍隊を集結することは出来なかった。もしナポレオンが立て籠った英軍に対して全兵力を投入したらヨーロッパ大陸から英軍を追い払うことが出来たのは間違いない。しかし、そのような戦いは長びき、犠牲が多く、華々しいものではない。軍人独裁者は、ぱっとしない利益の上がらない戦いに引き込まれることは出来ないのだ。もし独裁者が、国民の犠牲に対して劇的な成功を以て報いなければ、彼の地位は危うくなるのである。東方には、連続して起こるであろう派手で華々しい戦いの可能性と、金箔のクーポラ（小丸天井）と荒けずりで華麗なモスクワが横たわっていた。モスクワを越えると、途は豪華な東洋に続いていた。

ナポレオンは自己陶酔者であり、露出症じみたところがあった。皇帝として常時着用した制服でさえ、金ぴかで多色に着飾った彼の幕僚たちの中にあっても一際目立つ派手なものであった。彼はイタリア人芸術家カノヴァにイチジクの葉だけを身にまとった全裸体像制作を委嘱している。彼はまた自分自身の宝石をちりばめた戴冠式用礼服もデザインした。エジプト遠征時には回教徒への改宗を考え、アラブ主長の着るなだらかに垂れ下がった衣装を着用した。たぶん英国に屈辱的な一撃を加えることと同様に、いやむしろそれ以上に、宝石をちりばめたターバンやダイヤモンドをはめこんだ羽根飾、異国情緒あふれる儀式用衣装着用の機会がナポレオンをインドへ引き寄せたのである。

ナポレオンは夢物語のために現実を犠牲にする致命的な過ちを犯してしまった。一八一二年一月、彼は東部方面軍補強のため、歴戦の兵士たち多数をスペインから移動させた。ナポレオンはこの戦役を普通「ポーランド戦争」と呼んでいた。外観上フランスはロシアに隷属したポーランドの救世主として映るはずであった。しかし彼の軍隊には「平和締結の際には、ロシアが五十年に亘ってヨーロッパに与えた破滅的影響に終止符を打つ」と宣言している。そしてロシア駐在フランス大使アルマン・ド・コーランクールには「北方蛮人の巨像をこれを最後にうちくだくことにした」と言っている。一八一二年の初めに彼はナルボンヌ伯爵に「アレキサンダー大王[12]がインドのガンジス川へ進軍した時、彼とモスクワ間の距離は、私とモスクワ間の距離と同じである」と漏らしている。ナルボンヌはこの考えをベドラム精神病院（狂気）とパンテオン神殿[13]（天才）の中間くらいだと思った。

一八一一年八月、ナポレオンはロシア侵攻のための莫大な規模の準備をした。一八一二年三月、彼はプロシアとオーストリアをして部隊を提供する合意書に署名するよう説得した。四月には英国に平和交渉の明らかなゼスチャーをしたが、英国は全然相手にしなかった。ロシア皇帝アレクサンドルは巧みに北と南の側面を固めた。すなわち、トルコとの戦争を終結する一方、スウェーデン皇太子にロシア側につくよう説得しその代償としてノルウェーとの争いにおいてスウェーデンに対し援助をする約束をした。

ナポレオン軍は北ドイツからイタリアまで、ヨーロッパ中に拡がる宿営に集合した。そして一八一二年六月東部ドイツに集中し始めた。兵力は歩兵三六万八千、騎兵八万、大砲一千百門、予備軍十万人であった。戦役中、増援軍を含めて総兵力は六十万以上となった。ロシア軍は二十五万人を多少欠ける程度であったので彼の生涯中初めて圧倒的多数の兵力を持ったのである。

伝説によれば、ナポレオン軍のほとんどすべてがモスクワから退却した時全滅したということになっている。だがこの伝説は間違っている。退却中よりずっと多数の兵士たちが、ポーランドと西ロシアを経てモスクワへ向かって進軍中死亡したのである。主としてドイツ人とオーストリア人からなる側面軍を除きナポレオン中央軍は約二十六万五千人であった。モスクワへたどり着いたのはたったの九万人であった。

最初はすべてうまくことが運んだ。その夏はとくに暑く、乾燥していた。兵士たちは平坦な道を迅速に行軍することが出来た。東部ドイツでは速度の遅い補給隊が主力の少し前方を進んだ。糧食は豊富で手近にあり軍の健康は一律に良好であった。陸軍病院がマグデブルク、エアフルト、ポズナン、ベルリンに設置されたが、病院を利用する必要はほとんどなかった。一八一二年六月二十四日遠征軍はポーランドとプロシア国境のニーメン川西岸に野営した。ここではナポレオンは彼の軍を目の眩むような華やかさで閲兵したのである。それから部隊は川まで行進し、架橋工兵隊によって造られた狭い浮橋を渡った。四日後部隊はヴィルナ(14)に到着した。ナポレオンは一週間前にアレクサンドル・ロシア皇帝が立ち退いた部屋で一泊した。

ポーランドは汚く、不潔であった。百姓たちは身体を洗わず、もつれた毛髪は悪臭がひどく虱と蚤だらけであった。彼らのみじめなあばら屋は虫がうようよしていた。異常なほど暑く乾燥した夏が井戸に影響を与え水は欠乏し、しかも有機物で濁っていた。敵を前面にひかえるため、補給軍は戦闘部隊の後について進まなければならなかった。ポーランドの原始的な路は、ふかふかの柔らかい埃か、春雨によるぬかるみの溝だらけで、車輌は遅れ勝ちとなり、糧食は欠乏しだした。首尾一貫して統制のある指揮下に置くにはあまりにも大きすぎた大軍のため効果のある軍紀が欠けていた。精鋭部隊だけが長期に亘る整然とした行進に慣れており、密集隊形の列で行進したが、軍の大部分はばらばらになって列から離れた秩序のない群になり下がったのだ。落伍兵たちの大軍は、厳重な命令と厳しい罰にもかかわらず飢餓に迫られて、僅かな味方である百姓の家、家畜や畑を略奪せざるを得なくなった。フランス軍を、ロシア人圧制者からの解放者として受け入れなかったといってポーランドを責めることは出来ない。ナポレオンが当てにしていた現地調達の食糧、援軍やゲリラは現れなかった。その代り半飢餓状態の軍による絶え間ない略奪はポーランド人を憤慨させ、その敵意が退却の際に因果応報となって兵士たちに襲いかかったのである。

もしポーランド解放戦争が既に失敗に終ったとしたら、ロシアに対する勝利のチャンスも失われたのだ。二万頭近くの馬が、水と糧秣欠乏のためビルナへ向う路上で死んだ。二万頭という数は単一の大会戦で死ぬと予想される馬の数の二倍である。飢餓による抵抗力減退と、汚染した水がよくある戦役病の赤痢と腸チフスを発生させた。新設陸軍病院がダンチヒ、ケーニヒスベルクとトルンに造られたが、押し寄せてくる病人の群に対処出来なかった。そしてニーメン渡河直後、数例の新しく、恐ろしい病気が発生した。兵士たちは高熱としみのような薔薇疹を発し、顔色は薄黒い青色となり、患者の多くはすぐ死亡した。発疹チフスが遠征軍をつかまえたのである。

発疹チフスは長年に亘ってポーランドとロシアにおいて地方病として存在していた。一八一二年以前にフランス軍が発疹チフスに遭遇したという証拠はないし、フランス軍が伝染病大流行を経験したことは確実になかったと言ってよい。偉大な外科医D・J・ラレー男爵指揮の下に見事に組織されたフランス軍の医学と衛生設備は世界最高の水準を行くものであったが、このような規模で発生した発疹チフスに対処することはとても不可能であった。病気の原因が不明であったので予防処置は何の役にも立たなかった。水不足と不十分な着替えが身体を清潔に保つことを不可能にした。ロシア軍の襲撃とポーランド人の報復を恐れて兵士たちは大きな集団を作って睡眠を取った。虱だらけのあばら屋では、虱が至るところはい回り、衣類の縫目、毛髪にしがみ付き、発疹チフスの病原微生物を運び歩いた。七月の第三週目、オストロヴナの戦いでは八万人以上が発疹チフスによって死亡するかまたは戦闘不能となった。最初の一カ月間の末までに、病気だけで有効戦闘力のほぼ五分の一に当たるナポレオン中央軍の勢力が失われた。彼の軍隊は未だロシア国境から二百四十キロの位置にあり、モスクワは四百八十キロも離れていた。

　勿論病気以外戦傷者による消耗もあったが規模において比較にならなかった。ロシア軍には最高指揮官や前面的戦略計画はなく、バークレー・ド・トリとバグラシオン皇子に指揮された二つの軍が各々独自に行動していた。それにもかかわらず、バークレー・ド・トリはヴィルナでナポレオンから逃れることに成功し、一方右翼でもジェローム・ボナパルトとダヴー元帥はバグラシオン軍を捕捉することが出来なかった。ミュラはオストロヴナで、そしてダヴーは後日第一次大戦時ロシア皇帝ニコライの指令部となったモギレフで激戦を交えたが、それにもかかわらずロシア軍は戦線からうまく離脱するのに成功した。ナポレオンは、ロシア軍が合流してヴィテブスクにおいて踏みとどまり戦うと信じ、そしてナポレオンの予想通りそれがロシア軍の最初の計画であった。七月二十七日、ナポレオンはド・トリの軍と接触したがその日にド・トリはバグラシオンがスモレンスクに退却する決定をしたのを知った。ナポレオンが戦闘の準備をしている夜のうちにド・トリはこっそり逃げ出すのに成功した。

　この見事な撤退作戦はフランス軍指導部の慎重派をおびえさせる効果があった。七月二十八日、ルイ・ベルティエ、ヨハヒム・ミュラ、ユージェーヌ・ド・ボーアルネはナポレオンに拝謁を申出た。彼らはロシア軍が踏みとどまって戦わない作戦が、フランス軍を最も危険な事態に引き込むのを感じとったに違いない。彼らはナポレオンに対し、病気とあまり信用のおけない部隊からの脱走による兵員消耗が、有効戦力をほぼ半分に減らし、敵地においては半分に減少した兵士たちにさえ糧食を支給するのが困難だと報告し進軍停止を懇願した。ナポレオンは彼らの議論を聴いた後一八一二年の合戦中止を声明することに同意した。しかし差し迫って目覚ましい勝利を勝ち取る必要が彼の考えを変えさせた。二日後、ナポレオンは合戦中止の決定を飜し、将軍たちに向かって「まさしくその危機が我々をしてモスクワへ進軍させる。さいは投げられた。勝利のみが我々の決断を正当化し、勝利によって我が軍は救われる」と言明した。

かくして病んで、腹をすかした軍隊は苦闘の進軍を続けることになった。二週間以上もかけて八月十七日にフランス軍はスモレンスクとドニエプル川が見える地点までたどり着いた。ここでロシアの二軍は合同し、遂に踏みとどまって戦うように見えた。捕捉しにくい敵をやっつけようと決心を固めたナポレオンは、徹底的にロシア軍を殲滅することを急がなかった。彼は正面砲撃を命じる一方、モスクワへの退路を遮断するためジュノーにドニエプル渡河を命じた。バークレー・ド・トリは手遅れにならぬうちに自身の危険を知り、スモレンスクの建物に火を放ち急遽退却した。八月十九日、ジュノーはスモレンスク北東十六キロのヴァルティノにおいてロシア軍と交戦し、フランス軍は六千人の損害を出したがロシア軍の退却を停止させることは出来なかった。

スモレンスクはもう後へ引けない場所である。モスクワは三百二十キロ離れていた。もし東方征服の夢を実現させるのなら、ナポレオンはいかなる犠牲を払っても前進しなければならなかった。今となっての帰還は不面目な敗北を認めることになる。これがナポレオンが直面した二者択一であったが、ある歴史家はもっと有望な第三の途があったと信じている。つまりスモレンスクで止り、軍に恢復の時間を与えるという選択である。

ナポレオンは公衆衛生処置の重要性に対するかなりの知識を習得し、それを充分に理解していた。例えば、彼はエドワード・ジェンナーの発見した天然痘予防のための種痘に大きな興味を示していた。彼は自身の息子に生後八週間の時種痘をさせ、子供たちと軍の新兵たちに種痘を奨励した。未だ誰も虱と発疹チフスとの関連には気が付いていなかったが、虱だらけということは長い世紀に亘って不潔な習慣の恥ずべき徴候と見なされていた。有名な英国の日記作家サムエル・ピープスを一番清潔な人と見なすことは出来ないが、彼に虱が付いたというのはよほど異常なことだったので一六六九年一月二十三日の日記に記しているほどである、「私の家内は私の毛髪と身体に大小二十四の虱を見つけ、なんだかんだと言っても結局私に虱がたかったということを発見した。私は過去二十年間こんなに沢山虱を見付けたことがないのでこれは不思議なことだ。」ピープスは「虱を除くために」衣服を全部変え毛髪を短くした。

虱対策はピープス同様、ナポレオンにも、彼の軍医たちにもよく解っていた。スモレンスクは放火のため一部分破壊されたが間に合わせの宿舎は工兵隊によって作ることが出来たはずである。ドイツとフランスからの補給線は開いておりそしてずっと開通させておくことが出来たはずである。冬中の休息、豊富な糧食、医療、衛生管理が、支離滅裂となった軍をたてなおし、将軍と補給品到着の時間を稼ぎ、ナポレオンをしてポーランドにおける態勢を堅固にし、一八一三年夏に圧倒的攻撃開始を可能にしたかも知れないのだ。ナポレオンの軍医の一人J・R・L・ド・ケルコブは後日「もしナポレオンが待機作戦に満足していたら彼の遠征は成功し、中央並びに東部ヨーロッパ制覇が永久的に確立されたかも知れない」と言っている。

ナポレオンの性格はさておき、この賢明な第三のコースが彼の気に入らない別の理由が二つあったのだ。第一の理由は彼の軍隊がイベリア半島作戦で苦境に遭遇したのである。七月に英国のウェリントン将軍はサラマンカにおいてアウグスト・マルモン将軍を大敗させ八月にはマドリッドに入城したのである。ナポレオンはこの輝かしいウェリントンの勝利の数々が一時的なものであり、結局最後は損害の多いシウダード・ロドリゴへの意気消沈した退却に終ったことを予知することは出来なかった。第二の理由はモスクワの陥落がアレクサンドル皇帝を降伏に追い込むに違いないと確信したことである。彼はスモレンスクを予備軍と補給品集結用前進基地とし、同様な基地をミンスクとヴィルナに設営することに決定した。後方への道は安全でありナポレオンはモスクワへ向かって全速力で進軍出来た。彼は八月二十五日に再び進軍を開始した。だがほぼ半分の中央軍は途中で倒れ、攻撃部隊は僅か十六万人となった。発疹チフスが軍のなかで猖獗を極めた。二週間もたたない九月五日には僅か十三万人が残った。

一方アレクサンドル皇帝は八月三十日にミハイル・クトゥーゾフ皇太子を、ロシア軍総司令官に任命した。クトゥーゾフ将軍は一八〇五年にアウステルリッツ(15)でロシア師団を指揮し、ナポレオンに対し敵将としてごく自然な畏敬の念を持つようになるとともにナポレオンの戦術について若干の知識を得たのである。クトゥーゾフはフランス軍が前進するに従いゆっくりと後退を続けた、九月五日にロシア軍はモスクワ市街南東八十キロのモスクワ河畔に到達した。クトゥーゾフはロシアの広大な荒野と、差し迫った酷寒を頼みにして計画的撤退を続けることによってフランス軍を殲滅させる作戦を望んだが、少なくとも名目的首都防衛だけでもするように要求された。プロシアの偉大な戦略家であり軍事歴史家でもあるカール・フォン・クラウゼビッツは次のように記している。

クトゥーゾフは絶対勝てないボロディノでの戦いを欲しなかったのは確実である。だがロシア王室、陸軍そして全ロシアの声がクトゥーゾフをして戦わざるを得なくさせた。

クトゥーゾフは指揮下の全軍を投入する危険を冒さなかった。ボロディノのロシア軍は十二万であったが、このうち一万人は訓練を受けていない急遽間に合せの市民軍であった。これに対するフランス軍は六百門の大砲を持った十三万の精鋭であった。ロシア砲兵隊は数と重量でフランス軍に多少勝っていた。クトゥーゾフは兵士たちをボロディノ村を中心として配置しモスクワ河畔上の斜面に塹壕を廻らして守備させ、大砲のために方形堡を築かせた。そこで二日間ロシア軍は戦闘待機した。

続いて起こった戦いは後日のワーテルロー会戦[16]と似たところがあり、たぶん同じ理由からであろう。ワーテルローではナポレオンは病人であり戦闘に全神経を集中出来なかったのだ。ボロディノでも同じことが言える。彼は膀胱炎発作のため苦痛に悩まされ、小便をするのに苦労していた。そしてひどい高熱を伴う風邪を引いていた。彼の病気がたぶんロシア軍陣地への攻撃を二日間遅延させたのであるがここで問題なのはナポレオンがどこまで直接戦闘の指揮を取り、そしてもしそうならどの程度まで彼の病気が戦いの結果に影響を与えたかということである。塹壕を廻らして守備する軍を滅ぼすには、包囲するために敵左翼を迂回するのが賢明な方法だと思われた。ナポレオンはこの意見を具申したダヴー元帥の意見を無視した。その口実はロシア軍は側面が危うくなると機敏に戦線離脱するのでナポレオンが苦い経験をしたことがあるためだというのである。理由はどうであれ、フランス軍は堅固に防御されたロシア軍中央部に大規模な騎兵正面攻撃を仕掛けた。これは後日ワーテルローにおいて、英国軍の完全防御線に対しミシェル・ネイ元帥が用いた戦術と同じである。

九月七日未明に戦闘が開始された。フランス軍騎兵隊は繰り返し突撃したがロシア軍はその度にうまく隊形をたて直して防御した後、とうとう夕方になって塹壕の位置から駆逐された。戦闘たけなわの時そしてロシア軍の劇的な敗北が目前に迫った時、ダヴー元帥は近衛連隊の投入をナポレオンに進言した。彼は拒否した。将軍たちの多くはこの決定に異議を申立てたが、ナポレオンは将軍たちの批判に対して

「もし近衛連隊を投入したら、明日はどの部隊を使うのか」と言って反論した。彼の先見の明か、それとも偶然か、彼の最強部隊を投入しない決定が二カ月後フランス軍壊滅の惨事を予防したのである。

両軍共大損害を蒙り、フランス軍は三万人をそしてロシア軍は五万人を失った。敵地において交戦していたのでフランス軍の損害の方が深刻であったのは明らかである。この戦いはフランス軍にとっては勝利であったと言えるが、長い目で見た時この勝利は無意味であった。ロシア軍は退却し、依然として自由自在に作戦行動を続け、充分な補給と援軍を受ける確信を持っていた。クトゥーゾフは事態をはっきりと評価していた。彼はモスクワに顔をたてて申し訳的な抵抗をし、整然と退却したのである。疾病、酷寒、空腹が効果的に彼の仕事をしてくれるのだ。九月十三日にクトゥーゾフは作戦会議を開き「ロシア救済は陸軍次第である。陸軍とモスクワ両方を失う危険を冒して戦うか、それとも戦わずにモスクワをフランス軍に手渡すかのどちらが良いか？」を論じた。彼の議論に誰も反駁出来なかった。そしてロシア軍は南東に向け市内を抜けてリャザンに退却した。

フランス軍は無抵抗でモスクワへ入城した。しかし発疹チフスもフランス軍と一緒に入城したのである。十万人足らずの軍は病気のため九月七〜十四日の週に一万人の死傷者を出した。ナポレオンの中央軍とそれを増援した三十万人以上のうち、僅か九万人がモスクワに辿り着き、十人のうち七人が途中で倒れたのだ。九月十四日、ぼろぼろになった残存軍は金箔をはりつけ彩色されたドームがきらめく様子を目撃した。全教会の鐘は鳴り渡った。ナポレオンは市民有力者の代表団に迎えられ、市の鍵を受け取ることを期待していた。城門は閉じたままであった。ポーランド中を引っ張り回されて来た原始的で有効な攻城兵器の破城槌が運び出された。城門は破壊され軍は入城したが、人気のない街路と静寂な家々に遭遇したのである。間もなく、方々の地区で火事が発生した。

この火事に関する真相はたぶん誰も知ることは出来ないであろう。モスクワの人口は約三十万人であった。モスクワ陥落前ある期間、知事のロストプチン伯爵は市民の疎開を実施していた。ナポレオン入城時には五万人以下の市民が未だ居残っていた。莫大な量の貯蔵品や個人所有財産も移転された。疎開作業の最終段階になって、ロストプチン知事は囚人たちを牢獄から釈放した。伝説によると、囚人たちが略奪と放火でフランス軍を悩ませる条件付きで釈放されたという話である。ロストプチンが市内からすべての消防ポンプを取除いた行為は、火事が酔った市民やフランス兵たちによって起こされたというより、むしろ計画的に起こされたことを物語っている。

モスクワ陥落に狂喜したナポレオンは、アレクサンドル皇帝が和を請わねばならないという意見に固執した。彼の判断は間違っていた。アレクサンドルは降伏出来なかったのである。九月十九日にアレクサンドルは、彼の妹からモスクワ陥落がフランスに対する国民感情を硬化させ、平和交渉は彼の生命を危うくすると警告されていたのだ。前ロシア大使であったド・コーランクールはナポレオンに、アレクサンドル皇帝は敗北を認める意志がなく、また意志があっても出来ないことを納得させようとした。彼は調停者の役目を演じることを拒否した。十月四日、ナポレオンはローリストン将軍を平和交渉使節としてペテルブルグに派遣した。

ローリストン使節団のことを知ったクトゥーゾフは、ナポレオンを欺き、安心させ、彼の抱く平和幻想にひびがはいらぬようにするため、ロシアのコサック兵偵察隊にフランス軍前哨基地と友交関係を保つよう命令した。クトゥーゾフは時間稼ぎをしていた。モスクワのほぼ四分の三が火事によって破壊された。発疹チフスはフランス軍の間で野火のように拡がり、病人は焼け残りの廃墟や、郊外に間に合わせに造られた避難所を見つけ出して転がり込んだ。軍規は地に落ちた。約束された豊富な補給品に失望した兵士たちは、略奪したり、酒蔵に残っていた酒類在庫品を飲んで時間をつぶした。

暑くて乾燥した夏は過ぎ、異常なくらい温かい秋に移っていった。ナポレオン側近でただ一人恐ろしいロシアの冬を経験しているド・コーランクールは、一度酷寒の季節が訪れると破壊され荒廃した市街にある陣地は維持できないとナポレオンに警告を発した。異常に温暖な気候に欺かれたナポレオンはド・コーランクールは誇張し過ぎ、ロシアの冬はパリ郊外のフォンテーヌブローの冬と大差ないと答えた。かくしてこの無益な平和交渉と温暖な秋の組合せがこの悲劇的遠征における最後の過ちをナポレオンに犯させたのである。残存した軍は二者択一によってのみ救われることが出来た。つまり実質を伴わない勝利に満足してスモレンスクへ戻るかそれともペテルブルグに向かうプロシア同盟軍と合流するため、北方に向かって強行軍するかであった。首都ペテルブルグに対する大胆な一撃はたぶんロシアを屈服させたであろう。

フランス軍は敵本隊との接触を見失ってしまった。彼らはロシア軍が東方へ向かって退却したと思ったのであるが事実はロシア軍は南西方に半円を描いてナポレオン軍を主補給地と武器製造中心地のカルガとトゥラから切断するため急行軍をしたのである。クトゥーゾフは十月十八日に攻撃を開始した。モスクワ南のタルチノの街でミュラ元帥の率いる部隊を奇襲し、退却させ、四千人の損害を与えたのだ。この比較的小規模の戦闘はナポレオンに対し平和交渉が失敗に終り、フランス軍が包囲される危険に曝されていることを警告した。十月十九日ナポレオンの軍はモスクワから撤退を開始した。

モスクワ滞在中の一カ月間に一万五千人の援兵がフランス軍に加わったが、ほぼ一万人が病気と戦傷のために死亡した。十月十九日にモスクワから撤兵した軍は僅か九万五千人の不潔な、空腹をかかえた半病人たちであった。その上傷病者、六百門の大砲と莫大な量の戦利品が足手まといになった。戦利品の中にはイワン・ヴェリキィと呼ばれる塔のクーポラからはずしてきた巨大で無用な、金箔をつけた銅製十字架のようなものも含まれていた。ナポレオンはスモレンスクへの破壊された道を避け、カルガを経て撤退すべく南に向かった。十月二十四日ナポレオンはマロジャロスラベッツにおいてロシア軍に遭遇した。一日中つづいた激戦は勝負なしに終った。五千人の損害を蒙ったナポレオンは、翌日攻撃し続けることを断念した。クトゥーゾフも決定的一撃を加える機会を逃してしまった。

南への道は閉ざされた。ナポレオンは北東へ転じる以外の選択しかなく、ポロディノで再びスモレンスク街道に戻って来た。寒さは厳しくなり、十一月五日に雪が激しく降り出した。ゲリラに助けられて迅速軽快に馬で走り回るコサック兵の群が糧食徴発を不可能にした。冬季遠征の用意は何もしていなかった。ド・コーランクールは首尾よくナポレオン一行の馬用に氷上靴を用意出来たが、他の騎兵隊や砲兵隊のどの馬も氷上靴など覆かせることは出来なかった。この事実が十一月七日にナポレオンが出した「騎兵は歩行している」という伝達書の原因であり寒さが原因ではなかったのだ。

軍は食糧補給と休息所に予定されたスモレンスクに向かって強行軍を続けた。十一月八日、ナポレオンは先鋒部隊と一緒にスモレンスクに到着し、クロード・ヴィクトル将軍麾下の予備軍が発疹チフスのため、消耗し切っており、病院は既に満員なのを発見した。配給糧食はもはや公平に分配されないほど軍紀は乱れていた。最大の打撃は予備軍と伝令部隊が帰還軍用に貯蔵された糧食の大部分を消費したため、ほとんど食物がなかったことである。スモレンスクに絶望したナポレオンは十一月十三日、二万人の病兵たちを間に合せの病院と廃屋に残してスモレンスク市から撤兵した。翌日ナポレオンは路がクラスノイにおいて、クトゥーゾフにより閉ざされているのを発見した。

ロシア軍は消耗し切ったフランス軍が戦闘を避けると計算していたが、ナポレオンはよろめく足取りの軍に集結する時間を与えるため、とっておきの近衛連隊を投入した。ボロディノの戦いで慎重に保存されていたこの勇敢な部隊は、完全なそして不面目な敗北を喫することを防いだのである。クトゥーゾフはこの狂暴な逆襲に出遭って敗退し、再編成して攻撃することが出来なかった。堂々たる後衛戦のために、ネイ元帥を残しナポレオンは次の補給基地ミンスクへ強行軍をした。十一月二十二日、彼はミンスクが敵に占領されたという恐ろしいニュースを入手した。

二日後ナポレオンはロシア軍がベレシナ川の橋頭堡を破壊したのを知った。浮舟橋は輸送力欠乏のため既に遺棄されていた。側面軍は、北方ではウィトゲンシュタイン王子により、そして南方ではチチャゴフ提督によって大敗北を喫したので事態は絶望的に見えた。ロシア軍による挟撃作戦は南北両面から迫り、西への道はクトゥーゾフ軍によって封鎖された。この絶望的状勢はステュデイアンカ南方での偽りの渡河がチチャゴフを欺く役目を果たし、その間に優秀な工兵のジャン・バティスト・エブレが北に二つの橋を即座に造ったことで救われた。英雄的な後衛戦にもかかわらず、僅か五万人しか退却を続けることが出来なかった。

軍はもう規律のない烏合の衆になり下った。十一月二十九日にナポレオンは次のように記している。

糧食、糧食、糧食。糧食なしでは、この無規律の烏合の衆はヴィルナで身の毛のよだつようなことをし出かすだろう。多分ニーメン到着前には軍は元気を回復出来ないだろう。ヴィルナに敵兵がいてはならない。軍は見る影もなくなった。

ベレシナとヴィルナ間の路上で一万五千人が死亡した。そしてさらに悪いことが待ち受けていた。

酷寒の北東風に吹つけられた降りしきる雪中行軍をして空腹をかかえた先鋒部隊が十二月八日にヴィルナに到着した。戦闘可能兵力はたった二万人の病みつき、気落ちした兵隊から成り立っていた。残りはコサック兵斥候に悩み果てた、飢え、凍え、よろめきながら精一杯歩く落伍兵の群であった。ネイ元帥指揮下の第三兵団ではたった二十人の兵士しか残らなかった。待望のヴィルナには何の慰安も見出すことは出来なかった。街は既に飢え、病人で充満し、発疹チフスは周囲全地方に蔓延していた。発疹チフス、赤痢、肺炎にかかった兵士たちは自身の汚物にまみれた汚い藁の上に横たわり、医療も暖を取る手段もなく、空腹のあまり革や人肉さえもかじっていた。十二月末までに二万五千人以上が病気に罹り凍傷に犯された兵士たちがよろめきながら街に転げ込んで来た。一八一三年六月にはこのうち三千人しか生き残らなかった。

十一月五日、ナポレオンは彼が死亡したという噂とクロード・フランソワ・ド・マレ将軍が首謀する政権奪取謀叛のニュースを受けとった。十二月六日、ヴィルナ西方のスモルゴニ滞在中、全面的謀叛が実現する前にナポレオンは急遽フランスへ帰る決心をした。彼はパリへ送る慣例的な伝達書を起草した。この伝達書は退却時の戦慄の数々の率直な弁明をしたが、補給配備の完全な崩壊には言及せず、罪はすべて天候のゆえにされた。ナポレオンは最初は馬車、続いて騎乗で出発した。ドイツ中と東部フランスを疾風のように通り抜け彼の破滅的戦況報告書の到着に先んじること二日、十二月十二日夜パリのチュイルリー宮殿に到着した。「我が軍は多少の損害を蒙ったがこれは主に酷寒の早過ぎた到来のためである」という一八一二年十二月二十日の上院での報告の控え目な述べ方から、一八一三年秋までに四十七万人の新しい部隊をうまく動員するに至るまで、彼は危険極まりなく、事実絶望的事態を無類の手際良さで処理したのである。これはたぶんナポレオンの驚嘆すべき生涯中最も驚くべきエピソードであり、彼の権力が危険に直面した時、彼の行動の不撓不屈さと敏捷さを証明している。

ナポレオン自身は無事逃げ帰ることが出来たが、彼の軍隊を救うことは出来なかった。後の指揮をゆだねられたミュラ元帥は頼りにならない人物であることが証明された。彼はヴィルナで踏みとどまって戦うことを拒否し、十二月十日に最後の大砲、残った軍用行李と資金をロシア軍に明け渡してしまった。十二月十二日、ベルティエはナポレオンに軍はもはや存在しないと報告した。近衛連隊でさえ、兵力は五百以下となり軍の隊形を留めていなかった。未だに頑強な後衛戦を続けるネイ元帥は十二月十四日にニーメンを渡河した。

最後の敗残兵がドイツ領の土手にたどり着いた時、ナポレオンが六月二十四日に閲兵した煌くロシア遠征大陸軍のうち四万人以下が残存しただけである。帰還出来た兵士たちのうちわずか一千人が再び戦闘可能状態に戻ったと言われている。かくしてロシアとインド征服というナポレオンの夢想は終った。無論発疹チフスの他に敗北の原因はあった。酷寒、飢餓、ロシア軍そしてナポレオン・ボナパルト自身である。

ナポレオンは一七六九年八月十五日に墜落分娩と言われる急産によって産まれた。

ここに彼が二十六歳の時の一七九五年の肖像画がある。身長五フィート六インチの小柄な男で角張った顔付き、奇妙に青白い顔色、立派な鼻、目、濃褐色の毛髪をしている。この年齢における最も著しい特徴は、非常に痩せていたという事実である。筋肉質でかなり強そうではあったがチビであった。彼が何かに興味を持つと生き生きとした印象的な表情をしたが、そうでない場合は痛みに悩まされているとしか見えないくらい惨めな顔付であった。彼は若い頃容姿にかまわなかった。長く、下手に髪粉を振り掛けた髪の毛が衣服のカラーの上に垂れ下がっていた。衣服と長靴はみすぼらしく、手は汚れていた。彼は常に読書青年であり、聡明で知識欲が旺盛であり、優れた数学者であった。青春期にはまったくと言っていいくらい性に対して興味を示さなかった。

最高権力への迅速で目が眩むような立身出世は才気縦横の想像力と、完全な常識によって調和のとれた並々ならぬ知能力、そして特定の行動の方針に対して機を見ること敏な性格に由来していた。彼の偉大な脳は、彼の思うときに自由に開閉出来る別々の区画に分けられているようであった。かくて彼は命令と計画を数々の秘書に口授し、彼らの机の間を歩きながら、一つの問題からまた別の問題へと転換して行った。悪評判の高い彼の立腹は恐怖感を起こさせるための、完全にコントロールされた計算づくの武器であった。彼は権力のために生き、権力は主に恐怖心に依存していることをよくわきまえていた。「国外でも国内でも、私は恐怖心を起こさせることで君臨する」と言っていた。彼の生涯の後期には彼自身を、自分の理想である陰気で冷血な近付きがたい暴君として想像するようになった。しかし、これは成就しなかった。彼はいかめしかったが魅惑的でもあり続けた。多言であり、社交的であり、並外れた魅力の持ち主であった。彼の立腹と同様、魅力も思う時に即刻スイッチを入れたり、切ったり出来たし、彼と接した人々の間に真の愛情と献身感を喚起させた。彼の敵でさえ感銘を受けている。彼を流刑の島セント・ヘレナに連行した船ベレフォンの乗組員たちはこう言って同意している。「もし英国国民が我々と同様に彼の人柄をよく知っていたら、彼の頭の毛一本さえ傷つけるようなことはしないだろう」と、彼の素晴らしい記憶力が古参兵の誰をも名指しで呼ぶことが出来たので古参兵たちは彼を崇拝した。もし名を記憶していない場合はそれを即座に思いださせるのが副官の役目であった。

ナポレオンは異常なほどの勤勉さで成功したのである。多忙な仕事は彼をして自然の身体の要求を無視させた。彼は毎夜三時間だけの睡眠を取り、多忙な行政官によくあるように、日中時々短時間熟睡する才能を身につけていた。食道楽の大家アンセルム・ブリヤ゠サヴァランはナポレオンを「味めくら」といってこき下ろしている。彼は食物を鵜飲みにし、しばしば正餐に僅か十二分の短時間しか費やさず、決められた時間にではなく仕事の合間に食事をした。このような不健康な癖にもかかわらず、彼は権力の座についた初期には非常に壮健であった。

勿論彼はいくつかの病気を持っており、年を取るにつれてますます厄介になって来たのである。彼自身半信半疑であった男性生殖不能の物語は、男性庶子誕生によって嬉しい終止符を打った。てんかん持ちの噂はもっとしっかりした根拠があるかも知れない。少年時代ブリエンヌにおいて意識不明となり、地面の上に倒れたがこれは失神以上のものでなかったであろう。一七九九年十一月の霧月の災害の際[17]、怒った「五百人会議」[18]の会員によって暴行を受け、彼はほとんど意識不明の状態で安全地帯へ引きずり出されたが、これもたぶんまったく予期していなかった危機に原因する失神であったのであろう。だが一八〇三年一月から一八〇五年九月の間にてんかん発作に類似した三回の発作が起こったと記録されている。

ナポレオンが梅毒に罹っていたとも示唆されている。この話の根拠は一八〇二〜四年の執政政治時代に彼に泌尿器障害があったことによる。ナポレオン自身、彼の主治医アレキシス・ボワイエの意見をきいて「ジョセフィーヌには奇妙なことをいうようだが疑いがある。それは、私自身梅毒に犯されていると確信するからだ」と書いている。しかし彼の泌尿器障害症状（ボロディノの戦いで既に出現していた）は膀胱結石つまり膀胱内の尿砂を示唆し、梅毒の診断を支持するものはほとんどない。

ほぼ確信を以って言えることは初期ナポレオンの最も重い病気中彼が偏頭痛に悩まされていたという

ことである。偏頭痛は悲惨なくらい激しい頭痛であり、激務に追われる緊張した人々の間に多く、吐気を伴う頭痛である。偏頭痛の最初の記載は一七九六年のイタリア戦役末頃現れ、彼の生涯中ひどいストレス状態におかれた時に現れた。ナポレオンの興奮し易い気質のもう一つの症状は掻痒症である。これは神経性皮膚炎と思われるが一七九三年十二月にツーロンでうつされた疥癬であったかも知れない。

両者ともそれ自体重い疾病ではないが二つの疾病がナポレオンの生涯の後期に深甚な影響を与えている。ナポレオンは確かに、〝不規則な習慣〟の男であった。不規則な習慣の数々が頑固な便秘となった。そのため便通の際力むので彼は脱出痔にしばしば悩まされた。この極く普通で激痛を伴う障害は、彼が二十八歳の一七九七年に初めて指摘されている。五年後の一八〇二年に不規則な食習慣はもう一つの激痛を伴う病気の原因となった。この病気は緊張状態で生活し、健康に注意しない人々の間に同じくあり勝ちの病気である。ナポレオンの秘書であるフォーヴレ・ド・ブリエンヌはナポレオンが一八〇二年の初めに右側腹の疼痛に悩まされ出したと記録している。彼はしばしば、椅子の右肘掛けにもたれ掛り、チョッキのボタンを外し「ひどい痛みだ」と叫んだと言われている。これは胆石疝痛かまたは単なる消化不良かも知れないが、後期の症状は〝悩める金融業者の呪い〟である胃潰瘍に特有なものであると思われる。

一八〇四年十二月二日に王位につき皇帝となったナポレオンは一八〇五年には三十六歳となった。その頃から彼は肉体的にも精神的にも衰え出した。ナポレオンと接触のあったすべての人々は彼のかなり急速な変化に気付きだした。彼は肥り出し太鼓腹になった。痩せた顔付は丸味をおび猪頸となった。長いほぐれた髪の毛は額から禿げ出し、毛はまばらになり毛自体は繊細になった。皮膚は柔らかく滑かで、かつては細長く美しい（汚れてはいたが）手は脂肪がつき短くずんぐりと見えだした。ジェームズ・ギルレーの画いた風刺画の貧弱で痩せこけたコルシカ島の食人鬼は、歴史教科書に出てくるよく知られたずんぐりした小男ナポレオンに変ったのである。

肉体的変化に伴って彼の気質と心理状態に顕著な変化が見られた。根本的に言って彼は自制心を失ったのである。一八〇六年以後彼の閣僚たちは〝ごますり連中〟より多少ましという程度の人々になり下がった。海軍大臣ドニ・ドクレは「皇帝は気狂いじみており、我々すべてを滅ぼすだろう」と言明している。一八〇七年メッテルニッヒ公[19]はこういう観察をしている、「最近になってナポレオンのやり口が完全に変った。彼は中庸が無益な障碍物と考えるようになったらしい。」彼の癇癪はもはやコントロールされなかった。激怒は前程しばしばではなくなったが、自由自在にスイッチを開閉することが出来なくなった。ナポレオンは常に彼の行動を決めてきた常識を失ってしまった。統治はますます絶対的なものになったのみならず、空想が計画を支配するようになった。権力欲と夢想と相挨って異常なほどの性急となった。しかし彼の身体は意思の命令に従うことを拒否した。目覚ましい活気は緩慢となり、根気を要する建設的仕事に対する能力を失った。四十歳になったナポレオンは生気のない、ためらい勝ちな男に変ってしまった。

この劇的な変化の理由は何であったのだろうか。多くの説が出されているがどの意見も事実を完全に説明しない。彼の肥満症と無気力は、精神的要因というより肉体的の原因を示唆する。そのため多くの医学史家たちは彼が甲状腺障害に罹っていたと考えている。甲状腺ホルモン欠乏に原因する粘液水腫はこのような症状を呈するが、描写されているナポレオンの顔立はこの診断と一致しない。脳底にある脳下垂体ホルモン分泌欠乏によるフレーリヒ症候群も示唆されているがフレーリヒ症候群の患者が子供を産ませることはあり得ない。さらに両説とも一八〇三年から一八〇五年の間の三回の〝発作〟またはてんかん様痙攣を考慮に入れていない。この発作は後年になって同様な発作がないところを見ると真性てんかんとは思われない。軽症の神経梅毒を即座に否定することは出来ないが、神経梅毒と同様に、いやそれ以上に、この発作が彼があきらかに悩んでいた偏頭痛と関係している可能性が多いのである。重症偏頭痛に悩まされている患者のある者は時折てんかん発作を起こす。通常の偏頭痛は現在、〝複雑性偏頭痛〟とよばれている状態に進行する可能性があり、発作時に神経麻痺や言語障害を起こす可能性がある。この激しい症状はほぼ確実に脳動脈痙攣に原因し、脳動脈痙攣はたやすく軽度の脳損傷を起こす。もしそうだとすると彼の無気力不活発は複雑性偏頭痛による軽度脳損傷に由来し、彼の肥満は無気力からきたことになる。脳損傷としても比較的軽度であったに違いない。それは、彼の権力に対する露骨な挑戦に直面した時、ナポレオンは全力を尽して迅速に反応することが可能であったし、明瞭な重症脳損傷症状発現の証拠もないことをみてもわかる。原因は何であったにせよ、ここで独断的に判断を下すのは賢明ではないがこの時点のナポレオンは往時のナポレオンの機敏さと判断力に欠けていた。それにもかかわらず一八一二年十二月と一八一三年七月の間に彼は実に四十七万人の兵力を集めたのである。彼の軍は反ナポレオン同盟軍より数において勝っていたが、この兵力は質において劣り、歴戦の勇士たちより従軍病に罹り易い新兵たちから成り立っていた。退却するフランス軍と追跡するロシア軍は発疹チフスをドイツ中に撒き散らして歩いた。一八一三年秋までには、中部と東部の全ヨーロッパは重大な大流行に見舞われた。何千人という数のフランス兵が死亡し、秋の終りには半分以下の軍勢しか生き残らなかった。

それにもかかわらずフランス軍はリュッツェンとバウツェンにおいて数々の勝利を収め、ドレスデンでは一時は連合軍に決定的敗北を負わせる寸前のところまで行ったように見えた。ナポレオンが直接戦闘の指揮を取り、二日間の激戦の末連合軍は退却を余儀なくされ、フランス軍は翌日連合軍に全滅の一撃を加える態勢を整えた。しかしその時ナポレオンの比較的軽い病気の一つが彼に襲いかかり、歴史の流れを変えるのに役立ったのである。ドレスデンにおける二日間の夜、ナポレオンは疲労困憊し、汗みどろになり空腹を訴えた。彼はむさぼるように食べた。八月二十七〜二十八日の夜間中腹痛と嘔吐が激しくなり、モルティエ元帥、ローラン・ド・サンシール元帥並びにドミニク・バンダム将軍を翌日の指揮を取るよう前線に残して、後方へ戻ることを余儀なくされた。バンダム将軍の敗北が連合軍を総崩れになる事態から救ったのである。

二カ月後の十月十七日、同様な腹痛と嘔吐の発作がライプチッヒでの決定的戦闘の際ナポレオンを憔悴させたが、この場合には彼の病気はたぶん戦闘の成り行きに影響を与えなかったと思われる。フランス軍は駆逐されライン川を渡って退却した。英国のウェリントン将軍はピレネー山脈越しに南より迫り、ゲープハルト・ブルュヒァ皇子指揮下のプロシア軍、シュワルツェンブルク皇子指揮下のオーストリア軍、アレクサンドル・ロシア皇帝指揮下のロシア軍はパリへ向かう道を殺到した。ナポレオン帝国の寿命は僅かになって来た。この危機一髪の絶望的な時には往時のナポレオンのある不思議な力が戻って来たのだ。ウェリントン将軍は一八一四年の戦役について「この戦いを研究する時、この戦いが他のいずれよりもナポレオンの天才についての知識を与えてくれた」と言っている。ウェリントンはさらに「だが彼は忍耐に欠けていた」と付け加えている。一八一四年四月六日、元帥たちは無条件譲位を主張した。四月十一日、ナポレオンはフランスとイタリア王位放棄を宣言した。

たぶんストリキニーネを用いた自殺を図り、四月十二日夜の南フランスを経て落ちて行く恐ろしい旅中失脚した皇帝はアビニョンでもう少しのところでリンチに遭い、オルゴンでは彼の似姿を身代りにして絞首刑が行われるのを目撃し、エルバ島元首としての流刑という悲劇が次々と引き続いて起こった。エルバ島では彼の小王国を統治し、玩具のような軍を訓練し、たぶん彼の計画と希望に支えられてナポレオンはかなり幸福な生活を過ごしていたように見えた。そして劇的で、ほとんど狂気とも思えるフランス帰還をしたのである。一八一五年三月一日、ナポレオンはアンティーブへ上陸しムーアンサルトウ、グラス、ディーヌ、グルノーブル、リヨンを経てパリへの意気揚々たる行進を開始した。

ここで彼を十年間に亘って悩ました病気のため、彼の冒険がもう少しのところでできなくなるところであった。凱旋英雄はアンティーブからグラスへと堂々たる騎兵隊の先頭に立って意気揚々と騎馬行進をした。ここで一七九七年から断続的にナポレオンを悩ました痔が堪えがたいほど痛み出した。歩行するのも大変な痛みであり、騎乗などは考えることも出来なかった。彼は馬車を持って来るよう命じ、一時の間激痛から安らぎを得ることが出来たが、悪路とがたがたゆれる馬車の重輪のためこれも一時的なものとなった。蒲団に寄り掛り病みついた廃位の元首は、軍馬に跨って意気揚々と進む凱旋将軍とはまったく話が異なる存在である。痔の発作はかなり早く過ぎ去り、二日後にはナポレオンは行軍を継続することが出来た。もし痔の発作が長引いたとしたら、彼の意気揚々たる行進はグラスで終っていたであろう。

ナポレオンの傾眠と無気力と共にこの厄介な痔がフランス人が今でも「ワーテルローの謎」と呼んでいる出来事を説明する。ナポレオンが徴募したすべての軍の中で、ワーテルローで戦った部隊ほど一貫して最も士気を鼓舞する指揮を必要とした部隊はないのである。この部隊は〝百日天下〟の間に大急ぎで入隊させられた、指揮官たちに不慣れな〝掻き集め〟であった。しかしこの部隊にワーテルロー大惨事の責任を負わせることは出来ない。ナポレオンは六月十七日のチャンスを逃して六月十八日の戦闘に敗れたのだ。六月十六日の夕方、戦略体勢はフランス軍にとって極めて有利のように思えた。兵士たちの質の悪さを考慮に入れて見ると、この事実自体から指揮官としてのナポレオンの卓抜さを窺い知ることが出来る。

十二万四千人の兵力を指揮するナポレオンはブルュヒァ王子指揮下の十二万人のプロシア軍とウェリントン公爵指揮下の英国、オランダ、ドイツ、ベルギー混成軍十万人に対抗した。ナポレオンのまことに見事な計画は、二翼の部隊と予備の大軍を以て戦う作戦であった。シャルルロアに指令部を設置し、ネイ元帥指揮下の一翼はウェリントンをブリュッセル街道上で阻止するよう命ぜられた。一方イマヌエル・グルーシー将軍指揮下の別翼はプロシア軍と交戦した。プロシア軍は同盟英国軍と連携出来得る一番近い地点より未だ東に十六キロ離れて位置していたがプロシア・英国軍は圧倒的に優位でナポレオン軍に対する筈であった。ネイは計画通り英軍をクワトル・ブラで攻撃した。グルーシーとナポレオンはリイニーにおいてプロシア軍を打ち破りプロシア軍は部分的に総崩れになった。両方の戦闘とも決定的ではなかったが、翌日ナポレオンが出来た数々の可能性はほぼ無限であった。予備軍を使ってナポレオンは右翼のプロシア軍を総崩れさせるか、それとも軍を左に向けてウェリントンを粉砕することも出来た。だが軍事歴史家ベッキイが記述しているように「十六日午後九時から十七日午前九時の十二時間に敗れた」のである。

六月十六日ナポレオンは一日中馬に跨っていた。四十六歳の肥満した、早老の男は完全に消耗し切っていた。さらに都合の悪いことには、彼の痔がもう一度七転八倒の痛みを与えたことである。六月十六～十七日の夜中ナポレオンは激痛のため眠ることが出来なかった。翌朝八時になるまで彼は床を離れなかった。そして午前十一時になるまでグルーシーにプロシア軍追跡を命じなかった。その時までには既にプロシア軍との接触は失われ、ナポレオンは東方に向かって追跡する命令を下す重大な過ちを犯したのだ。ブルュヒァは北方に退却したのである。同じ時刻にナポレオンはクワトル・ブラを支援するように近衛兵に移動を命じた。ブルュヒァの北方退却を知ったウェリントンは英軍をプロシア軍と平行させるようブリュッセル街道に移動しワーテルロー村前の高地に防御線を築いた。数時間の間、英軍は厄介な細道や、唯一の橋であるジェナップ橋に巻き込まれてネイ元帥の餌食となった。一方東南に要心深く進んだグルーシーは刻々と戦場から離れていった。

六月十七日、日の出はグリニッチ標準時間午前三時四十五分であった。ナポレオンが不快な睡眠から目覚める前に四時間以上の昼間の時間が失われ、彼が戦略指揮を取るにふさわしい状態になる前に七時間以上が空しく費されたのである。彼が敵に決定的敗北を与える機会があったことは確実であり、彼が絶好の機会を見逃したことも等しく確実である。往時のナポレオンなら絶対にチャンスを逃すことはしなかったであろう。疲労消耗のいかんにかかわらず、疼痛の有無にかかわらず、ナポレオンは意気揚々と難局に対処したであろう。だが無気力で気短い、痛みに悩まされた一八一五年六月のナポレオンは、もはや全身全霊を傾倒して手腕を振るうことが出来なかったのだ。医学史家にとって、六月十七日土曜日は運命の日である。ナポレオンが戦闘を完全にコントロール出来ない日曜日のワーテルローは竜頭蛇尾の日という感がする。それでも彼の病気とネイ元帥の過ちにもかかわらず、ナポレオンはワーテルローでウェリントンを寸前のところで打ち破るところだったのである。もし勝者ウェリントン自身の称賛を引用するならば「私の生涯中最も絶望的な戦いであった。今までのどの戦いでもこんなに苦労したこともないし、敗北寸前の状態に陥ったこともなかった」ということになる。つまりナポレオンの病気が力の平衡を破り、一方を優勢にする必要な条件を供給したかも知れないのだ。

六年後の一八二一年五月五日ナポレオンは流刑先のセントヘレナ[20]で死亡した。この六年間は彼にとって絶望的挫折、ささいな口論、陰鬱な閑居の時期であった。総督ハドソン・ロー卿は、確かにナポレオンのようにむずかしい囚人を扱う手練や知恵を持ち合わせていなかったが「セントヘレナの受難」の伝説は事実無根である。政略的に言って、英国はセントヘレナ島を保養地のような島だとの印象を与える必要があった。ナポレオン支持者は、政治的に悪魔島[21]のようなところであると言う必要があったのである。ナポレオンに逮捕され流刑にされたピウス七世ローマ法王でさえ「岩だらけのセントヘレナは健康にとって致命的であり、流刑人は徐々に死んでいく」という理由で彼の釈放を嘆願している。

肝臓病の一つである急性伝染性肝炎はセントヘレナでは地方病として存在していた。ナポレオンは肝炎に感染したかも知れない。その疑いもあるが彼は直ちに恢復している。彼の命取りになった病気は六カ月間続いた。その病気について多くのことが書かれ、数多くの理論が提出されている。事実、歴史はその点明瞭である。彼の最後の日々にはタール様便とコーヒーかす様嘔吐に悩まされた。両者とも半分消化された血液によって起こる症状である。アンリ＝グラティエン・ベルトラン将軍はしゃっくり、嘔吐とタール様便のことを記述している。ナポレオンへの治療はあまり理屈に合ったものとは思えない。最後に投与された薬は大量の甘汞（塩化水銀）であり、何の効果もないばかりか、死を早めたとも考えられる。死体解剖報告書は、ナポレオンの肝臓に関して種々意見が分れているがどの報告書も大きな胃の硬い腫物に言及している。この事実とタール様便、コーヒー出し殻様嘔吐としゃっくりを合わせてみると死因ははっきりしている。ナポレオンは胃癌で死亡し、癌は胃壁を貫通し、指が楽に入るほど大きな孔を残したのだ。癌が血管を浸蝕し、死は出血と胃悪性腫瘍の穿孔に原因する腹膜炎からの衰弱からであった。彼の最期は幸いにも早かった。彼は飢餓による緩慢な死をとげたかも知れないのだ。

死因は明白であるが、中毒死という証拠のない申し立てもされた。遺書の中でナポレオンは彼の頭を剃り、毛の房を数々の信奉者に分配するよう命じている。一九六〇年になって、彼の毛髪に砒素の痕跡が存在することが証明されたと報告されている。真実は永久に謎に包まれたままであろう。しかし砒素による中毒は直接の死因であることはあり得ない。だが砒素はもし長い期間に亘って投与されたり、不注意に摂取した場合、癌の原因となり得る物質の一つとして知られているので、間接原因となる薬剤だったかも知れない。可能性としてはあるが、ありそうもないことである。

ナポレオンはワーテルロー会戦後五年以上経って死に、ワーテルロー会戦の敗北はモスクワ戦役後三年経っていた。彼の悲惨な失脚は、健康と判断が衰え始めた時に不可避となったのだ。ロシア遠征をした大陸軍は彼自身の気短さと、発疹チフスに遭遇した不運によって全滅した。彼の帝国は彼の軍隊の全滅から二度と回復しなかった。一八一二年十一月二十九日のベレシナ会戦の時、ネイ元帥は妻にこう言う手紙を書いている。「ロシア軍の弾丸ではなく、飢餓将軍と冬将軍が大陸軍を征服した」と。これが史実として受け入れられている意見であるが、事態の描写を完全にするためには、我々は発疹チフス将軍とナポレオン将軍の名を付け加えるべきである。

(1) レバント　ギリシャからエジプトまでの地中海東部沿岸諸国。
(2) ウェストファリアまたはウェストファーレン　旧プロシアの一州。
(3) トスカナ　イタリア中部西岸の州で、もと大公国。
(4) ボルゲーゼ公爵　イタリア・シエナ出身の名家、十六〜十九世紀初めにかけて政界、社交界などに重きを成した。
(5) ユージェーヌ　ジョセフィーヌと彼女の先夫の間の子。

(6) ディルジェト　ニーマン湖畔の都市、もと東プロシア領、現ソベック。
(7) コンスタンチノープル　バルカン半島の南東端、往時のビザンチウム。コンスタンチヌス大帝が築いた都市。東ローマ帝国、後にオスマン帝国の首都。現在はイスタンブールと言う。
(8) 砒素　ルネ・モーリ著「ナポレオンの暗殺者」（一九九四）によると、ナポレオンのものと確認されている毛髪から、六・六ｐｐｍという高濃度の砒素が検出されたという。
(8) ダーダネルス海峡　マルマラ海とエーゲ海を結ぶ海峡でヨーロッパとアジアの境をなす長さ六十一キロ、幅一・二～六・四キロの狭い海峡。
(9) イベリア半島戦争（一八〇八～一四）　ウェリントン将軍が英軍を率いて、スペイン、ポルトガル軍と連合し、ナポレオン軍をイベリア半島から駆逐した。
(10) 大陸封鎖経済政策　一八〇六年ナポレオンが英国に対して用いた経済封鎖政策。
(11) 大陸海上封鎖　一八〇五年、ネルソン提督の率いる英海軍が数において勝るスペイン、フランス連合艦隊をトラファルガー岬沖で全滅させてから約百年以上制海権は英国が独占することになった。ネルソン提督はこの海峡で戦死し、ロンドンのセントポール寺院に眠っている。海戦に先だち「英国は各員が義務を尽すことを期待する」という信号旗を掲げたので有名。百年後の一九〇五年、日本海海戦で東郷司令長官が「皇国の興廃この一戦にあり、各員一層奮励努力せよ」の信号旗を掲げているが、英国に留学していた東郷長官が、ネルソン提督の故事を想い出したのは確実と思われる。
(12) アレキサンダー大王（西暦前三五六～二三）　ギリシャ、小アジア、エジプトからインドに至るペルシャ帝国の征服者。
(13) パンテオン神殿　フランスの偉人たちを祭った神殿。パリにあるセント・ジュヌヴィエーヴ教会を改称したもの。
(14) ヴィルナ　リトアニア共和国首都ヴィリニュス。以前はポーランド領。
(15) アウステルリッツ　チェコスロバキア中部の町、一八〇五年ナポレオンがロシアとオーストリア連合軍を破った所。

(16) ワーテルロー　ベルギー中部の村落、一八一五年六月十八日ナポレオンが英国のウェリントン指揮下の連合軍に大敗を喫した。

(17) ブルメール（霧月）Brumaire はフランス革命暦の第二月。現在の十月二十三日から十一月二十一日までにあたる。

(18)「五百人会議」国民公会に代わり一七九五年につくられた。一七九九年、十一月ナポレオンはクーデターを起こして五百人会議の会議場になだれこんだ。

(19) メッテルニッヒ（一七七三〜一八五九）オーストリア宰相（一八〇九〜四八）。

(20) セントヘレナ　大西洋南部、アフリカ西海岸沖の英領の島。

(21) 悪魔島　南米フランス領ギアナ北岸沖の不毛の島。フランスはもとここへ犯罪人を送った。

第五章　伝染病のインパクト

今までのところ我々はかなり原始的コミュニティに源を発し文明人たちに広まった時に恐るべき惨禍をもたらしたと考えられる病気の数々について論じて来た。この章ではその反対に文明国で発生した病気が後天的免疫か予防法によって温順化したにもかかわらず、探検家、宣教師や貿易商人によって偶然にも未開人たちに移された時、致命的となった病気について論じてみる。

病気が未開人社会から文明社会に拡がった場合も、その反対の場合もメカニズムは全く同様である。梅毒はヨーロッパにおいて劇症の感染症として始まったが、現在我々が知っているような慢性型に移行し落着いたのである。当時の描写から判断すると、麻疹は十六世紀において十八世紀や十九世紀よりずっと高死亡率を伴った病気のように思われる。しかし十九世紀にはおそらく梅毒、そして確実に麻疹が今まで感染したことのない人々に移された場合においては昔の毒性を取り戻したのである。病原微生物は隔絶したコミュニティにもちこまれた時、以前の威力をまざまざと見せつけたことから見ても、特別なグループの人々との長い接触によって弱まったりはしなかったのである。それよりコミュニティ自体が病原菌の猛襲に対して部分的かつ遺伝性抵抗力を発達させたという説の方が有力である。個人個人は完全な抵抗力を獲得していないので病気に罹り易いとはいえ母親から部分的抵抗力を与えられているので病原菌に対して戦うことが出来、軽い症状を呈するだけで治癒する。母体から与えられた抵抗力はこれだけで充分生後一カ月の間完全な免疫保護を新生児に与えてくれる。これが真相のすべてではないが、細菌の株はその性質を変えることが出来、また事実変えるので、一般的に細菌が疫病学的処女地へ運ばれた時、病気に馴れている土地よりずっと重症になるのである。それゆえ「文明の状態」はあまり重要でない。つまり新しい伝染病は高文明社会においても低文明社会においても、感染に無防備なコミニュティにとってはより致命的なのである。

この章の大部分はしばしば「発酵性」(zymotic) 疾病と呼称される数々の急性伝染病を取扱う。発酵性疾病は人混みの病気であり、原始的民族の小さな散在居住地では繁茂出来なかった。疾病はナイル川峡谷、メソポタミア、インド、中国のような早期の大人類集結地帯にその起原を求めることが出来る。その理由は急性伝染病病原菌は病気が活動性の時にだけ人から人へと感染することが可能だからである。つまり罹病中の病人によってのみ感染することが可能なのだ。これは感染していても非活動的な腸チフス保菌者や、発疹チフス病原体をもつ虱、ペストに罹患する鼠の蚤のような第三者によって散布される病気と対照的である。

例外もあるが一般的に言って、急性伝染病に罹ると患者は二度と罹らないよう終身免疫を獲得する。免疫のある人は病気に罹らないしまた他人に移すことも出来ない。病気は活動性の時だけ他人に感染するからである。この病気はコミュニティから完全に姿を消すことはない。散発性症例や数年ごとに大規模な流行を伴う小規模の流行発生の可能性が常にあるのだ。急性伝染病が継続して発生するためには病気に罹った経験のない人々の集団を必要とする。感受性のある子供の数は、激しくかつ広汎な流行の後では一番低い。この時に人から人への伝播可能性も最低である。多くの子供たちが産まれるにつれ罹患し易い子供たちの数は増加し、散発的症例からの大規模な伝播の機会も増え、大流行発生の必要条件はやがて備わってくる。

歴史的に言って、大規模な小児病はヨーロッパの発展史上、経済的に重要な意義を持った。天然痘のように病気が致命的な場合、死亡率が高く繰り返して発生する伝染病流行は人口の急増を阻止した。貧困で産児制限もできない子沢山の人々は、稼ぎ手が扶養出来ないような多数の子供たちを産む。もしこの過程がコントロールされない場合は、非生産的人口の割合が生産的人口によって養いきれないような比率に達する。乳幼児と小児の高度死亡率によってもたらされた自然淘汰がなかったならば、過去においてこの状態に達していたであろう。

急性伝染病が社会共同体において地方病として存在した場合、今まで述べたようなパターンを取ったが、伝染病が以前に経験のないコミュニティへ突然持ち込まれた時は、状況はまったく異なってくる。その伝染病に誰も罹った経験がないので誰も免疫を持っていなかった。かくして急性伝染病は主として小児病だけではなくなってくるし、全年齢層が同率で危険に曝されるのである。さらに、地方風土病に将来罹るかもしれない人々の中にも部分的抵抗力が通常存在するものであるが、病気が存在したことのないコミュニティの人々には部分的抵抗力が全然存在しないので、急性伝染病はたぶんその影響においてずっと激しくなる可能性がある。

急性発疹症として知られているこのグループの幼児の感染症は天然痘、水痘、麻疹、風疹、猩紅熱からなる。このすべてが発疹の特徴があり、我々の先祖はそれらを区別するのに苦労し、彼らがどの病気を記述しようとしているかを見極めるのは容易でない。我々はここで水痘、風疹、猩紅熱の複雑な歴史を解明する心算はない。その代り、天然痘と麻疹の渾沌とした物語に努力を集中することにする。

天然痘と麻疹の中で早くから記述されているのは間違いなく天然痘であるが、どのくらい古いかは論争の種となる。以前医学史家の多くは天然痘がギリシャとローマ時代に存在していたと考えていたし、或る者はアテネ疫病（紀元前四三〇）とガレヌス疫病（一六四〜八〇）は天然痘であったと主張している。だがこの見解は一般的には受け入れられていない。一九〇一年にポール・キュブラーは天然痘によるあばたのある顔を描写した古典の像や風刺画はないし、医師や一般著述家が天然痘あばたの醜悪さに言及していないという適切な観察をしている。典型的な醜い天然痘あばたは見のがすことはなかったはずである。

別の説は天然痘が匈奴の間に発生し、西暦四九年に中国へ伝播したとしている。最初の識別出来る天然痘の描写が二六五〜三一三年に生存した中国人の葛洪によってなされている。しかし最もありそうな病原地は恐らく早期から天然痘に対して女神シタラの保護を祈願したインドだと思われる。ヨーロッパではトゥールのグレゴリウス[1]が五八一年に疑問の余地のない天然痘流行を記述している。四百年後の九八〇年頃には、天然痘患者特別隔離病院の記録が存在する。これは日本においてであり、非常に興味のある治療法[2]にも言及されている。つまり日本の病院で赤布をぶら下げる治療法が用いられたという事実であり、一三一四年には同じ治療法を英国人ガズデンのジョンが勧めている。彼の写本は一四九二年にパヴィアで印刷されている。[3]「赤布治療法」は何百年にも亘って民間治療法として行われ、一八九三年にデンマークの光線療法の開拓者ニールス・リベリ・フィンゼンによって準科学的地位が与えられた。フィンゼンは紫外線を除去するスクリーンを使い赤色光線を使用したが、この治療はほとんど価値がなかった。

早期の最も権威のある天然痘に関する記事は十世紀のラーゼスの名で知られているペルシャ人医師アブ・バクル・モハメッド・イブン・ザッカリアによるものである。ラーゼスは麻疹と天然痘を区別した最初の人であるが、彼は両者が同一の病気の異なった症状発現だと信じていた。天然痘と麻疹は近縁であるとする考えは一七八四年まで続いた。

天然痘は十世紀以降確かにヨーロッパ、アジア、アフリカに存在した。しかしこの時代の初期における天然痘の性格と歴史は明瞭ではない。広汎に流行することなく、十八世紀や十九世紀初期のように致命的ではなかったように思える。近代の著者の多くは、麻疹をずっと危険な病気と見なしており、度々下された診断は「天然痘と麻疹」(small poxe and mesles) という両者の組合わせであった。既に指摘したように大疱瘡 (great pox) とは初期梅毒に発生するような重症皮膚発疹を意味し、小疱瘡 (small pox) という術語は梅毒の軽症皮膚発疹や水痘、風疹をも含めた皮膚発疹を伴う病気の集まりを意味していたかも知れない。同じように混乱した用語法がフランスとドイツにも見られる。フランスでは la grosse vêrole (大疱瘡の意) は梅毒を意味し、一方天然痘は la petite vêrole (小疱瘡の意) である。ドイツでは Blattern という言葉が十六世紀と十七世紀の間梅毒に使用されたが、十八世紀までには天然痘を意味するようになった。

この他にまた別の複雑化させる問題が存在するのである。なぜなら天然痘 (small pox) には三つの型が存在するからである。variola major または真性悪性天然痘、variola minor またはアラストリム (alastorim) と呼ばれる比較的軽症の小疱瘡、そして variola vaccinae (牛痘) として知られる、主として家畜を冒す型である。この三つの型の内のどの一つにかかっても他の二つの型に対する (少なくとも一時的に) 免疫が得られ、これが種痘の根拠となるのである。そこで十五世紀と十六世紀の病気は悪性天然痘ではなくむしろ軽症アラストリムではなかったかという疑問が起こってくる。「インドにおいてはそうだった」とラルフ・メージャーはほのめかしている。彼によれば軽症の天然痘が少なくとも五世紀の昔にインドに存在したが、インドにおける最初の悪性天然痘の記録は十六世紀になるまでみられなかったという。

一五一八年から四八年に至る三十年間のアズテカ文明[4]の運命は、新しい病気が免疫のない無抵抗のコミュニティに侵入した時どのようなことになるかということを例証するのみならず、ヨーロッパ人たちが軽症型によって既に悪性天然痘からの免疫を得ていたことを物語っている。スペインは十六世紀の初め西インド諸島に植民地を築いた。一五一八年十一月十八日、エルナンド・コルテスは八百人のスペイン人とインディアン混成軍を率いてキューバから出帆した。彼はユカタン半島沿岸に上陸、内陸へ進行し、メキシコ王モンテズマから友好的辞令と贈物を受け取った。彼は西南方の沿岸沿いに航海を続けヴェラ・クルスの街を築き、隊員が帰国出来ぬよう船を焼き払い、疑心暗鬼の部隊の忠誠を確実なものとし、内陸のトラスカラへと進軍した。ここで激戦の末原住民との同盟を締結した。コルテスは彼自身の小部隊と千人ほどの新しいトラスカラ同盟軍を率い、チョルラにおいてモンテズマが仕掛けた罠をうまく避けながらメキシコ市に向かった。

コルテスは一五一九年十一月八日に首都メキシコ市に到着した。約三十万人の人口のメキシコ市は大きな湖の真中に位置し、頑丈な石で舗装された三本の道によって到着することが出来た。土手道の一つは実に六マイルもの長さであった。コルテスはモンテズマとの友交関係を暫くの間維持しモンテズマを統治者として取り扱った。モンテズマによって明らかに煽動されたヴェラ・クルスへの攻撃の報を手に入れたコルテスはモンテズマを監禁し、スペインの専制君主を認めるよう強要し、莫大な量の「金」の罰金を課した。六カ月後にコルテスはスペイン軍人で競争相手のパンフィロ・デ・ナルヴァエズ[5]の指揮するスペイン探検隊が再びモンテズマを権力の座につかせる意図を以て沿岸から内陸へ進軍しているのを知った。コルテスは将校の一人ペドロ・デ・アルヴァラードに首都の指揮を任せ、一握りの兵士たちを連れナルヴァエズ迎撃に急行し、チョルラで夜襲を掛けて敗北させた。十四日後アルヴァラードがメキシコ市で反乱を撃退しているというニュースが届いた。コルテスは急遽メキシコ市へ取って返し、一五二〇年六月二十四日首都へ到着し、モンテズマの弟が指揮するアズテク族の全面的反乱に直面したのである。モンテズマ自身、彼の種族を宥めようと試みたが臣下たちの投石の雨によってかそれともスペイン人たちによって殺害されてしまった。少数のスペイン軍は首都占領を維持することが出来ずコルテスは苦戦を続けながら退却し、退却中少数部隊の半分を失った。英雄的善戦の末、残存軍はトラスカラへ到着することに成功した。

一五二〇年の末までにはコルテスは多少のスペイン人援軍を迎え、トラスカラ人兵士一万人を補充し、多くの小舟を建造した。コルテスはトラスカラとメキシコ市の間に介在する種族たちと同盟を結んだ後、小舟を乗り入れるため、トラスカラからメキシコ市の湖までの運河を掘り、一五二一年四月に包囲攻撃を開始した。コルテス自身、三百人からなる機動部隊小舟軍を指揮し、多数のカヌーの群を打ち破った後、土手道に上陸しメキシコ市を攻撃した。コルテス軍の総攻撃は大損害を被って撃退されたこともあったが、首都は一五二一年八月十三日頑強な抵抗の後遂に陥落した。勝ち誇って入城したスペイン軍は原住民たちの家々が死体で一杯なのを発見した。コルテスは少数のスペイン軍やトラスカラ人同盟軍よりもずっと強力な同盟軍の協力を得ていたのであった。

一五二〇年五月にパンフィロ・デ・ナルヴァエズがメキシコへ向かってキューバから出帆した時、彼は多数の黒人奴隷を一緒に連行した。アンリカの黒人は十六世紀の初めにスペインから西インド諸島へ送られたのを読者諸氏は覚えているだろう（第三章　梅毒のミステリー参照）。ニグロ奴隷の或る者はメキシコへ向かう途中発病し、そのうち少なくとも一人は罹病中にもかかわらず上陸した。メキシコ先住民インディアン種族の言葉では、黒人奴隷の罹っていた病気は大癩病（great leprosy）として知られるようになった。しかし黒人奴隷の病気が真のハンセン氏病であり得なかったことは確実であり、またフランベジアや梅毒であった可能性もほとんどないと言ってよい。伝染速度が急性伝染病以外には考えられないほど早すぎたからである。病気が天然痘であったことはほぼ疑いない。

しかしこの病気は十六世紀のヨーロッパで知られていた天然痘よりずっと致命的であった。六カ月以内の間にノバ・イスパニア[6]として知られている領土で感染を免れた村はほとんどなかった。それほど死亡率は凄まじいものであった。病気はトラスカラ人によってメキシコ市へ運ばれ、撃退された総攻撃の時に持ち込まれたに違いない。コルテスが市内へ入った時、彼はほぼ半分の住民が伝染病で倒れているのを見出したのである。ノバ・イスパニア中どこでも同じような高い死亡率が見られた。最初の流行中ほぼ半分の原住民が死亡したと推定されている。

十一年後の一五三一年に二度目の伝染病流行がメキシコを蹂躙しこの流行もまた、スペイン船から持ち込まれたことが判明している。メキシコ先住民は二度目の流行を小癩病（small leprosy）と呼んだ。おそらく形容詞の「小」は病気の症状よりむしろ死亡率の程度を意味している。一五四五年には三度目の流行が発生し、これも船によって持ち込まれた。トラスカラでは十五万人が、そしてチョルラでは十万人が死亡したと言われている。一五六四年と一五七六年にも流行が発生し、一五九五年までには天然痘、オタフク風邪（流行性耳下腺炎）や麻疹が原住民たちの間で猛威を振るうようになった。総人口二千五百万人のうち、およそ一千八百五十万人が死亡したのであった。

このような病気の数々がスペイン人征服者たちの到着以前にノバ・イスパニアに存在したという証拠

はないのだ。最初の流行はたまたまニグロ奴隷によって持ち込まれた悪性痘瘡によるものか、それとも軽症の痘瘡、すなわちアラストリムが無抵抗のコミュニティにとりついた時、悪性痘瘡に変化したものであろう。どちらの場合でも、病気に対して明らかに免疫のあるスペイン人は少なくとも十六世紀のヨーロッパ型軽症天然痘アラストリムに過去曝されていた事実により、部分的免疫を得ていたのである。説明はどうであっても、輸入された病気がアズテカ族滅亡に対して、スペイン人征服者と同様いやそれ以上に、重要な役割を果たしたのは間違いない。それ以来メキシコは悪性痘瘡の数少ない病原地の一つとして残り続けた。一九四七年というごく最近になってもメキシコからの旅行者はニューヨークでの局地的な悪性痘瘡の原因となっているのである。

十六世紀中、ヨーロッパでは天然痘は比較的軽い病気として存続し、十七世紀の初めまであまり注目を浴びていなかった。一六二九年の最初のロンドン死亡者統計表は天然痘を別の見出しの下に載せている。ロンドン市総人口は三十万から四十万人位であり死亡者数は一六八〇年まで一年間平均約一千人位であった。メアリー女王は一六九四年の流行中亡くなっている。十七世紀の終りまでには天然痘は小児病中一番通俗な病気となり乳幼児と年のいかない子供たちは軽症天然痘に罹った。死亡率は年かさのいった子供たちや大人の間ではずっと高率であった。これは誰でも知っている事実であり、一六八五年にサミュエル・ピープス(7)とジョン・エヴェリン(8)はサリー州バンクショットの友人を訪問し、年のいかない子供たちが軽症天然痘に罹るようにと兄の部屋にちょこちょこ入ったり、出たりしているのを見て非常に興味を引かれている。

しかし十七世紀の末に天然痘の性格が変り始めた。ふつうの小児病ではあったが比較的軽い病気であった天然痘が乳幼児にとって最も致命的な病気となったのである。十八世紀をとおして天然痘は、たぶん小児下痢の例外を除けば、他のいかなる病気よりも多数の年のいかない子供たちを死亡させた。英国の地方のある町では一七六九年と一七七四年の間に五百八十九人の子供が天然痘で死亡している。このうち四百六十六人は三歳以下であり、十歳以上はただ一人であった。同じ時期にベルリンでは天然痘全死亡者の九八パーセントは十二歳以下であった。一方ロンドンでは八〇パーセントの死亡者は五歳以下の子供であった。当時の医師ローゼン・フォン・ローゼンシュタインは天然痘が毎年スウェーデン全児童の十分の一を一歳にならないうちに死亡させたと述べている。

その頃までには悪性型天然痘がヨーロッパで地方病として根を下ろし、毎年多数の死者を出し、頻繁に大流行に発展した。ヨーロッパでは主として小児病であったが感染感受性のあるコミュニティに持ち込まれた場合、天然痘は全年齢層を罹患させた。一七八九年には広汎で致命的大流行がニュー・サウス・ウェールズ、ヴィクトリア、サウス・オーストラリアの先住民の間に発生した。この大流行発生は病気に冒されている英国船の偶然の入港に起因し、先住民のアボリジニだけが罹患した。船内ただ一人の患者であったが長い航海のため船全体を感染させた。一八二九〜三〇年になるまで二度目の大流行は発生しなかった。二度目の流行の場合、先住民だけでなく白人入植者も冒されたのである。多分、一七八九年と一八二九年の間の四十年間に寄港した船には病人がいなかったと思われる。この半世紀の間に白人入植者のある者は、抵抗力のない二代目子孫を産んだのだ。(9)

十九世紀になると別の、そして根本的にずっと重要な変化が起こったのである。つまり一七九六年頃から死亡率が多少減ったように思われるのである。一八三七年から一八四〇年には最後の大流行が英国を襲い、それ以降散発的な流行ではあったが、かなりの天然痘が発生した。それは都市の病気、特にロンドン貧民街に限定した病気となる傾向があった。患者の年齢分布も変った。ロンドンにおける天然痘全死亡者数のうち五歳以下が一八五一年から六〇年には八〇パーセントから六二パーセントとなり、一八六一年から七〇年には五四パーセント、そして一八七一年から八〇年には三〇パーセントに減った。英国での伝染病に関する第一級の歴史家であったチャールズ・クレイトンは一八九四年にこう書いている。

首都に集中するために、天然痘は最初に裕福階級から去り、続いて村落から去り、次に田舎の町を離れた。同時に天然痘は乳児と子供たちから去りつつある。

大流行が再現して我々を驚かせることがあるかも知れないが、天然痘は十九世紀の末において絶滅しつつある病気であると彼は付け加えている。

クレイトンは毒力減退が強制的種痘の恩恵だとは考えていなかった。それにもかかわらず種痘は国家規模において病気を征服することを目的とした最初で、最も偉大な医療社会的進歩の一つである。さらに種痘は個人単位の予防ではなくコミュニティの保護を企てた最初の試みであった。種痘は古来からの人類の敵である流行病に対して人類が挑む総力戦争の最初の顕著な例である。

一番無知な呪術医でさえ、或る病気は本来慢性の経過をたどるが、他の病気は急性であること、同じ病気に患者は何度も罹り、他の病気には一生の間に一回だけしか罹らないことに気付いたに違いない。そういう術語によって表現はされていなかったが、後天性免疫という現象の知識は何世紀もの間常識となっていた。もし危険な病気が、同一の患者を一回以上冒さないとすると、同じ病気の軽症なものに罹ることが望ましいという理屈になる。病気は個人から個人にうつることが解っているので、個人を病気から守るためには出来るだけ軽症な患者と接触させてはどうかと考えるのが妥当である。この考えは民間医学ではごく当たり前のことである。故意に患者と接触させる原始的な方法は、軽症患者の組織片や分泌物を未だ感染していない人に移すのにもっと上手な方法を思いつかせた。

これが接種法（inoculation）であり、天然痘の場合は人痘接種（variolation）である。人痘接種は千年以上も使用されている。中国の医師によって十一世紀の初めに実施されているが、これはインドから中国へ持ち込まれたと信じられている。中国の接種は軽症患者の乾燥した膿疱から皮膚の薄片を取り出し、微細な粉末にし、病気に罹りたくない人の鼻腔に少量の粉末を吹き込んだのである。人痘接種法は天然痘が十八世紀に重大問題となるまでヨーロッパでは使用されなかった。この時初めてスミルナのギリシャ人医師ジャコモ・ピラリニが膿疱から濃厚な液体を採り、針で引っ掻いた傷に擦りつける方法をはじめたのである。

一七一三年にコンスタンチノープルのもう一人のギリシャ人医師イマヌエル・ティモニィはピラリニ法のことをロンドンのジョン・ウッドウォードに知らせ、ウッドウォードは一七一四年に英国王立学士院会報に記事として載せた。この記事は英国とアメリカで多少興味を持たれたが一七二一年になるまで接種法は人気がほとんど出て来なかった。一七一七年三月コンスタンチノープル駐在英国大使夫人のレイディー・メアリー・ウォートリ・モンタギューは自分の男の幼児に接種を受けさせ、四月一日に、故郷の友人サラ・チズウェル夫人への手紙の中でこの処置について書いた。同年に彼女は英国へ帰国したが英国では一七二一年に多数の死亡者を出した天然痘大流行が発生した。メアリー夫人はこの流行中五歳になる娘を数人の著名な医師たちの面前で接種させ、医師たちは続いて起こった症状の軽さに一驚した。英国王室はすぐに興味を示したがジョージ一世は自分の孫たちに体験させる前に充分慎重な態度を以て対処する決定を下した。ニューゲート監獄の六人の死刑囚たちは執行猶予の条件で実験動物となることを志願した。続いて十一人の異なる年齢層グループの貧民学校の生徒を使って実験が行われた。結果は大成功で、国王の二人の孫たちも接種を受けた。

このお陰で接種は流行し始め、ヨーロッパの著名な医師たちによって熱狂的に支持された。しかし反対する意見も強く、接種が必ずしも成功するとは限らないことが明瞭になるとその声は高くなって来た。接種の後で起こり、免疫をもたらすはずの天然痘は必ずしも軽症とは限らなかったし、百人のうち二人か三人が死亡したと断定された。さらに多くの人々は、接種が軽い症状によって個人を保護するかも知れないが、天然痘病巣の数を増加させるので当然、病気を広めると考えるようになった。このような理由で一七二八年以後ヨーロッパでは接種の評判が悪くなった。

十七世紀後半頃メリーランドへの英国人入植者によって初めて感染した植民地アメリカでは、接種は別な途をたどった。メリーランドから天然痘はバージニア、カロライナ、ニューイングランド地方に拡がった。人口密度が低かったため十八世紀ヨーロッパのような流行はなかったが、天然痘は最悪の殺人鬼として恐れられた。一七二一年四月に西インド諸島からの船がマサチューセッツのボストン港へ天然痘を持ち込んだ。王立学士院会員で有名な牧師のコットン・マザーは英国王立学士院会報の中でティモニィの接種実験の記事を読み、ボストンの医師たちに大流行中この方法を試すよう提案した。しかしサブディール・ボイルストンという名の医師ただ一人しか興味を示さなかった。ボイルストンは最初に六歳になる息子と二人の黒人奴隷に接種を行った。九月までにボイルストンは三十五人に接種し、満足な結果を得、死亡者はなかった。彼は天然痘を伝播していると人々に非難され、もう少しでリンチにあうところであったが、アメリカで接種が一般的に承認されるのを見るまで生き延び一七六六年に世を去った。一七三八年に南カロライナのチャールストンで天然痘が大流行し、ジェームズ・キルパトリック医師は集団接種の後に高い死亡率が存在しなくなったと主張した。丁度その頃またはその二、三年前にベンジャミン・フランクリンは、一人息子を天然痘で失い、接種の熱烈な支持者となった。もう一人の支持者はジョージ・ワシントンであった。独立戦争中ワシントンは彼の軍隊に接種を奨励し、その目的のためにいくつかの特別な病院を設置した。

一七四三年にジェームズ・キルパトリック医師はチャールストンからロンドンを訪れ、一七三八年大流行の報告記事を寄稿し、接種が極めて有効であったことを強調した。彼は改良接種法を報告した。彼の熱意と、十八世紀後半における天然痘感染率増加のためヨーロッパ中で接種が人気を取り戻した。この時代に最も成功し売れっ子だった接種者はロバート・サットンと彼の息子ダニエル・サットン並びにトーマス・ディムスデールであった。フランスではヴォルテール(10)が熱心な鼓吹者となった。そしてヴォルテールがロシア皇后エカテリーナ二世(一七二九〜九六)の興味を引かせたのである。一七六八年エカテリーナ皇后はディムスデールをロシアに招待した。ディムスデールは下層階級の人々を使った上首尾の実験をした後、皇后、皇后の子息たち並びに多くの廷臣たちに接種した。ディムスデールはさすがに皇后からの報償としてふさわしい一万ポンドと二千ポンドの所要経費、年金五百ポンド、ダイヤモンドをちりばめたエカテリーナと子息たちの細密肖像画、並びに男爵の位という豪華な謝礼を受け取ったのである。

天然痘は市内でより多く発生し、人口密集状態が接種された人々の隔離を困難にしたので、ヨーロッパ特にイギリスにおいては接種がコミュニティに対する現実的危険となった。このため接種は家庭内や特別病院に隔離されることが可能な裕福階級にほとんど限られた。これはアメリカではたいした問題ではなかった。人口密度希薄という条件が接種に原因する天然痘の伝播予防策を可能にしたからである。ワシントンが実施した彼の部隊に対する接種病院設置は英国に報告された。丁度十八世紀の終りにジョン・コークリー・レットソムのような英国の医師たちは貧者のために同様な施設を設置することを勧告した。一七九八年になると新しくて安全な免疫法がそのような病院の設置を不必要なものにした。

人痘接種または接種法は天然痘を被験者に移すことを必要とした。接種の結果起こる病気は単なる軽症と言ってもやはり天然痘であり、人から人へと移されたのであった。種痘（vaccination）[11]では天然痘に似た動物の病気である牛痘だけを人間に移植することが必要となる。牛痘は天然痘に類似したウイルスによって起こり、人を真性天然痘から当分の間保護するが保護されている人は天然痘ではなく牛痘にかかっているので他の人に天然痘を移すことは出来ない。この理由で接種法または人痘接種（variolation）はコミュニティにとって危険であり、種痘（vaccination）は安全なのである。

牛痘が天然痘に対して免疫を与える事実はたぶん何世紀もの間民間伝承としての知識の一つとして知られていたが、天然痘に対する保護の手段として牛痘を計画的に使用する最初の試みは一七七四年に行われた。その年にドーセット州イエットミンスターの小村を天然痘大流行が襲い、多くの住民に接種が施された。百姓であり牧畜業者でもあるベンジャミン・ジェスティは二人の使用人が過去牛痘に罹った経験を持ち、天然痘に罹ることなく数人の天然痘患者を看護したので、牛痘が天然痘から保護してくれるという民間伝承の考えに気付いていた。ジェスティは牛痘に罹っている牛の膿疱から膿またはリンパ液を取り彼の妻と二人の息子にかがり針でこすった擦り傷の中にすり込んだ。こうすることにより誰も天然痘に罹らなかったがジェスティは家族に残忍な実験をしたとして厳しい非難を浴びた。十五年後の一七八九年にドーセット州サーン村で開業しているトロウブリッジという医師はジェスティの二人の息子に天然痘の膿を接種したが両人とも発病しなかった。もう一例の計画的な牛痘による種痘がドイツ北部のホルスタインでも知られている。一七九一年にペーター・プレットという地主の家庭教師が雇主の子供たちに種痘をした。三年後地主家族が住むスコンワイド村に天然痘流行が発生したが、村中でプレットの実験対象となった子供たちだけが発病しなかったと言われている。

しかしこのような個々離れた症例の数々は医学の流れに何の影響も与えなかった。エドワード・ジェンナーの実験は別のカテゴリーに属する。ジェンナーは酪農地帯のグロスターシャーのバークレーで開業する医師であった。一七九六年、乳しぼり女のサラ・ネルムスは手に牛痘の膿疱が発生したのでジェンナーの外科的治療を受けに来た。ジェンナーは牛痘が天然痘に罹らぬようにするという広く信じられている考えを知っていた。彼は乳しぼり女の膿疱から膿を採りジェームズ・フィプスという名の少年の皮膚に擦り込んだ。数週間後彼は少年フィプスに天然痘の膿疱からの膿を接種したが、フィプスからいかなる型の天然痘も発病しないのを発見した。二年間にわたり、ジェンナーは種痘の実験を続けた。彼は牛痘に *Variola vaccinae* と命名し、感染した牛の痘苗を使用する必要がないことを証明した。「人間化した牛痘ワクチン」つまり牛の膿疱からではなく人間の皮膚に出来た牛痘膿疱からの痘苗も同様に有効なのである。ジェンナーは動物の病気を使った接種への広くはびこった嫌悪感を阻止することに成功した。一七九八年ジェンナーは歴史的な（今では非常に貴重な）パンフレット「英国西部の郡の一部特にグロスターシャーで発見された病気で、牛痘の名で知られている *Variola vaccinae* の原因と影響に関する研究」を発表した。

ジェンナーの研究は大きな関心を集めた。彼の発見はロンドンの有名なガイ病院の著名な外科医ヘンリー・クラインと後日最初の公共種痘センターを開いたセント・トーマス病院のジョージ・ピアスン医師によって確認された。一七九九年、ロンドンの天然痘接種病院のM・ウッドヴィルは種痘の広汎な試験を行い成功を収めた。英国だけでも一八〇一年以前に十万人が種痘を受けたと推定されている。一八〇七年に英国政府は、ロンドンの王立医師会に種痘実施法について調査し報告するよう依頼した。王立医師会は種痘が接種法より軽くて安全な病気を発生させ、種痘後天然痘に罹った人は重症になることはほとんどなく、種痘を受けた人は病気を広めなかったという結論を出した。このような理由で、医師会は種痘が天然痘に対する保護を与えなかった僅かな例外を認める一方、種痘法を強く推薦した。

一八四〇年には天然痘の接種は英国で非合法化され、同じ法律が誰でも無料で随意に種痘が受けられることを規定した。小児の種痘は一八三五年の法律でイングランドとウェールズで義務化され、十年後にはスコットランドとアイルランド[12]にも拡張された。ドイツでは一八七四年に強制種痘法が提出され、十二歳になった時の再種痘という賢明な規定をも含んでいた。この規定は英国では施行されなかった。オランダでは子供の就学時にのみ種痘を義務化した。

アメリカ合衆国で初めて種痘を施行した(一七九九)人はハーヴァード大学のベンジャミン・ウォーターハウス教授であった。ウォーターハウスは牛痘痘苗の供給を英国から受けたと言われているが、一七九九年代に生きて活発なウイルスがどうして大西洋を渡って生き残ったかは謎である。彼は自分の子供たちをも含めた七人に種痘接種を行い、その後七人全部に天然痘を接種したが、どの人にも天然痘は発生しなかった。ウォーターハウスは種痘の熱狂的な支持者となりトーマス・ジェファーソン大統領の有力な支持を得た。ジェファーソン大統領は十八人の家族一統に種痘を受けさせた。アメリカ最初の無料種痘施設はヴァレンタイン・シーマンによって一八〇二年ニューヨークで創設された。

種痘はいろいろと論争の的となる話題である。しかし「或る物」が第一次大戦の頃までに事実上ヨーロッパとアメリカで天然痘発生に終止符を打ち、そしてその「或る物」は種痘であると結論したくなる。

しかし二つの不可解な点があるのだ。第一の点は一九一七年には僅か七例の天然痘が報告されているが一九二七年には一万四千七百六十七例以上が報告されている。この十年間に何が起こったのであろうか？　一九一九年に英国東部のノーフォークとサフォーク州で、天然痘の局部的大流行が発生したが極めて軽く死者はほとんどなかった。一九二〇年にはランカシャーで八十三例の発生があったが死者は一人もなかった。その後軽症天然痘またはアラストリムが一九二七年の頂点に達するまで急激に増加し、それから一九三五年に一例報告されるまで急速に減少した。この軽症型の天然痘は十七世紀以前に存在した天然痘の再燃のように思え、これはインド、中国と南米の一部を除く世界中に現在広まっている。

第二の疑問点は第一の謎を説明するかも知れない。種痘は真性牛痘による接種であるか、それとも天然痘ウイルスの弱毒化した株を使用しているのだろうかという点である。ジェンナーは「腕から腕」の種痘法を使用した最初の人である。「腕から腕」とは人間化した牛痘ワクチンを行うことである。初期における種痘の主唱者である天然痘接種病院のウッドヴィル医師は最初の痘苗の供給をロンドンのグレイズ・イン・レーンの酪農場に所属する乳牛から得ている。この痘苗を用いて彼は七人に種痘した。続いて彼は天然痘膿疱からとった膿で七名全員に接種したが、そのうち三人は天然痘に対する免疫が出来るはずがない僅か五日間の間隔をおいて天然痘接種をしているのだ。続いてウッドヴィル医師は二百人の最初の本格的な試験と三百人の二番目の試験を行った。だが彼は牛からの痘苗を使用しなかった。最初の試験の二百人は源となった七人からの痘苗であるリンパ液を使用して種痘を受け、このうちのほとんどの者は後日天然痘を接種された。二番目の試験の三百人は、最初の試験の二百人からの痘苗を以って種痘されこのうちの多くの人々もまた天然痘接種を受けた。[13]

彼の試験について、ウッドヴィルは「数例において牛痘が非常に激烈な病気であることを証明した。五百例のうち三人か四人は非常に危険な状態に陥り、事実一人の子供は死亡した」と自ら認めている。それゆえウッドヴィル医師の患者たちの何人かは重症の天然痘に罹っていたかのように思える。「牛から人間」種痘よりむしろ「腕から腕」種痘が優先される方法となり、一八六〇年頃までには唯一の方法として使用された。ウッドヴィルが使用した特別のウイルス株は確実にロンドンにおいて、たぶんロンドン以外の英国（彼は誰よりも多く、種痘患者を持っていたので）とアメリカ（ウォーターハウスは最初のワクチンを一七九九年に英国から受け取ったと言われているので）に生存し続けたのである。故A・H・ゲール医師は「牛痘と天然痘ウイルスの結び合せが何らかの理由で変形した天然痘ウイルスを生み出し、それが次第に安全になった」と考えた。彼は現在のワクシニア（種痘疹）ウイルスは牛痘というよりむしろ天然痘に似ていると付け加えている。

もしゲール医師が正しいとすると、最初のウッドヴィルの弱毒化した株は動物を通過したにちがいない。「腕から腕」種痘に対する広く行き渡っている反対理由の一つは、結核や梅毒のような他の病気も間違って移植されるかも知れないということである。この考えに従って一八四五年にナポリのネグリは最初に人間化した痘苗を使用し乳牛に人工的にウイルスを繁殖させ、その後は種痘用の牛痘苗を使用した。この方法は一八六六年にフランスに拡がり、その後ほとんどのヨーロッパ諸国で行われた。また子牛痘苗が一八七〇年にアメリカで使用されだした。最初の痘苗はフランスから入手され、マサチューセッツ州ボストン近くの農場に飼われている一群の乳牛たちに接種された。この事実はゲールが主張する説の根拠となる。

種痘は天然痘を地方病から珍しい外来病の地位に変える役を果たしたのである。だが種痘はしばしば五年間という短い期間しか免疫を与えない。天然痘に対する完全免疫は定期的間隔をおいて行う再種痘によってのみ得ることが出来る。天然痘が発生すると知られている国を訪れる前に種痘を受けるのが賢明であるし、感染国から非感染国へ来る人に、種痘をあらかじめ義務づけるのが賢明である。散発的に発生する天然痘の症例に接触した人は種痘または再種痘を受けることが絶対必要である。これを実施するには保健官は探偵の役をすることを要求されるし、絶え間ない警戒を必要とする。もし絶え間ない警戒が維持されれば天然痘が再び大問題となることはないのである。(14)

麻疹（measles または morbilli）と天然痘の初期の歴史は類似している。古代には麻疹がなかったということはありそうもないが十世紀初めのラーゼスの記述まで、確実に認識出来るこの病気の描写はないのである。混乱した用語がさらに惑わせる。morbilli はイタリア語 il morbo（大病とくに黒死病）と対比的に使用される morbillo（些細な病気）に由来する。「mesel」という言葉はチョーサーやラングラントの作品ではハンセン氏病を意味している。「small poxe and mesels」は単一の病気のように思われ、ごくありふれた十六世紀の述語である。混乱は十八世紀頃まで続き、紛糾は診断にあったのではなく用語法にあったように思われる。かくして measles あるいは morbilli は、しばしば猩紅熱 scarlatina または scarlet fever に用いられる。一方 scarlet fever はしばしばジフテリアに対する名称であった。(15)

麻疹はたぶん、中世時代にフランスにおいて最初に出現し、十六世紀にはヨーロッパにおいてかなり猛烈な伝染病であるいうことが確証された。これに関連して、あらゆる病気の歴史を研究する場合、我々は一四五五年頃の移動型印刷機の発明(16)がコミュニケーションを簡単にしたのみならず、記録が今日に至るまで残り続ける可能性を増大させたことを記憶しなければならない。十六世紀の莫大な梅毒文献は、歴史家たちに梅毒がヨーロッパで新しい病気であったに違いないという考えを提案させた。この例に限っては、我々が既に知っているように梅毒はたぶん新しい病気であったが、莫大な量の文献が存在したからと言ってそれを証拠に新しい病気であったということは出来ない。多くの著者が大急ぎで印刷し、彼らの本が保存されたに過ぎないのである。ガズデンのジョンは天然痘も、麻疹も記述している。彼は十四世紀の初めに手記を書いているが、もし一四九二年にパヴィアにおいて印刷されなかったらたぶん我々は天然痘と麻疹について何も知らなかったであろう。それだから十六世紀に多くの新しい病気がヨーロッパに導入されたという誤った考えに陥ってはならないのである。多くの病気ははっきりと描写され、印刷されているので我々の知るところとなったが、病気の存在は描写に先立つのである。

十七世紀までには医師たちは麻疹を天然痘から区別し始め、一六二九年にロンドンの死亡者統計表は麻疹を別の見出しの下に記している。死亡者はあまり記録されていないが二回の流行が一六六四年と一六七〇年に発生し各々三百十一人と二百九十五人の死亡者を出した。一六七四年にはさらに激しい流行が発生し七百九十五人が死亡した。その後一七〇五年に八百人が死亡した流行まで、麻疹の勢いは弱まった。十八世紀初めから流行は頻繁となり、その時期には約三年ごとに発生した。高度の死亡率を伴った異常なほど悪性の流行が一七一八年と一七三三年に起こった。これは過度のジン飲酒時代と一致し、流行に伴う高度死亡率はジン飲酒と泥酔の所為にされた。両親がジンで泥酔し、子供たちの保育をうまく出来ないかぎりはジンが間接的に死亡率に影響を与えたかも知れないのである。死亡原因は麻疹からでなく主として肺や耳の併発症に起因するので育児がよければ麻疹による死亡率を減らすことが出来る。

我々が判定出来るかぎり、十八世紀に遭遇した麻疹の型は一般的に軽症であった。一七八五年にロンドンのウィリアム・ヒーバーデンは麻疹のために医者に診て貰う必要はほとんどなかったと言っている。

一七六二年にフランス人医師ティソは麻疹はほとんど死亡の原因とはならず、もし患者が死亡した場合は併発症によると指摘している。十八世紀の終り頃、ヨーロッパでの麻疹の状況は変化した。麻疹はごくありふれた病気となり、危険性を増し、広汎に拡がった。これは麻疹大流行時代の始まりであり、ヨーロッパ中の子供は一人も麻疹から逃れることが出来ず、二年ごとに大流行が起こり、麻疹が最もありふれた小児死亡原因の一つとなった。二十世紀になると麻疹の毒力が弱まったが、死亡率を減少させたのは医療進歩ではなく、高くなった生活水準、科学的育児法、小員数の家族構成である。

十六世紀から二十世紀初期までヨーロッパ人は麻疹を運びながら探検旅行をしてしばしば悲惨な結果をもたらした。ノバ・イスパニアは十六世紀のごく初期に感染した。或る歴史家は一五三一年にメキシコを蹂躙した「小癩病」(small leprosy) というのは天然痘ではなく麻疹であったと考えている。北アメリカでは広大な面積と散在する人口並びにヨーロッパからの頻繁な移民が異なる型の伝染病を発生させた。流行の頻度はヨーロッパより稀ではあったが、発生した時にはずっと激烈であり年のゆかない子供たちと言うよりむしろあらゆる年齢層の人々を襲った。

知られている最初の流行は一六三五年と一六八七年にカナダで発生した。ボストンは一六五七年と一六八七年に襲われ一六八七年の場合はたぶんカナダからの輸入である。それ以後の流行は一七一三年、一七二九年、一七三九年に発生し一七四〇年の発生はさらに激烈であった。一七四七年には南カロライナ、ペンシルバニア、ニューヨーク、コネチカットと残りのマサチューセッツが襲われたが、それ以後は一七五九年まで大流行はなかった。一七七二年の流行がこれに続き、この場合ボストンとその周辺地帯において特に猖獗を極めた。マサチューセッツ州チャールスタウンでは八百人の子供が死亡したと言われている。六年後の一七八八年にはニューヨークとフィラデルフィアが麻疹によって蹂躙された。麻疹は幌馬車隊にもついて行き、最初にミシシッピー渓谷、次いでケンタッキーとオハイオに発生した。

アメリカで麻疹が取ったコースは病気の特徴によってではなく人口の増加と密度によって左右された。散在したコミュニティは別々に感染し、そのような町村が再び襲われるまでにはかなりの年月が経過するのであった。もし経過した時間が二十年であった場合は、二十歳までの全年齢層に感受性があり、さらに非感染地からの成人たちの移民によって罹患年齢層は拡がったかも知れない。人口が集積する地域間の距離が短縮し、コミュニケーションが簡単になってくると伝染病の機会も増加した。かくして流行は速度の速い旅行と高度の人口密度が病気の型をヨーロッパ類似型に変化させた十九世紀までますます頻繁になっていった。事実麻疹は完全に消滅したことのない、時々流行を繰り返すアメリカの地方病となった。

しかし十九世紀のコミュニケーションの速さはヨーロッパとアメリカに限らなかった。速度の速い蒸気船が帆船のゆっくりした長い海路の旅に取って代わった。これまで他から完全に隔絶されていたコミュニティや何カ月もの間、陸地の影すらも見えないような長旅の末、ごく稀に人が訪問したコミュニティとの急速な接触が可能となったのである。かくして島のコミュニティは以前に経験したことのない伝染病のインパクトを一気に受けることになった。住民たちは伝染病に感染したことがないので誰も母親から譲り受けた先天的または後天的免疫を持っていなかった。このような状況下では病気は恐るべき速度で拡がり、全年齢層が危険に曝され、死亡率は異常に高かったのである。

医学的にみて一番重要なものは一八四六年にファロー諸島[17]を襲った病気である。ファロー諸島の人たちは既に麻疹を経験していたが、一七八一年と一八四六年の間には一例も発生していなかった。すなわち六十五歳以下の誰も免疫を持っていなかったということである。一八四六年三月二十日、一人の労働者がコペンハーゲンを出て三月二十八日にファロー諸島に上陸し、四月一日に麻疹の症状を呈し出した。ファロー諸島の人口数は七千八百六十四人あり、六千百人が四月の末から十月までに発病し百二人が死亡した。一・六パーセントの数字で表現された死亡率は当時としては確かにあまり高率ではない。

この麻疹流行発生の医学的興味はデンマーク政府が事態処理のため二十六歳の医師P・L・パヌムを派遣したことにある。パヌムはこの機会を利用して流行を綿密に調査したので、ほとんどの麻疹の知識は彼の仕事の恩恵である。彼は麻疹には十三〜十四日間の潜伏期がありその間患者は病気を他人にうつすことが出来ること、典型的麻疹の発疹が存在する間は非常に伝染性が強い期間であること、続いて非伝染性の脱痂（または皮剝け）期間が起こることを発見した。パヌムは麻疹が個人から個人への直接接触によってのみ伝染し、全接触者隔離が流行コントロールの最良の方法であると結論した。一七八一年の麻疹に罹った九十八人の住民は誰も一八四六年の流行時には発病しなかったので彼は一回麻疹に罹ると終身免疫が得られるという考えを提出した。一八七五年に麻疹が再びファロー諸島を襲った時三十歳以下の人々だけが発病したのでパヌムの理論は証明された。

ファロー諸島流行と同年の一八四六年にまったく異なった型の流行が北カナダのハドソン湾地域に住むインディアン先住民たちの間に発生した。六週間続いた小流行で百四十五人の全年齢層が罹り二五パーセント以上の死亡率である四十人以上が死亡した。ごく最近になって、以前隔離されていたコミュニティが伝染病流行の中心地と突然接触させられた時にどのような結果となるかの良い例が発生した。第一次大戦初期に人口密度希薄な北スコットランド出身ハイランド師団がイングランド南東のベッドフォードに野営した。一九一四年十月から一九一五年三月までに師団は五百二十九人の麻疹患者と六十五人の死亡者を出した。一二・三パーセントの死亡率である。最も人里離れたハイランド村落出身の兵士たちがもっとも多く罹病し死亡率も高かった。

これまでに我々が述べた伝染病発生が歴史の流れを変える大きな役割を果たしたと言い張ることは出来ない。だが一八七五年に麻疹が南太平洋の島々の人口に齎らした悲劇を考えると話は違って来る。一八七二年に流行病の麻疹が南アフリカに発生し一八七三〜四年にモーリシャス島へ、そして一八七四年には南オーストラリアに拡がった。一八七四年十月十日、英国政府はフィジー諸島を併合した。一八七五年の初め、巡洋艦ディドーが島々を訪問した。少数の水兵隊が麻疹に罹り軽症の者たちは急性伝染病の時期に上陸を許可された。

三カ月少々過ぎる間に少なくとも五分の一、多分ほぼ四分の一のフィジー先住民が死亡した、フィジー諸島だけで合計四万人以上が死亡したのだ。フィジーに起こった恐慌は六世紀以前にヨーロッパを襲った黒死病の際に起こったパニックに類似していたに違いない。当時の作家ウィリアム・スクアイアは多くの先住民が恐怖のあまり死亡したり、高熱でほてった身体を長い間海中に漬けて苦痛を軽減しようとして死亡したと考えている。流行は全住民が罹った時に終ったとスクアイアは付け加えている。フィジー諸島から麻疹は南太平洋のすべての島々にうつり、同様に悲惨な結果を齎らした。麻疹は文明が持ち込んだ唯一の贈物ではなかった。結核と梅毒は多くの死者の原因となり、素晴らしい体格をもった島民を滅ぼすのに貢献した。何人死亡したかは誰も知るところではないが、南大西洋住民人口を一世紀前に十分の一にまで減少させたのだと広く信じられている。

(1) トゥールのグレゴリウス（五三八?〜九四） フランク王国の司教で歴史家。
(2) 日本では古くから赤布の赤色は、神聖な色で悪魔払いや治療に用いられた。赤絵という疱瘡除けの絵もあった。

(3) 赤布のことは丹波康頼の『医心方』(九八二)にのっている。これが J. D. Rolleston: *The History of the Acute Exanthemata*. Heineman 1937 (『急性発疹の歴史』)に引用されている。
(4) パヴィア　イタリア北部の都市。
(5) アズテク　メキシコの先住民。
(6) ナルヴァエズ　スペインの軍人、探検家、キューバ征服に活躍しメキシコでコルテスに敗れた。
(7) ノバ・イスパニア　北米の旧スペイン領地、メキシコ、中米西インド諸島、合衆国南西部の一部及びフィリピン諸島をも含めた。
(8) サミュエル・ピープス(一六三三〜一七〇三)　英国の有名な日記作家、海軍官吏。
(9) ジョン・エヴェリン(一六二〇〜一七〇六)　英国の著述家。
(10) ニューサウス・ウェールズ、ヴィクトリア・サウス・オーストラリア　オーストラリア南部、南東部諸州。
(11) ヴォルテール(一六九四〜一七七八)　フランスの作家、哲学者、啓蒙思想家。
(12) vaccination 種痘　vacca はラテン語で「牛」の意。
(13) イングランド・ウェールズ　大英帝国はイングランド、ウェールズ、スコットランド、北アイルランドを含む。アイルランド島南部を占めるアイルランド共和国は一九三七年に独立した。一八三五年代にはアイルランドは英領であった。
(14) この三人は牛痘と天然痘の両者をほぼ同時に接種されたことになる。
(15) 一九七九年、WHOはソマリア、エチオピア、ケニアの「アフリカの角」地域での天然痘根絶確認作業を終え、全世界痘瘡根絶計画の完成を宣言した。
(16) チョーサーとラングラント　ともに十四世紀の英国詩人、ジェフリー・チョーサーとウィリアム・ラングラント。
(17) 移動印刷機の発明　グーテンベルグの活版印刷の発明を指す。
(18) ファロー諸島　アイスランドとスコットランドの中間に存在するデンマーク領の島々。
(19) モーリシャス　マダガスカル島東方のインド洋にある火山島。

第六章　病気とアフリカ探検

人間ははるか地の果てまで進んだ時、恐るべき危険に遭遇しそれを克服した。小さな船による長い航海はスペイン人征服者たちを敵意に満ちた南米へ連れ運んで行った。大西洋岸から太平洋岸へと幌馬車で旅した開拓者たちは、獰猛なインディアンが駐屯する北アメリカの膨大で平坦な平原や高い山々にひるまなかった。地理学的障碍は克服出来るし獰猛な野獣は燧石銃の前では無力である。

しかし最も危険であったのは大きな野獣たちではなかった。ほぼ十九世紀の末頃まで、湯気立ち昇る湿地で繁殖する蚊や、アフリカの平原や森林に群がるツェツェ蠅のような微小動物が、打ち負かすことの出来ない敵であった。彼ら自体は危険ではないが、これらの動物に刺された時、さらに微小な生物であるマラリア原虫や、黄熱病の原因であるウイルス、眠り病の原因であるトリパノソーマが人体に注入された。その上熱帯性高温、湿気、不潔が細菌にとって理想的な条件を提供した。厳重な衛生管理がなかったから腸チフス、赤痢のような水系伝染病が体力を消耗させ何千人という白人入植者を死亡させた。ギリシャ人とローマ人によってアフリカ北沿岸は植民地化されたとは言え、このような病気の蔓延が十九世紀末までアフリカをほとんど未知の地域として残存させたのである。

蠅や水を介する病気が探検隊を消耗させ、そのため、内陸の探査は不可能となった。白人たちの健康は病気の原因と、いかにしてそれをコントロール出来るかが解った時にのみ維持された。アフリカでは沿岸地帯においてさえ白人は危険に晒された。アフリカ西海岸はあまりにも健康上危険であったので多くの医師たちはアフリカ内陸高地が白人にとってずっと快適な生活環境を提供するに違いないと信じるに至った。ジェームズ・リンドはその良い例である。実際的な探検の障害などは考えもよらなかった。沿岸地帯から内陸へ行くのに船が通過しなければならない酷熱の河口デルタ地帯には蚊が充満し黄熱病とマラリアだらけであった。赤痢と腸チフスも道端で待ち伏せていた。棘などで傷つくと化膿し、治癒せず衰弱やしばしば死の原因となった。トリパノソーマは眠り病として人間を犯したのみならず、ナガナ病として知られる、これが家畜をも襲った。たぶん、ナガナ病がアフリカ探検を左右する最も決定的な要因であった。デービット・リビングストン(1)はツェツェ蠅が「馬や家畜にとって致命的で、進歩の障害」であったと書いている。ナガナ病のため赤道下アフリカでは運搬用に馬を使用出来なかったからあらゆる横断旅行は徒歩でせねばならず、荷物は先住民の頭の上に乗せられて運搬された。

内陸に入り込む試みは無数にあった。アフリカ沿岸平地に初めて居住地を設けたポルトガル人はザンベジ川(2)の下流と中流を十六世紀と十七世紀に探検している。一五六九年に騎乗の一隊が金を求めて内陸の探検を試みた。後日すべての馬は死に人間たちは病気と敵意を持つ種族の攻撃で倒れたというニュースが届いた。一七八八年、ロンドンに内陸探検のためアフリカ協会が設立された。スコットランドの外科医マンゴ・パークは奉仕を申し出てニジェール川(3)の源を発見する目的で出発した。彼は失敗して帰国し、そして再び試みた。パークは一八〇五年四月二十八日にガンビアを出発した。パークと一緒に「アンダーソン氏、スコット氏、マーチン中尉の他三十四人の兵士たち、四人の大工、二人の水夫の合計四十四人のヨーロッパ人一行で雨季の最中、疾病と危険が充満する五百マイルにもわたる土地を通過して、ようやく彼は八月十九日バンバクにおいてニジェール川に到着した。この時になると赤痢と熱病は隊員の間を猖獗して回り、十一人しか生き残らず十月十一日までに四人を残して全員死亡してしまった。マーチン中尉以外の白人のうち誰が生き残り、十一月にボリッサで彼と運命を共にして死んだかは確かめられていない。」マンゴ・パーク自身激しい赤痢に罹った。彼は残存隊員と一緒に急流で溺死した。彼らの運命は五年間にわたり不明であった。

一八一六年にジェームズ・タッキー英海軍大佐はコンゴ川[4]の探検を試みた。彼は舟を早瀬に乗り入れ、数人の科学者を含めた上陸隊を上陸させた。上陸隊は「気候快適で寒暖計はめったに華氏七十六度（摂氏二十三度）を上回ったり六十度以下に下ることはなく、雨はほとんど降らず気候は乾燥している」ことを発見した。好適な条件にもかかわらず探検隊は「強烈な弛張熱と黒色嘔吐」に襲われた。陸上で十四人が死亡し、四人は舟へ戻ってから死んだ。すべては三カ月以内の出来事である。死亡者の中にはタッキー大佐と科学者たちが入っていた。この探検隊のヨーロッパ人死亡率は三七パーセントである。

一八三二年にA・マックレガー・レアード少佐は二杯の舟クオラ号とアルブルカ号でニジェール川河口デルタ地帯を通過した。一八三二年十月十八日までにベニュー支流に入った。十一月十二日までにはほぼ全員が発熱し十四日にはただ一人のヨーロッパ人だけが作業可能であった。クオラ号は一八三三年八月に海に帰って来たが二十九人のヨーロッパ人のうち僅か五人しか生存していなかった。アルブルカ号は十一月に十九人のヨーロッパ人のうち十五人を失ってニジェール川デルタへ帰って来た。

一八四一年H・D・トロッター大佐に率いられた大探検隊も同様に悲惨な運命に遭った。合計百四十五人の白人種のヨーロッパ人、二十五人の英国で徴募された有色人種、シエラ・レオネで徴募された百三十三人のアフリカ人が参加した。探検隊は三隻の鋼鉄蒸気船アルバート号、ウィルバーフォース号とロンドン号に分乗して八月二十六日に海岸から百マイルの地点に到着した。九月の初めに熱病が発生し

「全探検隊を半身不随にするまで止むことを知らなかった。」探検隊は強行軍を続けたが、病気が猖獗を極めたためウィルバーフォース号とロンドン号は両艦の病人とアルバート号の病人たちを乗せて沿岸へ送り帰された。アルバート号は単身上流へと進み続けたが、十月四日には退却を余儀なくされ十日後に沿岸に到着した。同号は九週の間川の上で過ごしたのだ。百四十五人のヨーロッパ人のうち百三十人が熱病に倒れ五十人が死亡した。二十五人の英国系有色人種たちのうち十一人は熱病に罹ったが全員恢復した。シエラ・レオネで徴募された百三十三人のアフリカ人は、誰も発病しなかった。

このような探検隊たちの運命がいかにしてアフリカ内部が長い間未知の地域であったかを明らかに物語っている。前例以外の多くの探検隊も同様に悲惨な運命に遭っているのである。ヨーロッパ人とアフリカ人の罹病率の違いが学者たちを当惑させた。原住民の免疫を説明する多くの理論が提出された。たぶん神様はアフリカ人が平和に暮すようにわざとこのように手配したのだとか、たぶん黒人種はヨーロッパ流の贅沢な生活を知らないので熱病を避け得たとか、たぶん彼らは秀れた発汗能力がありヨーロッパ人の身体を汚す「悪臭がする不快な体臭」を振り捨てることが出来るとかいうような荒唐無稽の理論である。しかしほとんどの医学界の権威者はアフリカ人が白人と違う体質を持っているという意見であった。彼らは科学的または少なくとも医学的な人種差別主義の根拠を提供したのである。医学界は、白人がアフリカの風土では病気に罹ることなしに筋肉労働を行うことは出来ないと考えていた。その理由で白人の仕事は指示を与え監督することであり、黒人種だけが重労働することが出来たのだ。このような煮えきらない誤った医学的意見のために多くの人が死亡し、有望な政策が見捨てられる結果となった。

マラリアはたぶんアフリカの病気中で最も一般的な危険な病気であった。マラリアは数種類存在するプラスモジウム（マラリア原虫）によって起こる。三日熱原虫（*Plasmodium malariae* あるいは *P. vivax*）はヨーロッパとアメリカで通俗な型であり、熱帯性マラリア原虫（*P. falciparum*）はアフリカで一般的である。三日熱型に罹って免疫を持つヨーロッパ人も熱帯性マラリアに対する感受性がある。寄生虫は複雑な一生を過ごし、人間の血流の中で「無性」的増殖をし、蚊の体の中で「有性」ライフサイクルを完成する。ごく簡単にいうと雌アノフェレス蚊に刺されることによってマラリア原虫は人体に注入され、数々の過程を経て赤血球に入り込み、ヘモグロビンを貪食して生き、赤血球の外膜を破り裂く。そうすることによりヘモグロビン消化によって造られた有毒物を放出する。毒素は悪寒期、灼熱期、発汗期という典型的マラリア発作の原因となる。マラリアの症候は、蚊に刺されてから二週間で起こるが、人体に注入された原虫の数によって多少変る。潜伏期は、原虫が人体の健康をそこなうに充分な数に分裂するまで（一立方センチの血液中に数百匹）の時間である。マラリア原虫が赤血球に潜入し、増加して充満し、六匹から十二匹の新原虫に分裂し、細胞膜を破り、毒素を血液中に放出するのに七十二時間かかる。蚊の一刺しで人間に注入される原虫は同じ発育段階にあり、発育時間表をかなり厳密に守るのでマラリア発作は規則正しい間隔を以って発生する。そのため、七十二時間ごとに起こる発作の三日熱（三日瘧）という昔からの用語があり三日ごとに発作がある。「四日熱」は長い発育サイクルの別のプラスモジュウム（*Plasmodium falciparum*）によって起こる、主なアフリカ型は悪性マラリアまたは亜三日熱として知られ非常に危険な病気であり急速に死亡することがある。もし最初の発作中死亡せず患者が定期的に再感染する場合、後の発作は悪寒と微熱が発現する程度である。四日熱や三日熱が治療されない場合、マラリアが直接死の原因となることは稀である。慢性感染症のため次第に病弱状態となり、他の病気に罹り易くなり、病気に対する抵抗力が弱くなる。病弱状態の主な原因は、マラリア原虫が赤血球内に含まれているヘモグロビンを破壊することに由来する慢性貧血である。ヘモグロビンは鉄を含む色素で酸素を身体の隅々まで運搬するのに不可欠な要素である。もしマラリアが大きな規模でコミュニティを襲った場合、流行はその集団の活動力減退につながるのである。

我々はこの集団的影響を極めて古い時代にまで跡をたどることが出来る。紀元前五世紀中にはマラリアはアテネ近郊においてはごく普通の病気であった。ローマでは四世紀以上に亘って国力は着実に減退し、マラリアは繰り返し流行した。マラリアが他の病気に罹り易い素因、出生率減少、肉体的精神的倦怠感と、それに続く道徳退廃を伴う全国的規模の病弱状態に悩まされる貧血した無気力なコミュニティを造ったのはありそうなことである。マラリア寄生虫は大規模にギリシャを冒し続け、ある地区ではごく最近まで住民の一〇〇パーセントの人が感染した。イタリアでも同様でポンティノ沼沢地(5)は特に悪名が高かった。十九世紀にこの地域を旅行した旅人たちは、そこに住む人々の健康状態の衰え、みじめな生涯と悲惨な農業について言及している。

マラリアは十七世紀中ヨーロッパにおいて広汎にひろがり、ごく少数の国々しか、(もしそのような国が存在したとしても)逃れることが出来なかった。英国の沼沢地域フェンランドに生まれたオリバー・クロムウェル(6)は一生マラリアに悩まされ一六五八年九月三日に三日熱で死亡している。死体解剖では、彼の脾臓は「病気の塊で油粕のような物質が一杯つまっていた」。これはごく一般的なマラリア患者の末路である。脾臓は肥大し軽い外傷で破裂するか、脾臓組織中に自然出血する。前者の場合手術が行われなければ患者は失血死する。後者の場合には血塊が感染し、膿瘍を形成し毒血症によって死ぬかも知れない。マラリアは一八四〇年までは英国では比較的通俗的な病気であったが、それ以後は急速に減少し、一八六〇年までには、ケント州北部沿岸のシェピー島以外では稀になった。私は私の病院の古いカルテを調査中一八七四年にマラリアに罹った患者の記録を発見した。この患者は外国へは一度も旅行していないのだ。患者はテームズ川と隣接する水びたしのロンドン市南十マイルのプラムステッド沼沢地に住んでいた。この事実はマラリアの存在しない他の国々に見られるように、英国で未だアノフェレス蚊が発見されるのを思い出させる。姿を消したのは病気を運ぶ能力があるマラリア原虫であって蚊ではないのである。

十七世紀まではマラリアは他の熱病と同様に治療された。事実多くの医師たちは「間欠熱」と「持続熱」の二つの熱だけを認めていた。この分類法はアフリカで流行している熱病に適用された時災害の因となった。下剤、絶食、瀉血が容認された治療法であったから、マラリアに原因する貧血に悩む多くの不幸な人々の死を早めたに相違ない。

十七世紀の初めに或る樹の皮がペルーからスペインへ送られ、マラリア治療に有効であることが判明した。長い間、樹皮チンチョナはペルー総督チンチョン伯爵夫人の名にあやかって命名されたと考えられていた。チンチョン伯爵夫人はこの先住民の治療法で頑固な熱病から治った人で、感謝の捧げ物として大量の樹皮を無料でリマの市民たちに配り、樹皮の荷をスペインへ持ち帰ったと考えられていた。本当の話はそれほどロマンチックではない。ペルーのインディアンはペルーの芳香性樹脂を産出するミロキシリオンという木にキナキナ（樹皮の樹皮）という名を付けた。ペルー樹脂はヨーロッパで非常に人気のある薬品となり、供給が払底し、類似した樹皮の混ぜ物が一般的となった。混ぜ物用にチンチョナの樹皮がしばしば使用された。遂に自慢の種のミロキシリオンではなくチンチョナがマラリア治療に好結果を齎すことが発見されるまで長年に亘って二種の木の樹皮が無差別に処方された。一八二〇年に二人のフランス人科学者ピエール・ペレティエとジョセフ・カヴァントゥがキニーネという活性アルカロイドをチンチョナ樹皮から抽出した。キニーネはマラリア原虫にとって致命的であり、マラリア治療に使用出来、もし血中レベルを保つべく定期的に摂取した場合、マラリア予防にかなり効果がある。

　キニーネは典型的な経験的治療法の一例である。病気の原因も、また薬がどうして効くのか誰も知らなかったが、とにかく効果があったのだ。残念なことにはキニーネを大量摂取した場合非常に不愉快な副作用があった。嘔吐、頭痛、発疹、視力障害と聴力障害等々であり聴力障害は顕著であった。キニーネを摂取する人はしばしば激しい耳鳴りと、ひどい難聴に悩まされた。改良された最近の薬はキニーネ誘導体のクロロキンである。第二次大戦直前、まったく新しい薬であるメパクリン・ハイドロクロライド（アテブリン）が売り出された。アテブリンはマラリア予防のための予防薬として、また発病したマラリアの症状を抑制する薬剤として使用出来た。ビルマ（現ミャンマー）とニューギニア作戦中にアテブリンは大成功を収め、黒水病[7]という致死型のマラリアを事実上根絶させた。だがこの薬にも不愉快な副作用があった。全身の皮膚が黄色になるのみならず嘔吐の原因ともなり、時には患者の脳を刺激して興奮状態を起こした。さらに最近になってアメリカ兵士たちはベトナムでピリメサミンとサルフォルメトキシンの一回投与で治療を受け非常に効果的であることが証明された。アメリカでの最近のマラリア発生は、ベトナム滞在中の予防法を無視した兵士たちに源をたどることが出来、他の国々の中では英国でいくつかの症例が散発的に発生したがその原因はマラリア流行地への二、三日の滞在をする旅行者が予防策を取ることを不必要と考えたからである。アノフェレス蚊は未だ生き残っておりマラリア原虫によって感染され得るのである。

　長い年月の間、マラリア、特に悪性アフリカ型マラリアは黄熱病と混同された。黄熱病はしばしば

Yellow Jackとして知られていた。[8] 検疫されている船は黄色船首旗（Yellow Jack）として知られる黄色の旗を掲げ、黄熱病がごく普通の検疫の対象であった。

黄熱病は別種の蚊ステゴミア（旧名）またはアエデス（現学名）という藪蚊の刺螫によって注入されるウイルスによって起こる。黄熱病はマラリアよりずっと急性な病気であり、注意すべき危険な症状は高熱、黄疸、嘔吐、処置不可能な下痢、無尿や強度の消耗等々である。一回の罹病は患者に終身免疫を与える。そのため黄熱病が地方病として存在するところではかなりの集団免疫が発達し、麻疹の例に見られるように母親からの免疫が子供に譲り渡される。このため黄熱病は原住民たちの間で、以前に黄熱病を経験したことのないコミュニティに導入された時よりもずっと軽症の病気となる。このような理由で黄熱病は十八世紀と十九世紀にアフリカとアメリカを往復した水夫たちによって恐れられたのである。船内で一例が発生した場合、いともたやすく全乗組員を死亡させたのである。

黄熱病の自然生息地がどこであるかは明瞭でない。たぶん十六世紀初めにアフリカからアメリカと西インド諸島へ船で運ばれたのであろう。疫学者の或る者はその逆だと考えている。つまり黄熱病は中央アメリカで発生しアフリカへ導入されたというのだ。この疫学者たちは充分に実証されている流行勃発が一六四七～八年にバルバドス、セント・クリストファー、グァダルーぺ、ハバナとユカタン半島で発生した事実を彼らの説の根拠としている。アフリカでの最初の流行は一七七八年にジョン・ピーター・ショッテによって、サン・ルイ・ド・セネガル[9]において記述されたと長い間考えられていた。ずっと最近になってジャマイカ島キングストンの外科医ジョン・ウィリアムスが西インド諸島での流行勃発を記述していたことが判明した。彼は次のように記している。

私はこの熱病をいわゆる地方病だと言っているのを理解出来ない。私は同じ病気をアフリカ沿岸で見ているし、ベニン川[10]では、カルタヘナ遠征の際にここで経験した病気よりずっと急性の胆汁異常熱または黄熱病が存在したのを熟知している。この熱病に冒された人は二十四時間以内に死亡している。

ジョン・ウィリアムスはギニアとの貿易船（Guineaman）の船医であった。この貿易船とはギニアと西インド諸島間を往復する奴隷船のことである。アフリカでの彼の経験の日付は不明であるが、カルタヘナ遠征は一七四〇～四一年に行われた。

ウィリアムスの物語の内で最も興味のある点は彼が黄熱病とマラリアを区別しようと試みたことである。ウィリアムスは両者の相違を理解した最初の医師かも知れない。彼の知識の根拠はアフリカと西インド諸島両方での彼自身の経験である。西部アフリカに見られる非常に流行した重症型のマラリアはしばしば致死的な黒水病となり、そのためアフリカ沿岸での真性黄熱病の存在をたぶん目立たないものにしたのであろう。ジャマイカは黄熱病に誇りを持っていたように思えるので、ウィリアムスの見解はジャマイカで大きな反論を引き起こした。ウィリアムスの主な反対者であるパーカー・ベネット医師との間の決闘にまで発展し、その結果両人とも死亡した。

黄熱病がアフリカに始まろうが、アメリカから始まろうが、十七、十八、十九世紀には世界中至るところでごくありふれた病気となった。特にひどい流行がアメリカ東海岸で発生し、ノバ・スコシヤのハリファックスに至る北方まで拡がり、一八六一年にそこで黄熱病の大流行が発生した。ニューヨークは一六九〇年に襲われ、百年後の一七九三年にはフィラデルフィアが蹂躙され、その時の恐ろしさは黒死病流行時の恐怖に匹敵したに相違ない。少なくとも十分の一の人口が四月から九月までの間に死亡した。人々の士気は阻喪した。ハワード・W・ハガード（Howard W. Haggard）の著書『悪魔、薬品、医師』（*Devils, Drugs and Doctors*, 1929 Harper）を引用すると

事態はこのような嘆かわしい段階にあり、人々は絶望のどん底に喘いでいる一方、一番緊密な肉親関係という社会の絆の完全崩壊を意味すると思われる目を蔽うような恐ろしい光景を見て驚くことも出来ないのだ。二十年も連れ添った、死にかかっている妻を遺棄する夫、無情にも臨終の夫を放棄する妻、独り子を情容赦なく見捨てる親、親の健康と安否を尋ねもせず恩知らずにも両親の運命を風任せにして逃げ出す子供たちを誰が戦慄しないで非難出来るだろうか。

この暗黒物語の中で、往々アメリカ外科学の父と呼ばれるフィリップ・シン・フィズィックの行動は一筋の光明を与える。フィズィックはアメリカを出てロンドンへ行き、偉大な外科医ジョン・ハンターの元で研鑽した。ハンターは助手として残るよう勧めたがフィズィックは帰国することを希望した。僅か二十五歳の彼がフィラデルフィアに住んで開業した時に流行が勃発した。フィズィックは自分自身も罹病するまで献身的に患者を看護した。彼は病気からは恢復したが以前の体力を取り戻すことは出来なかった。後日フィズィックはペンシルバニア病院外科医とペンシルバニア大学教授[12]に任命された。

マラリアと黄熱病の克服は極めて重要である。両者に関して知られていることは昆虫媒介による伝播という認識が根底にあるので二つを一緒にして考えてもよいだろう。一八七七年当時、香港にいたサー・パトリック・マンソンは象皮病の病因の一つであるフィラリア（糸状虫）と呼ばれる微小寄生虫

の幼虫が夜間、イエ蚊（Culex mosquito）により人血から吸い出され、蚊の体内で発育し、イエ蚊が再び人間を刺螫した時媒介されることを証明した。誰もマンソンの理論を信じなかったが一八八一年にキューバのカルロス・フィンレー医師は確証を挙げずに黄熱病は蚊に刺螫されることにより伝播されるという説を提出した。一方アルジェリア駐屯のフランス軍軍医アルフォンス・ラヴランが一八〇〇年に顕微鏡検査によってマラリア患者の赤血球の中にマラリア原虫を発見した。赤血球内のマラリア原虫はイタリア人カミロ・ゴルジによっても観察されたが、彼は三日熱と四日熱の寄生虫の間に相違があるのにも注目した。

一八九四年には、ロンドンで研究していたマンソンはインド陸軍から休暇で帰っていた若い外科医ロナルド・ロスと会い、ラヴランの血液標本にいるマラリア原虫を見せた。マンソンは、丁度フィラリア虫の卵がイエ蚊の体内で孵るようにマラリア原虫が「血を吸って生きる昆虫」の中で発育すると信じているとロスに話した。ロスは長い研究の末、とうとう一八九七年八月二十日にマラリア原虫をアノフェレス蚊（またはハマダラ蚊）の胃の中に発見した。彼の発見はローマの・ジョバンニ・グラシによって確認され、グラシは雌のアノフェレス蚊だけがマラリアを伝播出来る種類であることを証明した。マラリア原虫の生活環は徐々に解明された。一九〇〇年に感染している蚊がイタリアからロンドンへ送られ、ロスの息子にわざと刺螫させ、息子はマラリアを発病した。コントロール用の実験も同様に成功であった。ロスの助手三人はマラリア流行で悪名高いローマのカンパニアに数カ月間特別に防蚊設備をした小屋の中で生活したが三人共マラリアに罹らなかった。

このような研究結果は黄熱病に関するカルロス・フィンレーの説を復活させた。ウォルター・リードは偉大なボルチモアの細菌学者であったウィリアム・ウェルチの下で研究した米国陸軍軍医であった。

一九〇〇年にリードはボルチモアからジェームズ・キャロルとジェシー・ラゼアという二人の助手を連れ黄熱病委員会を組織するためハバナでカルロス・フィンレーと合流した。ラゼアとキャロルの両人は故意に自身たちをアエデス藪蚊に刺させた。両名共黄熱病に罹りキャロルは恢復したがラゼアは二、三日のうちに死亡した。ウォルター・リードは研究を続行し、蚊と黄熱病の関連を証明し、黄熱病コントロールの方法を提案することが出来、一年以内に黄熱病をハバナから事実上一掃した。リードは一九〇二年に死亡し、ハバナの仕事はウィリアム・クロフォード・ゴーガスによって継承された。ゴーガス自身もテキサスで軍医になりたての頃黄熱病に罹ったのである。パナマ運河建設中マラリアと黄熱病に対する劇的な戦いを指揮したのはゴーガス大佐であった。

その昔大西洋から太平洋への長旅は南米大陸先端のホーン岬を回る危険で有名な通路を経ることによってのみ可能であった。一八七九年、フェルナン・ド・レセップスは既に建設されている鉄道に沿ってパナマ地峡を横断する運河採掘の可能性を調査し始めた。ド・レセップスは計画が約八年で完成できると見積もったが、膨大な障害に遭遇し、一八八九年五月に計画は失敗に終った。当分の間パナマ・ルートは完全に放棄され、ニカラグアを通る長い運河計画が提案された。アメリカ合衆国は一九〇四年にパナマ・ルートの運河建設に積極的興味を示し、一九〇七年に運河採掘を再開した。七年後、アメリカ人は二つの深い大洋を結ぶ五十マイルの長さの運河を完成し、最初の船である軍艦アンコン号が一九一四年八月十五日に通過した。

一九〇四年から一九〇七年の三年間はパナマ運河の歴史上危急存亡の時期であった。ド・レセップスが遭遇した困難の一つは財政上のものであったが、作業員の罹病率と死亡率が一番重大な問題であったことが判明した。運河を通させねばならぬ湖や、排水されない沼地には蚊が充満していた。そしてマラリアと黄熱病は猛威をふるった。パナマ鉄道の枕木一本ごとに一人の労務者が死亡したと言われている。ド・レセップスの失敗した運河計画の労務者死亡率は千人に対し百七十六人にのぼった。一九〇四年にアメリカが運河採掘を再開すると決定した時ウィリアム・ゴーガスが健康管理の責任者に任命された。ハバナでウォルター・リードにより主唱された一つの予防法は、全黄熱病患者を蚊帳を張り巡らした防蚊部屋に隔離することであった。これとアエデス藪蚊に対する作戦があいまって、ハバナではうまくいった。ゴーガスは同様なプログラムを提案したが、黄熱病の原因は不潔ではなく蚊がマラリアと黄熱病を伝播させるということを当局に納得させるのは容易なことではなかった。

当局との激しい遣り取りの末、彼は政府機関である運河委員会にハバナ方針で行くことを納得させた。大規模な衛生隊が編成され、二年間に亘って強力な対蚊殲滅作戦が実施された。労務者と当局関係者には繊細な銅網製蚊帳で保護された特別な建物が設置された。停滞した水は排水され、水貯りは見付け次第に埋められた。つまった排水路に除草剤を散布すると好い結果が得られた。排水をスムースにしたばかりか成熟した蚊の休息所も破壊したのだ。排水が不可能な時には蚊の幼虫を殺すため定期的にケロシンが水貯りに散布された。運河採掘が軌道に乗った一九〇七年までには黄熱病は既に撃退され、マラリア発生率も激減した。黄熱病による最後の死亡症例は一九〇六年に発生した。運河が完成した一九一四年までにはパナマ運河地帯のすべての原因による死亡率は、一八八〇年代の千人当たり百七十六人から僅か六人にまで減少した。これは一切の病因を含む全アメリカ合衆国平均死亡率の千人当たり十四人と、ロンドンの十五人に匹敵する。努力の結果、この素晴らしい勝利を獲得したゴーガス大佐は第一次大戦では、米国陸軍軍医部を組織した。

アフリカの恐ろしいトリパノソーマ症または眠り病は、鞭毛を持つ原虫類の一属に属する鞭毛虫として知られている微小寄生虫が引き起こす。トリパノソーマはアフリカの異なった場所に拡がっているツェツェ蝿属の一種によって持ち運ばれる。場所が変るとツェツェ蝿の活動もちがう。トリパノソーマ症にはアフリカ型と南米型の二つの異なった型がある。後者は時にシャガス病（ブラジル型トリパノソーマ症）と呼ばれる。最初に記述したカルロス・J・R・シャガスにあやかって命名されたこの病気はクルージー＝トリパノソーマによって起こり、虱の一種によって運ばれ、ブラジルとヴェネズエラだけに見られる。

アフリカ型トリパノソーマ症は北緯十二度と南緯二十五度の間に広汎に発生している。これは北西沿岸とガンビア川と南東沿岸のリンポポ川の間にざっと存在する地域である。そのためこの地域は大中央高原地帯と赤道付近アフリカ全域を含む。二つの型が人間を犯す。西部と中央アフリカに広汎に分布するガンビア＝トリパノソーマと、東部と中央地帯に発生するローデシア＝トリパノソーマである。二つの型は生息地の異なる別々の種類のツェツェ蝿によって運ばれる。ガンビア型を運ぶツェツェ蝿は日陰の高湿度の場所に生息するので、草木の繁る湿気の多い川底にだけ見られる。ローデシア型の運搬者は広々とした藪地帯に生息する。この二つの異なった生息地は中央アフリカのごく限られた場所しかトリパノソーマから逃げられないことを意味する。ガンビア型は湿った森林地帯、ローデシア型は乾燥した大平原の病気である。

ツェツェ蝿の刺螫は激痛を伴う。刺された場所は普通の馬蝿による刺螫のように腫脹した後消失する。もしツェツェ蝿がトリパノソーマに感染していた場合、刺された箇所は約十日後に再び疼痛と腫脹を起こす。この腫脹は梅毒下疳から類推してトリパノソーマ下疳と呼ばれる。全身を冒す過程が始まる二、三週目にトリパノソーマは患者の血流に侵入する。臨床症状はトリパノソーマの型次第で異なる。

ガンビア型はずっと慢性である。不規則な微熱発作があり、リンパ節特に後頸部リンパ節が腫れ特殊なゴム状の弾力のある触感を呈する。熱の発作は長くなり、時には一週間もの間継続する。肝臓と脾臓も腫脹する。数カ月経つと中枢神経系統が冒される。患者は激しい頭痛を訴え、態度に変化を来す。無気力と、時には肉体的暴力を伴う無意味な激怒が交互する。患者は夜間の不眠症を訴えるが、日中は眠たがるという正常睡眠リズムの転倒がある。患者は震顫と四肢の麻痺を起こし、食欲はなくなり、骸骨が皮膚を被ったようになるまで消耗し切る。患者は徐々に昏睡状態に陥り、昏睡状態は深まりそして死亡する。ローデシア型はさらに急性の疾患の様子を呈するのが普通である。熱はずっと高く持続する。患者は感染してから僅か一～二週間の内に重体に陥り、しばしば心臓に対する直接の影響により急死する。もし病気の経過が急速でない場合には丁度ガンビア型末期のような症状を呈する。つまり手足の震顫と、増大する嗜眠性とそれに続く昏睡である。

眠り病は疑いなくアフリカに源を発する病気であるが最初の正確な記述は一八〇三年にアフリカからの輸入奴隷の中の病気を観察したキューバ在英国人医師トーマス・マスターマン・ウィンターボトムによる。(13) ウィンターボトムは後にシエラ・レオネで働いた。偉大な宣教師にして探検家のデービット・リヴィングストンは一八五七年にツェツェ蠅を記述し、馬や牛がツェツェ蠅に刺されて死亡したと述べている。馬の病気はナガナ病または、〝雄馬病〟として知られていた。リヴィングストンは感染した動物を砒素で治療している。ナガナ病の原因は不明であったので彼の治療法は経験的なものであったのに相違ない。しかし砒素剤が眠り病に対する最初の有望な薬品として使用されたのである。

新しい貿易ルートが開発され、それまでほとんど静止状態であった赤道地帯への動きが増加すると、眠り病発生率はかなり上昇し、流行は十九世紀末には頻繁になった。ナガナ病も同時に広まった。一八九四年に陸軍軍医将校のサー・デービット・ブルースはナガナ病の問題を調査するためナタール[14]へ到着した。彼は妻を同行し、彼女は夫の仕事を積極的に援助した。ブルースは彼のところへ連れて来られたすべての感染した馬と家畜の血液を検査しブルース・トリパノソーマとして知られるようになった寄生虫を発見した。ブルースは寄生虫がツェツェ蠅刺螫によって動物に伝達されることを証明し、一八五七年のリヴィングストンの観察を確認し病気を詳細に記述したのである。

一九〇一年にガンビア在の医師ジョン・エベリット・ダットンは眠り病に罹っている患者の血液中にトリパノソーマを発見した。これがガンビア型トリパノソーマである。ダットンの研究は翌年彼が、コンゴ川で別の昆虫によって媒介される回帰熱[15]を調査中死亡したので時期尚早にして頓挫した。

一九〇三年にウガンダ[16]で人眠り病の大流行が発生した。デービット・ブルースは調査のため彼の妻とイタリア人の熱帯病権威アルド・カステラーニを含むチームを連れてウガンダへ出掛けて行った。カステラーニは特に震顫と麻痺、交互に起こる暴力行為と嗜眠状態という神経状態に興味を持った。彼は脳と脊髄を包む二枚の膜の間に含まれる脳脊髄液を検査し、微小な寄生虫を発見した。この報告を受けたブルースは眠り病患者の血液に注目し、類似した寄生虫を発見した。両者とも彼がナガナ病に罹っている家畜の血液中に発見したものとまったく同一のトリパノソーマであった。謎がすべて解けたのだ。ブルースは議論の余地を残さず、動物のナガナ病と人間の眠り病はトリパノソーマに由来し、そのトリパノソーマはツェツェ蠅によって伝播させられることを証明した。伝播は感染した人間と家畜の移動を制限しツェツェ蠅を殲滅することによってコントロール出来たのである。

残念ながらコントロールはそう簡単にはいかなかった。ガンビア型の病源媒介蠅は湿地の多い陰地にはびこるのでガンビア型のコントロールは比較的簡単である。蒸し暑い川底の草木を除去して繁殖地を破壊し、蝿を消滅させるのだ。だがローデシア型は乾燥した藪で蔽われた大平原の蝿によって運ばれる。ついでに言えば蝿は家畜に群がり、食肉と牛乳生産を削減させるので、ガーナのクワシオルコル（低蛋白栄養失調症）という発育盛りの子供たちを冒す恐るべき致死病の原因となる。クワシオルコルは栄養度の高い蛋白質欠乏に由来し、栄養不良の国々では未だに問題となっている。家畜の移動を制限したり、広汎な地域の藪を取り除いて多少のコントロールを得ることができる。この方法は一部アフリカ牧夫たちの民俗知識に起源を求めることが出来る。蝿は日中だけ活動するので牧夫たちは家畜をある牧草地から藪地域（蝿地帯）を通過して別の牧草地へ夜間に安全に家畜を移動させることを発見したのである。もう一つの感染源は野生の獣にあり、これらの動物の移動は完全にコントロールすることは出来ない。野獣は病原体保有生物として病気を拡げるが彼ら自身は発病していないのである。猟獣の大保留地を奨励した方が、飼育家畜より充分な蛋白質の提供をするのではないかと提案されている。

一九二〇年代初期まで、ガンビア型でもローデシア型でも治療は事実上無効であった。アトキシルという薬と大量の酒石催吐剤の静脈注射がしばしば処方された。蝿がはびこる地域を訪問するヨーロッパ人旅行者は顔、頸にガーゼの幕をかぶり、手袋をはめ、長ズボンをはいた上、長靴の中にズボンの下を押し込むよう勧告されているが、暑くて、べとつく気候では不愉快な服装である。一九二二年頃ドイツの会社バイエルは砒素化合物のトリパルサマイドという有効な薬を売り出した。ずっと最近になって複雑な有機尿素化合物スラミンや砒素製品メラソプロポルとトリメラルセンが有効であることが証明された。別の薬のペンタミディンが予防用に使用されている。ペンタミディン一回の注射はガンビア型に対し六カ月間有効である。このような手段は徹底的なツェツェ蝿殲滅作戦とともに、人眠り病をコントロールした。

昆虫によって伝播される病気から水によって伝播される三つの病気に注意を向けて見ることにする。腸チフス、赤痢とコレラはアフリカの病気ではないが我々の物語と深い関係がある。腸チフス、パラチフス、食中毒という腸グループは細菌によって起こり、赤痢は細菌あるいは原始的単細胞生体のアメーバによって起こる。腸チフス、パラチフスと赤痢は、各々別々なパターンの病気を起こすけれども、主として汚染された水によって起こるという事実に関心が持たれるので一緒のものと考えることが出来る。流行は汚染した牛乳、バター、アイスクリームのような他の源にも原因をもとめられるが、水がごく最近までたびたび原因にされた。

汚染された水が原因なので腸グループ疾患は古代から存在したに違いない。最初の流行はコミュニティに飲料水を供給する水源地で、最初の感染した人が排便し身体を洗った時に発生したに違いない。両者共〝持続熱〟と呼ばれたので十九世紀の終りまで腸チフス、パラチフスをずっと致命的な発疹チフスから区別することは不可能であった。赤痢は疼痛を伴う下痢と下血の特徴があったためずっと簡単に診断された。詳しい症状はエバース＝パピルスとヒポクラテスの著作の中で記述されている。我々は既にサムエル記上に記載されているペレシテ人を襲った病気が一般的に受け入れられている腺ペストよりむしろ赤痢であったかも知れないことを指摘した。現在、熱帯諸国において最も一般的な水系伝染病は過去どこにおいても人が共通の水供給源を予防衛生策なしに共有した時に見られ、しかもそれは決して古い昔の話ではなかった。このような状況下では人口密度の高い時危険率はずっと大きかった。そのため十九世紀初期の産業都市で腸チフスの恐ろしい流行が見られたし、たぶんそのため六十年前までの乳幼児死亡率の主因の一つであった「夏期下痢」が発生したのである。

腸チフスと赤痢は従軍中の軍隊の中でごく普通にみられたため従軍病と呼ばれたほどである。ごく最近まで、軍隊は汚染した水を飲むことにより伝染病に罹り易く、疾病による死亡者数の方が戦死戦傷死亡者数より必ずと言ってよいくらい多かった。病気は誰れ彼と区別しないで襲ったのだ。自ら率先して軍を指揮した英国国王たちの運命をみると、水系伝染病がいかに流行したかを知ることが出来る。ウィリアム一世（一〇六八～八七）は腸チフス晩期の結末である大腸の潰瘍性穿孔で死亡した。イングランド王ジョン（一一九九～一二一六）[18]の最期は「桃と新しい林檎酒の暴食暴飲」が原因とロマンチックに言われているが、たぶん同じ原因で死亡したのであろう。「桃と林檎酒」自体は死因となることはほとんどないが、弱っている腸壁を破裂させるに充分な激しい下痢を起こさせることが出来る。エドワード一世[19]（一二七二～一三〇七）は赤痢で死亡した。アジャンクールの英雄ヘンリー五世[20]（一四一三～二二）もそうである。エドワード三世[21]（一三二七～七七）の息子エドワード〝黒皇太子〟もたぶん赤痢と思われる腸疾患で倒れ、彼の早死が歴史の流れに影響を与えたかも知れない。彼の虚弱な若い息子のリチャード二世（一三七七～九九）が、黒死病流行後に起こった土地と労働力の危機がつのった時期、すなわち、英国社会発展途上最も困難な時期の一つであった時に王位を継承したからである。ずっと最近になってヴィクトリア女王（一八三七～一九〇一）の夫君であったアルバートは一八六一年に腸チフスで死亡した。彼の息子であり後のエドワード七世（一九〇一～一〇）は十年後同じ病気でほとんど命を落とすところであった。

クレシーの戦い[22]での英軍は赤痢患者だらけのため、フランス兵は「ズボンをはかない連中」または「お臀丸出し軍」と呼んだほどである。信頼出来る統計は十九世紀における戦争での、この病気による惨澹たる事実を提供している。アメリカ南北戦争（一八六一〜五）中約百万人の兵士たちが交戦した。北軍においては九万三千四百四十三人が戦死または戦傷死したが、そのほぼ倍に当たる十八万六千二百十六人が病気により死亡している。この数字は原因不明のまま死亡した二万四千百八十四人を含んでいない。病死した全兵士のうち八万千三百六十人は腸チフスと赤痢により死亡している。南軍または南部連邦軍[23]の正確な数字は入手出来ないが腸チフスで死亡した兵士の数が北軍より多かったのは確実であったと思われる。

一八九九〜一九〇一年のボーア戦争[24]の時は腸チフスと赤痢の病原菌が既に発見されており、予防注射をも含めた予防処置が利用出来たので医学的にみて非常に興味深いのである。その頃までには腸チフスが水系伝染病であり、水を濾過したり沸騰させると安全になるのがわかっていた。だが英軍兵士たちは飲料水や衛生規律を快く受け入れなかった。ベルケフェルトやパストゥール濾過器はすぐに詰まって、水を素早く濾過しなかったし、南アフリカの暑い気候では沸騰した水はすぐ冷却しなかった。戦争初期モダー川沿岸のブロムホンテンへの急行軍中、部隊の中にチフスが発生した。上流にある村ではチフスが流行しているのが知られていたにもかかわらず、兵隊たちが直接川の水を飲むことを制止出来なかった。総計約四十万人の兵士たちが南アフリカへ送られ、野戦軍は常時二十万人くらいの兵士で編成されていた。一九〇〇年二月から一九〇一年末までに六千四百二十五人が戦死または戦傷死し、一万一千三百二十七人が病死した。部隊のチフス患者の総数は四万二千七百四十一人に上った。

一九〇四〜五年の日露戦争は戦死戦傷者数が病死者の数を上回った最初の戦争である。ロシアは総兵力七十万九千五百八十七人中病死した兵士数は七千九百六十人であったと主張している。この数字はたぶん低い見積もりであろう。しかし外国人観戦者はロシア軍の健康基準は素晴しかったという点で同意している。ロシア軍は戦死者数を公表しなかったが日本軍よりかなり低かったと考えられている。日本軍は五万八千三百五十七人を戦闘で失い、二万一千八百二人が病死している。このうち五千八百七十七人がチフスと赤痢で倒れたのである。腸チフスは中国東北部で南アフリカと同様なくらい流行していた。ロシア軍と日本軍両者の衛生管理の大成功は厳格な規律に依存していた。部隊は沸騰されてない水を飲むことを禁じられ、茶を入れるための熱湯が常に供給されるよう手配され、出来得る限り、村落に宿泊することを避けたのである。

赤痢とチフスから最後に（真性）アジアコレラという一番重要な水系伝染病について述べる。ここにまた一つのミステリーがある。どうしてコレラは少なくとも二千年の間インドだけに局限し、そして突然汎世界流行へと爆発的に発生したのであろうか。この質問には誰も答えられない。ある人々はこの話は本当でなく、コレラは議論の対象となった病気の一つで、大昔から方々の国々を襲ったと主張している。そういう証拠はないが、もしそうだとするとコレラは不思議にもルネサンス頃ヨーロッパから姿を消し、一八二六年まで出現しなかったということになる。

最初の確認出来るコレラは紀元前四〇〇年頃ヒンズー人医師の文書の中に言及されている。ほぼ二千年後の一四九八年にバスコ・ダ・ガマ[25]に率いられた探検隊は、確たる証拠はないが、コレラと思われる悪疫の流行に襲われた。東インド会社の英国駐屯軍は十八世紀の末までにコレラによって何千人という死亡者を出したのは確実であり最も致命的な地域はガンジス川河口三角州であった。ヒンズー教聖地であり巡礼地であるベナレスはガンジス川畔に存在する。コレラに罹っている巡礼者の大群衆が上流を汚染しそのためベンガル湾に注ぐ全ガンジス川の水系を汚染したというのはありそうなことである。

一八一七年は致命的な年である。船がコレラをアラビアへ持ち込み、そこからペルシャ、トルコ、南ロシアのアストラハンへと拡がった。不思議なのはコレラがマラッカ、シャムそして後日日本へと向かって同時に拡がった点である。一八二六年までには汎発大流行がアラビア、ペルシャと全ヨーロッパ、ロシアを蔽った。ポーランド、ドイツ、オーストリアとスウェーデンは一八二九年までに伝染した。英国での最初の症例は一八三一年十月にサンダーランドに出現し全ヨーロッパとイギリス諸島は、一八三二〜三年に冒された。カナダのケベックとニューヨークは一八三二年に感染し、そこから病気はゆっくりと南に向かいメキシコとキューバへと拡がった。[26]

これが一八一七年と一九〇二年の間に起こった六回の汎発大流行と二回の小流行の最初のものである。我々は汎流行がどうして徐々に消え去ったかは知っているが、どうして一八一七年以前に発生しなかったのであろうか。十六世紀以来、インドにあるポルトガル、フランス、英国等の貿易所とヨーロッパの間にかなりの交通があった。英国は一六五三年からカルカッタに駐屯地をおき、一七五七年にクライヴ[27]がプラッシーで勝利を収めてから英国はベンガルで確実に基礎を築いた。ベンガルはコレラの中心地であった。東インド会社の商船が定期的にインドとロンドン間を往復し、十八世紀のロンドンは十九世紀初めのロンドンと同様に極めて非衛生的であった。それにもかかわらず英国では一八三一年までコレラは一例も発生していない。ナポレオン戦争[28]が造船術を大いに促進し高速帆船が航海時間を短縮させたため航海中船上に発生した流行が燃えつきてしまうことが出来なかったと論じられている。しかし伝染は船によって持ち込まれたようには思えない。最初にはコレラは船によってインド近辺の外国の港に到着したかも知れないが、その後海路よりむしろ大陸をゆっくりと容赦なく拡がったように思える。病原菌の性質に変化が起こったのはありそうなことである。

英国では一八三二年一月までにはタインサイドで蔓延したが、四月までタインサイド以外のどこにも発生しなかった。ニューカスル・オン・タインの医師見習生のジョン・スノーは近くにあるキリングワース炭鉱においてコレラが勃発した時彼の先生の命令で救援活動をするためそこへおもむいた。ここでスノーは十七年後英国がコレラによって再び襲われた時、彼がした偉大な仕事の基本となった多くの観察をしたのである。

一八四〇年には別の流行がマラッカで発生し、ゆっくりと容赦なく世界中に拡がり一八四八～九年にヨーロッパ、北アフリカと北アメリカに到着した。これはすべての汎流行の中で一番重大なものであり一八五六～八年頃まで止むことを知らなかった。流行は特にフランスにおいて猖獗を極め十四万人の人々が死亡した。英国では五万二千人が死亡し、イタリアは二万四千人を失った。ある疫学者は別個の流行発生だと主張はしているが、汎流行はクリミア戦争（一八五四～六年）と時期が一致し各軍隊はひどい被害を被った。総数二十五万人以上の軍勢が参加し、フランス軍、英国そしてピエモンテ軍[29]は約一万八千人をコレラだけによって失った。

コレラは一八四八年十二月にロンドンに到着したが一八四九年六月まで全市内には拡がらなかった。既に医師資格を取っていたスノーは首都ロンドンへ移り世界で最初の麻酔専門医となったが、疫学に対する昔の興味を持ち続けていた。最もコレラが流行している地域の一つは彼が住んでいるすぐ近所のゴールデン・スクエア付近であった。スノーは一八三二年に始めたコレラの研究を再開した。キリングワース炭坑でのコレラ勃発を調査中スノーはコレラが汚い空気によって運ばれるものでもなければ、必ずしも直接接触によって伝染するのでもないという結論に達した。スノーは難治の下痢、洗われたことのない汚い手と食物を分け合って食べること等が病気を伝播させるのに重要な役割をするという意見に到達した。彼は坑夫たちの習慣について調査し一つの啓蒙的な回答を得た。

採掘場で過ごす時間は平均八〜九時間である。炭坑夫たちは採掘場へ降りる時練り粉を平たく焼いたケーキ、時には肉類のおまけのついた弁当を持参する。全炭坑夫たちは一リットルくらいの飲物の入った瓶を持参する。残念ながら清潔に関しては、我が炭坑は他と同様に不潔極まりない。採掘場は一つの巨大な便所であり、勿論坑夫たちは汚い手で弁当を食べる。

スノーはこの考えをさらにコレラに悩まされたロンドン貧民街においても追跡し、ついでながら病気流行の必須条件である恐ろしい衛生状態に光を投じた。二つの例を挙げるだけで充分に説明出来る。

敷布はほぼ常にコレラ排泄物で濡れ、看護人の手は本人が知らない内に汚染される。排泄物の一部が知らない間に看護人の口に入り、また看護人が取扱ったり、調理した食事の上に付着し、その食事を家族が食べる。特に労働者階級では、家族たちも病室で食事しなければならない。そのため労働者階級の中では家族の一員が患うコレラは他の家族のメンバーにうつることが何千例もみられる。一方患者を視るだけの医師その他の人は通例コレラにかからない。

トーティングにある貧困者子供用施設では千人の子供のうち百四十人がコレラで死亡した。二人また三人の子供が一つのベッドにねかせられ、コレラにかかっていた場合お互いに嘔吐し合った。このような状況下では、そして子供たちは何にでも手を突っ込み、絶えず指を口の中に入れる癖があることを考慮する時、病気がこのような経路で広まるのは驚くに当たらない。

ここに貧者間のコレラ伝播に対する答えがあるが、コレラはどうして裕福な家庭にもうつるのだろうか。スノーは彼の理論をもう一歩前進させた。

しばしばコレラが広汎に拡がり、コミュニティの裕福者階級にも流行する。私は飲料水や厨房用使用水とコレラ排泄物との混合のことをいっているのだ。この混合はコレラ排泄物が地中に浸透して井戸水に入るかまたは溝や下水溝から川へ流れ込むことによって起こる。町中がその川から水の供給を受けるからである。

一八四九年にはゴールデン・スクエア付近の家々には水道はなかった。住民たちは浅い井戸から手動ポンプによって水を汲み出していた。八月の末激しいコレラがゴールデン・スクエアを中心とした限られた地域に発生し、十日間の間に五百人が死亡した。近くのブロード・ストリートでは爆発的流行がみられた。これは八月三十一日から九月一日へかけての夜に突然発生し、九月三日以後徐々に消え去った。この日付の前と後にはほとんど発生はなかった。

ジョン・スノーは記録簿を調べる許可を得た。彼は八十九人の死亡者が八月二十七日から九月二日の間にブロード・ストリートで記録されており、最初の四日間に六人、八月三十一日（木）に四人、九月一日と二日に七十九人が死亡した事実を発見した。彼は最後の三日間に死亡した八十三人を調査し、十人を除く全死亡者がブロード・ストリートのポンプ近くに住んでいたのを発見した。十人のうち五人は近所のポンプからの水を使用のはずであったが、ブロード・ストリートの水を好んだ。この十人のうち三人は子供とポンプ近くの学校へ通い、そのうち二人は定期的にそのポンプから汲み出される水を飲み、三番目の子供も同様だと思われた。十人中残った二人のみが「爆発的増加以前のコレラによる死亡率を意味する」とスノーは書いている。彼は井戸ポンプ付近に住む六十九人の飲水の習慣を調査し、六十一人がそのポンプから水を汲み、六人が汲まなかったのを発見した。大流行が既にこの地区で猛威を振っているのを充分に承知しながらスノーは「上記の井戸ポンプからの水を飲む習慣のある人々以外は、ロンドンのこの地域で特別のコレラ勃発や増加はなかった」という結論を出した。

ブロード・ストリートを含むセント・ジェームズ教区救貧委員会は危機状態を考慮するため九月七日に集会を開いた。ジョン・スノーは集会に出席し彼の証拠を示した。逸話によれば、恐怖に震え上った救貧委員会は彼にこれ以上の勃発を防止するのにはどうしたらよいかと質問した。スノーはそっけなく「ブロード・ストリート・ポンプの取っ手を取除くことだ」と答えた。スノーはこう書いている。「私がこう言った結果、翌日ポンプの取っ手が外された。」ブロード・ストリートではもはやコレラの発生は起こらなかった。

スノーは個々の給水会社の導管を追跡し、ある会社によって供給された水はコレラで汚染され、同じ地区へ水を供給する別の会社の水は汚染されていないことを証明した。ある家は清潔な水の供給を受けていたが、あふれ出た糞尿汚水だめの汚物がひびの入った陶製下水管の割れ目から滲み込んでいるのを発見し、病原物質は繁殖する能力があり、生物に類似しているに違いないと論じた。スノーはコレラの真の原因である微生物を発見しなかったが、発見寸前のところまで行ったのである。彼は疑いを挟む余地もなくコレラは水系伝染病であることを証明した。彼の確証のおかげで、いくつかの処置がとられ、最後にはコレラ、赤痢、チフス大流行をコントロールできた。

生活状態の改善は水系伝染病激減につながった。十九世紀末にはほとんどのヨーロッパと北アメリカの都市は丁度第一世紀時代のローマ帝国のように清潔になった。コレラは一八七四年以後西ヨーロッパと北アメリカから事実上姿を消した。最後の大汎流行は一八九一年にインドで始まりシベリアとヨーロッパ＝ロシアに拡がり、八月にはペテルブルグに達した。同時に発生した一連の飢饉と相まってロシアに恐慌状態をもたらし一八九六年まで病気は消失しなかった。ハンブルクもエルベ川からの汚染された水によって感染したが、もう片方の双子都市アルトナは清潔な水の供給を受けていたので感染から完全に逃れることが出来た。船によって媒介された小勃発が英国、スペイン、イタリアの港町の数々で発生したが重大な流行には至らなかった。コレラはインドで難問題として残り続け、一年に十万人の人々が死亡する。一九六一年にはエルトールというコレラ菌新株がセレベス島で勃発しフィリピンへ到着した。一九六三年にはエルトールは韓国と中国へ達した。一九六四年から一九六五年までエルトールはインド、サウジアラビア、エジプトへ拡がった。一九六六年にはイラン（ペルシャ）へ達し一九七〇年の夏にはロシア黒海沿岸、カスピ海地区そしてトルコに姿を見せたことが報告された。抗生物質が死亡率を激減させ、ジョンズ・ホプキンズ医科大学の研究所で調製された新ワクチンは六カ月間まで有効だと言われている。

腸チフスと赤痢もまたコントロールされた。それでも未だ世界中に多くの感染地帯があり、そのような場所を旅行する人々は予防接種を受けることが必要である。全ヨーロッパの国々ではたぶん水は細菌学的に安全だと言って正しいであろう。もし旅行者がヨーロッパの国々で胃腸病を患い、休暇が目茶目茶になったとし、その原因が飲料水からだとすると、一般的に言ってその旅行者の消化管が不慣れなミネラルがその水の中に含まれているためである。先進国における最近のほとんどすべての流行勃発は移民、避難民または感染地から帰国した旅行者に原因をたどることが出来る。病原菌は時々健康人の内臓に保菌されるので腸チフスは特別の問題を提供する。もしそのような保菌者が大施設のキッチンで働いている場合保菌者は病気を伝播させるからである。保菌者を追求し、免疫化するのが公衆衛生行政部の本質的な義務である。

蝿と水系伝染病の征服はアフリカの植民地化を可能にした。ほぼ四百年の間ヨーロッパ人貿易商はアフリカ人奴隷を買い、最初はヨーロッパへ、そしてさらにアメリカへ船で送った。だが貿易商たちは狭い沿岸線の平地にだけ居住した。そして、内陸へ略奪に侵入した先住民奴隷商人から奴隷を入手した。ヨーロッパ人は内部へ入り込むことが出来なかったので先住民に直接の影響を及ぼさなかった。十九世紀の初期に長年に亘る奴隷反対運動と闘争の末奴隷商売は終止符を打った。貿易商たちは先住民を食い物にして儲け続けたがもはや人間を貿易の対象にはしなかった。宣教師や医師たちは大変な困難と戦いながら内陸へと進んで行った。病気の原因に対する知識増加と特にキニーネが簡単に入手出来るようになるとより多くの成功を収めるようになった。このような献身的な人々の中で最も高潔な人はデービッド・リヴィングストンであり、一八四一年から一八七三年五月一日に死亡するまで伝道所の数々を創立し、先住民に伝道し、病気を治療し、赤道下アフリカの広い地域を踏査した。彼の探検はアメリカ人ヘンリー・モートン・スタンレーによって引き継がれた。スタンレーは一八六九年にリヴィングストン死亡の噂が報道された後、ニューヨークのヘラルド紙によりリヴィングストン捜査のため特派され、一八七一年十月二十八日に骨と皮のように痩せ衰えて生きているリヴィングストンを発見したのである。未だ確実に病気は征服されていなかった。リヴィングストンとスタンレーの二人共マラリアと赤痢の発作に度々襲われもう少しのところで倒れるところであった。リヴィングストンによって設置された数々の伝道所のどの一つも二~三カ月以上続かなかった。

アフリカ物語の中でのリヴィングストンとスタンレーの真の重要さは彼らがなしとげたことにあるのではなく、彼らが垂れた模範が人々を振い立たせる熱意にあるのである。彼らはアフリカには好機が潜在しているということに対する国際的関心をひくように仕向けた十九世紀の先覚者の最初の人であった。スタンレーがコンゴ川を下った年の一八七五年までアフリカで基礎を固めたヨーロッパ列強は大英帝国、ポルトガルとフランスであった。ポルトガルは七十万平方マイルに渡って主権を主張したが実際上四万平方マイルしかコントロールしなかった。北部沿岸地方だけに閉じ込もったフランスは十七万平方マイルを占め、英国は主として二十五万平方マイルを保持した。ヨーロッパ人によって支配された全領域は全大陸の約十分の一に相当する百二十七万一千平方マイルであった。大サハラ砂漠地域を除いたほぼ半分のアフリカ(その大部分は熱帯域に位置する)は専ら先住民種族が居住し、支配した。

一八七〇~一年の普仏戦争はアフリカ大陸の将来に大きな影響を与えた。勝ち誇ったドイツは海外主権の野望を抱き、敗北したフランスは拡張した植民地帝国に再生の端緒を見出そうとしたのだ。アフリカ植民地に対する争奪戦はベルギー皇帝レオポルド二世による最初は寛大な態度によって促進された。一八七六年九月レオポルドはヨーロッパ列強の代表たちをブリュッセルの会議に召集した、議題は中央アフリカの探検、開発、文明化であった。この会議のメンバーは各政府の代表ではなく、各政府は代表たちに公式の支持を与えなかった。会議で国際アフリカ連合設置とブリュッセルにその指令部を置くことを決定した。国際間の嫉妬と非協力のため連合は失敗に終り、企画は単にベルギーだけのものとなった。コンゴ自由州はほぼ個人私有というくらいレオポルド二世の個人統治権によって支配されるようになった。

レオポルドの統治は直ちに各国に敵意を抱かせた。スタンレーが、大西洋に開く、深い深い河口をもち、そこからアフリカ中心部まで千マイルにもわたる実用的水路であることを証明したコンゴ川は地理的に言って大変魅力的であった。他の国々はレオポルドの愚政に反対して得る物質的利益を見るのに敏であった。ポルトガルは法的というより慣習的根拠で新しい所有権を主張した。フランスはベルギーのアフリカ侵入に疑いを抱き出した。一八七九年一月にスタンレーはコンゴ自由州におけるレオポルド二世の信任状を授けられた代表に任命された。彼は交易所の数々を造り、コンゴ川南岸の先住民酋長たちと条約を結んだ。一八八〇年にはサボルガン・ド・ブラッザはフランスを代表してコンゴ川北岸沿いで条約を結び貿易所を造った。この試みで、北アフリカでのフランス植民帝国の南部前進基地と考えられたティンブクトゥに至る連絡路を造ろうとしたのである。

一八八四年にはドイツが広範囲の西海岸と、トーゴとカメルーンの奥地合併を声明した。南アフリカ以外で後れを取った英国は正式にニジェール河口三角地帯、ラゴス、シエラ・レオネの主権を宣言した。

大規模な土地争奪戦を食い止めることが出来なくなり、ある種の国際間協定が結ばれない限り大規模戦争が避けられなくなった。一八八四年十一月十五日に開催された列強のベルリン会議は次のような決定をした。ヨーロッパ諸国によるアフリカのどの部分の所有もそれが法律的に有効であるためには実際にその地で活動していなければならない、すべての署名国はアフリカ大陸のどの部分であっても、それを合併する際には、その意図を他の署名国に通告しなければならない。この条約の中で初めて「支配圏」という不穏な言葉が出現した。アフリカの大分割は四半世紀以下の時間しか費やされなかった。一九一四年までにはほぼ一千百万平方マイルがヨーロッパ所有地となり、僅か六十一万三千平方マイルが独立国として残った。

第二次大戦勃発時には僅か三つの独立国家しかなかった。南アフリカ連邦、エジプトとリベリア共和国である。リベリアは最初アメリカの奴隷廃止論者によって自由になった奴隷の故郷として創立された国である。一九六二年までには二十八カ国のアフリカ諸国が国連の投票国となった。二十三年間に中央アフリカのほぼ全人口は自治と民族自決の権利を獲得した。しかし本当の変化はずっと急速であった。赤道下の多くのアフリカ人たちは、一生の間に石器時代文明から原子力時代に突入したのである。英国とアメリカで自動車が鉄道に取って代わり始めた一九三四年にアフリカで敷設された鉄道線の長さを概算することにより進歩の速度がいかに無茶苦茶なものであったかが、ある程度解るのである。全赤道付近アフリカ内で僅か三百十八マイルの鉄道線路しか存在せず〝白人南アフリカ〟をも含めた全道路マイル数は四万二千七百五十マイルで同時期の英国の二倍という数であった。ヨーロッパとロシアにおいてはそれは二十三万五千七百十九マイルであった。馬車や鉄道にほとんど接触したことのないアフリカは徒歩旅行から直接自動車と航空機旅行へと移って行ったのである。事実この大陸は膨大な技術的そして社会的実験場である。将来がどうなるかまたは実験の結果がどうであるかは誰も具体的に予言することが出来ない。いくつかの問題は、ものが変化するスピードがとにかく早いことにもとづいているのである。この意味で十九世紀の最後の二十五年間までコントロール出来なかった伝染病の危険性と、過去七十年に見られた急速な病気征服が将来の最も重大な問題の一つを提供したのかも知れない。

(1) デービッド・リヴィングストン (一八一三〜七三) スコットランドの宣教師、医師、アフリカ探検家。
(2) ザンベジ川 ザンビア、アンゴラ西部、ジンバブエ、モザンビークを貫流してインド洋に注ぐ二千七百四十キロの川。
（3） ニジェール川　アフリカ西部の川（四一八五キロ）、ギニアに発しマリ、ニジェール、ナイジェリアを流れてギニア湾に注ぐ。
（4） コンゴ川　ザイールを流れて大西洋に注ぐ川（四千八百キロ）。
（5） ポンティノ　ローマ市南東部地帯、以前は沼沢地であった。
（6） オリバー・クロムウェル（一五九九〜一六五八）　英国の将軍で清教徒の政治家。清教徒革命に Ironsides 鉄騎隊を率いて活躍し Independents の指導者となり、チャールズ一世を処刑した。
（7） 黒水病　マラリア原虫による大量のヘモグロビン破壊のため黒い色の小便が出るのに由来する名。
（8） Jack　船首旗のこと。
（9） サン・ルイ・ド・セネガル　もと仏領西アフリカ、セネガル植民地の首都。
（10） ベニン川　ナイジェリア南部の川、ベニン湾に注ぐ。
（11） ノバ・スコシヤ　カナダ南東部の州、ハリファックスは州都で不凍港。
（12） ペンシルバニア大学　北米最古の医学校（一七六五年創立）。
（13） シエラ・レオネ　アフリカの西岸の元英国植民地。
（14） ナタール　南アフリカ共和国北東部の州。
（15） 回帰熱　虱または壁蝨《ダニ》によって媒介される伝染病。スピロヘータに原因する。
（16） ウガンダ　アフリカ中東部、元英国保護領。
（17） ウィリアム一世（一〇二七〜八七）　フランスのノルマンディ公であったが一〇六六年ノルマン征服により英国を征服してノルマン王朝初代の王となった。
（18） イングランド王ジョン　フランスと戦って敗れ、フランス内の領土の多くを失い、教王インノケンティウス三世と争って秘跡授与禁止の処分を受けた。一二一五年マグナ・カルタに署名させられた。異名「領地なしのジョン」。
（19） エドワード一世　ウェールズを征服合併して息子エドワードに Prince of Wales の称号を授け、以後これが英国皇太子の称号となった。
(20) アジャンクール　フランス北部カレー近くの村、百年戦争中の一四一五年ヘンリー五世の率いる英軍がフランス軍を打ち破った地。
(21) エドワード黒皇太子　黒い鎧を着用したためこう言われた。
(22) クレシー　北フランスの村、エドワード三世の英軍がフランス軍に大勝した（一三四六）。
(23) 南軍または南部連邦軍　南北戦争の初め（一八六一）合衆国から分離した南部十一州、アラバマ、アーカンソー、フロリダ、ジョージア、ルイジアナ、ミシシッピー、ノースカロライナ、サウスカロライナ、テネシー、テキサス、バージニア。
(24) ボーア戦争　英国とトランスバール及びオレンジ自由国との戦争 South African War と言う。
(25) バスコ・ダ・ガマ　ポルトガルの航海者、喜望峰を回るインド航路を発見した。
(26) イギリス諸島　Great Britain, Ireland, Isle of Man, Channel Islands 及び隣接する島々。
(27) ロバート・クライブ（一七二五〜七四）　東インド会社の一事務員から身を起こした英国の軍人、政治家、一七五七年プラッシーの戦いに勝ってインドにおける英国の支配権を確立し、初代ベンガル知事を務めた。
(28) ナポレオン戦争　ナポレオン一世が一八〇四年に皇帝になってから一八一五年にワーテルローで敗れるまでヨーロッパ制覇を企てた数次の戦争の総称。
(29) ピエモンテ　イタリア北部の州、首都トリーノ。

第七章　ヴィクトリア女王とロシア君主制の崩壊

大英帝国女王であり同時にインド帝国皇后陛下のヴィクトリアは一見したところ、ロシアでレーニンを世に出し、ボルシェビキに政権を取らせる栄誉を担うには最もふさわしくない候補者である。君主たちの中の君主で、他の王室から「女王様」というタイトルが恭しく授けられたヴィクトリアは、故意にヨーロッパの君主たちを婚姻により一大家族にまとめあげる政策を取ったように思えるのである。しかし彼女は知らない間に、ロシアのロマノフ王朝というヨーロッパ最強の独裁国を崩壊させた悲劇に大きな貢献を果たしたのである。

歴史上ヴィクトリアが果たした致命的役割とは、遺伝性疾患の血友病Aを多くの子孫に遺伝させた事実にある。血友病は血清中の特別な蛋白質の欠乏であり、もしこの蛋白質が欠けている場合血液は凝固しない。普通軽い出血では、血液が凝固するため止血するのであって一方血液が凝固しない血友病患者の場合、取るに足りない傷や打撲傷から出血死する危険に曝される。ヴィクトリアの家系にそれ以前、血液異常の記録がないので、この欠陥はヴィクトリア女王または女王の母親に源を発したと考えられる。彼女の四人の息子の一人レオポルド殿下はそのために死亡している。五人の娘のうち三人は血友病を彼女らの子供たちまたは孫たちに遺伝させた。一番ひどい例はドイツのバッテンベルク伯爵家のヘンリーと結婚した一番若い娘の例である。この結婚によって生まれた二人の息子は血友病で死に、娘のエナはスペイン王アルフォンソ十三世と結婚した。この婚姻によって生まれた二人の息子は二十歳と三十一歳の年でそれぞれ血友病により死亡している。

ヴィクトリアの第三子の次女アリスは一八四三年に生まれ、ヘッセ＝ダルムスタット大公ルートヴィッヒ四世と結婚した。この婚姻で二人の息子が生まれ、一人は三歳で血友病により死亡した。アリスの五人の娘のうち一人は子供の時ジフテリアで死亡した。長女は現エジンバラ公フィリップ殿下（エリザベス二世女王の夫君）の母方祖母である。次女はロシアのセルゲイ皇子と結婚し、三女はプロシアのハインリッヒ皇子と結婚した。そして四女アリックスは全ロシア帝国皇帝ニコライ二世と結婚した。こうしてヴィクトリア女王の血友病遺伝子がロマノフ家へ持ち込まれたのである。

遺伝因子または遺伝子はローマンカトリック教会僧侶のグレゴール・メンデルによって初めて記述された。メンデルはオーストリアのブルンにある修道院の庭園で種々のえんどう豆を育てて実験したのである。十年間の実験の後、一八六六年に発表されたが彼の発見は無名なジャーナルの中に埋もれ誰の注意も引かなかった。三十年後、三つの別々の国の、三人の植物学者たち[1]もメンデルと同じように考えた。彼らは研究中、メンデルが既に同じ仕事をしており、その結論が正しいことを発見したのである。

メンデルは背の高い豆を蒔くと必ずしも背の高い子孫が出来るとは限らず、背の低い豆と高い豆が一定のパターンで発育するのを発見した。それは背の高い品種が低い品種と交配された場合、次の世代は常に背が高いが、この背高豆には背低豆の要素が含まれているからである。メンデルは〝高〟と〝低〟の要素は常に一対であるに違いないと仮定した。かくして真性背高種は一対の〝高〟要素ＴＴを含み、一方真性背低種は一対の〝低〟要素ｔｔを含んでいるのである。真性背高豆が真性背低豆と交配されると混成種は一個の要素を各両親から受けるのでＴｔの体質を持つことになる。今、これらＴｔ交配物を二つ持ってかけあわせると、その子孫はTt×Ttで出来るどの組み合わせをも受け継ぐ可能性を持つ。もし四種の子孫が出来た場合、おそらくできうるパターンはTT、Tt、tTとttである。つまり子孫の四分の一は真性背高、二分の一は〝高〟と〝低〟の要素を同様に相続し、四分の一は真性〝低〟である。彼の豆が、予想されるような一つは背が高く、二つは中くらいもう一つは低いというパターンを取らなかったことはメンデルの好奇心をかきたてることとなった。実に三本の豆は背が高く、ただ一本だけが低かったのである。〝高〟は優性因子であり〝高〟因子Tは常に〝低〟因子tを支配して無効にするのである。それゆえすべてのTtとtTの植物は〝高〟の表現型を取るがTtが別のTtと交配されると四分の一の子孫はttの体質を持つので〝低〟となる。一九〇五年にケンブリッジ大学でスイートピーの異種交配の研究をしていたウィリアム・ベートソンはメンデルの〝遺伝因子を〟遺伝子と名付けた。

父親と母親からそれぞれ半分ずつ譲り受けるこのような遺伝子は、子供の身体外観と環境に対応する基本的態度を決定する。人は単一の雌性細胞の卵子と、単一の雄性細胞の精子に起源を持つ。両方の細胞は共に核を内蔵し、それぞれの核は顕微鏡下で繊細でもつれた撚り糸のように見えるクロマチン（染色質）を含んでいる。卵子が精子によって受精させられると、二個の核は融合して単一の細胞を造る。成人体内の何兆という数の細胞はすべて元を正せばこの単一細胞から由来したものである。最初の細胞は細胞分裂の結果出来る二個の細胞に男性と女性両方の平等な要素を伝え、この課題は成長の全段階を通して続けられる。受精卵が分裂する前に、もつれた撚り糸状のクロマチンは幾つかの、大まかなX型をしたクロモソーム（染色体）として癒合する。このクロモソームが遺伝子を伝えるのである。

顕微鏡学的研究は、個人に含まれている遺伝因子は常に一対であり（TTまたはTtの例に見られるように）一対の因子の半分だけが各々の両親から子孫に伝えられるというメンデルの説を確認した。人では女性の卵細胞と男性の精子は各々二十三個のクロモソームを含みそれゆえ受精細胞は四十六個のクロモソームを含むのである。この数はほとんど恒常的であるが、時には例外も起こる。例えば或る種の精神病であるダウン症候群には余分なクロモソームが存在し合計四十七個である。すべての人種とも各細胞分裂の度にできるクロモソームの数は同数であるが、クロモソームの大きさと形が異なり、この相違が遺伝の性質に影響を与えるのである。遺伝子を担っているのはクロモソームであり、クロモソームは異なった遺伝子を所有し、親からのクロモソームの半分だけが子供に伝えられるので、片親から二十三個のクロモソームを譲り受け、もう一方の片親から二十三個のクロモソームを貰う子供はどちらかの親に丸写しということはほとんどあり得ない。それと同様にまったく似ていないということはほとんどあり得ないが、類似しているということは決して寸分違わないということではないのである。単一受精細胞分裂による遺伝学的に同一の一卵生双生児の場合にだけ兄弟または姉妹を区別することが困難である。

肖像画を詳しく調べることにより何代にも亘る家族メンバーの類似点を遡って見ることが出来る。[2] しばしば顔つきの著しい特徴が、何世紀にも亘って各世代に出現する。例えばハプスブルク家の特徴である垂れ下がった口唇と細い下顎の先がそうである。しかし、もし紀元前一〇〇万年に存在した原始的ハプスブルク家の人の全身像を得ることができたなら、その人と二十世紀に生存したオーストリアのハプスブルク家の人との間に類似点を見出すことはほとんど不可能と言ってよい。両者の相違は、婚姻の結果絶えず注入された新鮮な遺伝子によって説明できる以上にずっと大きなものであろう。顔や体については、実際、今日のどんな人間ともほとんど類似点はないであろう。

その理由は遺伝子自体が変化または突然変異を起こし、この遺伝子突然変異が何百万年の間に類人猿のような祖先から〝人〟を造ったためである。このような変化は順序だった進化過程にとって絶対必要である。変化の数々が生物をして、徐々に変化する環境とさらに複雑化する生活に適応することを可能にするのだ。しかしながら時々、この順序だった進化過程が狂い、突然変異遺伝子が病気の形を取って現れる好ましくない特徴を作りだすのである。真性遺伝病は稀である。その理由は、もし病気自身が病的遺伝性形質の生存能力を限定するとすると、その遺伝性形質は数世代の内に完全に死に絶えるからである。

数々の奇形と病気が遺伝子によって起こることが知られている。その良い例は軟骨形成不全症という、長管骨の発育端で軟骨が骨を形成できない病気である。この病気は、しばしばサーカスで見られる一種の一寸法師を生み出す。もう一つの目立った例は、ハンチントン舞踏病（遺伝性進行性舞踏病）として知られている不愉快な病気である。これは絶え間ない不随意運動を伴う進行性の精神錯乱を起こす。この病気は一八七二年にニューヨーク州ロングアイランドにおいて数人の患者を診察したアメリカ人医師のジョージ・ハンチントンにより詳しく記述された。この患者たちの一部はハンチントンの父親と祖父の患者の家族の一員であった。彼の祖父は一七九七年にロングアイランドで開業を始めたのである。このためハンチントンは数家族を遡って調査することが出来た。彼はこの病気、つまり突然変異遺伝子が英国東海岸サフォーク郡の小村ブレスからアメリカへ移民し、一六三〇年にボストンへ上陸した家族の間に存在したことを証明した。患者は激しい痙攣と精神症状のために人々に疑いを掛けられ、或る者は悪名高い一六九二年のサーレム魔女狩り(3)で罪を負わされたのである。ハンチントン舞踏病は生き残り続ける遺伝病の稀な例であり、治療法はなく、通常中年の時期に発病するため継続的に遺伝し続けるのである。中年で発病するため、発病以前に次代の子供が生まれ、その約半分が発病する。或る例は十二代に亘って連綿として続き、最初に移民して来た人にまで遡って証明することが出来た。

ポルフィリン症（porphyria）は興味深い遺伝病でこの病気は歴史の流れを変えるのに影響を与えたかも知れない。porphyr-は「紫色」という意味であり、この病気の最も明瞭な症状は沈殿尿が紫がかった褐色に変色することである。病気は普通二十代か三十代に初めて現れ、腹痛、便秘、皮膚が敏感になる局所的神経症状リューマチ様疼痛と精神障害を伴う突然発作の形をとって現れる。アイダ・マカルピン医師とリチャード・ハンター医師の研究の結果、大英帝国国王並びにハノーバー王のジョージ三世は、最も有名な患者になった。ジョージは長い間「発狂」していたと考えられ、近代の術語で言えば多分、躁鬱病であったが現在では多くの医師によってジョージ三世はポルフィリン症患者であったと考えられている。有能な探偵のような調査の結果マカルピンとハンターはこの病気をジョージ一世の母親のボヘミアのエリザベス、さらに父親ジェームズ一世（一六〇三〜二五）とジェームズの母親スコットランド女王メアリ(4)にまで遡って調べ上げたのである。両医師はそれから家族歴を追跡し、この病気をジェームズ一世の曾孫娘でスチュアート王朝最後の君主アン女王（一七〇二〜一四）とボヘミアのエリザベスの孫であるプロイセンのフリードリッヒ一世、ジョージ三世の四人の息子たちと二人の生存している人々、つまり一人はフリードリッヒ一世の後裔、もう一人はジョージ三世の妹の後裔へと辿っていったのである。

ジョージ三世は一七三八年に生まれ一八二〇年に死亡した。彼は二十四歳の一七六二年から一八〇四年までに八回の同様な発作を起こしている。一八一〇年十月に再び発病し、二年間に亘る再燃と寛解を繰り返した後、絶望的な発狂状態に陥った。彼は八十一歳で発狂し、盲目、全聾という悲惨な状態で死亡した。「発狂」と、彼の統治中の最も顕著な事件つまりアメリカ植民地喪失とアメリカ合衆国独立を結びつけて考える試みが、多くの人々によって行われている。ジョージは間違いなく頑固であり、あまり利発ではなく、想像力に欠けた男であり、愚かな挑発をして一七七五年のアメリカの独立戦争を促進させた総理大臣ノース卿を支持したのである。しかし発作を起こしていない時はジョージには精神異常の症候はなかった。彼は多弁な男で「どうして林檎がアップル・ダンプリング（りんご入り菓子の一種）の中に入ったのか？」というような奇妙な質問をしたり、しばしば政治より蕪に興味を持ったように見えたりした。だが彼は充分に任務に耐え事実手固く統治したのである。二度目の軽い発作が一七六六年一～二月にあり、その後一七八八年七月まで症状はなかった。一七八八年の発作は最初の大事件であり、一七八九年一月にはあまりの狂気ぶりに当惑した下院は摂政法案を通過させた。だが上院で法案審議中ジョージ国王は回復し出した。三月十日までには「陛下は国王の事務を再び執られた」のである。一七六六年と一七八八年の間には「発狂」の証拠は存在しないので一七七五～六年におけるアメリカ植民地喪失をポルフィリン症のせいには出来ない。ジョージ国王の判断が危機を招き、彼の頑固さが円満解決の障害になったかも知れないが、彼の判断の誤りと頑固さは、彼の閣僚たち、大部分の下院議員たちと英国国民の大部分の合意の上で行われたのである。

十八世紀においてカトリック教徒はアイルランドでダブリンの議会に代表を出すことは許されなかったが、プロテスタント移住者とカトリックの現地人たちは、アイルランドでかなり友好的に共存していた。十八世紀の末に共和政体のフランスがアイルランドに英国の首枷から解放すべく援助を申し出た。この申し出のためにカトリック教徒が僧侶を主体とするケルト人共和国を設立しようとした一七九八年の反乱に発展した。反乱が英国軍とアイルランド人プロテスタント連合軍によって残酷に鎮圧された後、ウィリアム・ピット首相はロンドンのウェストミンスターの単一議会による二つの島国の合併が、法と治安を取り戻すのに一番有望な手段であると考えた。彼は、カトリック教が新しく創設される合同議会に席を持つことが出来るという条件で、一八〇〇年にダブリン議会が自ら解体し、英国との合併を宣言するよう勧告した。言葉を換えて言えばピットはカトリック教の解放をはっきり言明したのである。

だがピットはジョージ三世に彼の意図を知らせることを怠った。ジョージは自身を真のプロテスタント擁護者と任じており、大法官がピットの提案についてジョージ国王の注意を促したところ、国王は直ちに拒否しピットは辞任した。十日後の一八〇一年二月にジョージはもう一度ポルフィリン症発作を起こし激しい発狂状態となった。三月に回復した時ピットはカトリック教徒解放の件について国王の存命中二度と言い出さないと厳粛に誓った。「これで安心できる」とジョージは答えた。かくして陛下の宸襟を一時的に安んじ奉るためにカトリック解放は二十八年間棚上げになったのである。この必須条件が抜けていたので、ピットのアイルランド和平の計画は失敗に終った。アイルランド人カトリック教徒にとっては、英国との合併は相容れることのできない圧制的なプロテスタント支配以外の何ものでもないことを意味した。かくして現在まで綿々として続く、十九世紀と二十世紀のカトリック教徒アイルランド人とプロテスタント英国人の紛争に発展したのである。

遺伝病である血友病Aは女性クロモソームXによって伝達される。男性Xクロモソームはもし女性血友病遺伝子が存在した場合その影響を打ち消す遺伝子を持っている。しかし小さなYクロモソームに対してはこの反作用遺伝子の活躍する余地はない。女子は一個のXを母親からそしてもう一個のXを父親からうけつぐ。血友病遺伝子と反作用遺伝子が相殺し合い女子には血友病の症状は出ない。しかし血友病遺伝子が彼女のXクロモソームの一つに存在するので次の世代に病気を伝えることができる。

男子が生まれた場合、彼は母親から血友病Xhまたは正常Xを相続するが、両方のXを受け取ることはなく、父親から役に立たないYを相続するので血友病にかかる可能性を持つ。繰り返していうと血友病遺伝子はXクロモソーム上にあるので血友病の父親は息子を遺伝子保有者（キャリア）としても、病気そのものとしても伝達することができない。しかし血友病の父親は娘たちに血友病遺伝子を伝達し、娘たち自身は発病しないが彼女らは遺伝子保有者（キャリア）である。顕性血友病女性を生み出す唯一の

		血友病　男性	
		Xh	Y
正常女性	X	XhX （キャリア女性）	YY （正常男性）
	X	XhX （キャリア女性）	XY （正常男性）

		正常　男性	
		X	Y
キャリア女性	Xh	XhX （キャリア女性）	XhY （血友病男性）
	X	XX （正常女性）	XY （正常男性）

Xh　＝血友病遺伝子のある異常Xクロモソーム
X　＝正常Xクロモソーム
Y　＝正常Yクロモソーム
XX　＝正常女性　　XY＝正常男性
XXh＝キャリア女性　　XhY＝血友病男性

結合は、血友病男性が血友病キャリア女性と結婚した場合である。血友病はごく珍しい病気なので、そのようなことはめったに起こりそうにない。血友病はほぼすべて女性によって伝達され、女性自身症状を現さないが彼女の男性の子孫にだけ出現するのである。

かくしてヴィクトリア女王は伴性遺伝病である血友病を娘のアリスに伝達し、それから孫娘アリックスに伝わったのである。アリックスの正式の名前はヘッセ・ダルムスタット王女アリス・ヴィクトリア・ヘレナ・ルイーズ・ベアトリスであり、一八七二年六月六日にダルムスタットで生まれた。六歳の時アリックスは妹と母親をジフテリア流行中に失った。家族は一年に一度は必ずヴィクトリア「お婆様」を訪問する習慣であった。娘アリスの死後ヴィクトリアはアリスの夫を自分自身の息子と見なすようになり、そのため一家は前よりも頻々と英国王室宮殿を訪れるようになった。

アリックスは赤味がかった金色の髪の毛、青い目、ピンクがかった白い肌の美しい背の高い、すらりとした女性に成長した。彼女の美しさは、内向的な冷たい表情だけが玉に瑕であった。彼女は決して愚鈍ではなく、十五歳になるまでに英語とドイツ語に熟達し、歴史、地理、文学と音楽の手ほどきもよく受けていた。その上彼女は医学に対して大いに興味を持つようになった。ヴィクトリア時代の偉大な理想である勤勉、戒律遵守と恵まれない人々への奉仕が彼女の一生を通して記憶していた教訓となった。彼女はひそかにセックスに取り憑かれてはいるがそれに対するあからさまなディスカッションを嫌い、しとやかに振る舞うという態度の典型的なヴィクトリア時代の女性になった。多くの人々はあまり彼女のことをよく知らなかったが、知人の間ではきらきら輝く髪と、生き生きした目を称えて〝太陽〟(サニー)と呼ばれていた。

一八八四年、彼女の姉とロシア皇帝(ツァー)アレクサンドル三世の弟セルゲイ皇子との婚姻を機会に、この小王家の一王女であるアリックスは初めてヨーロッパ大陸最強の帝国の宮廷を訪れた。ここでアリックスはツァー＝アレクサンドル三世の息子である一八六八年五月生まれの十六歳になったニコライ皇太子に出会ったのである。

もしアリックスに遺伝子の問題があったというなら、ニコライにも同様な問題があったのである。彼の欠点のルーツは〝気まぐれな身長〟という最初にメンデルが観察した遺伝子にあった。父親のアレクサンドル三世は百九十八センチという巨人であり、それに比例して肩幅も広かった。彼は指で銀貨をへし曲げることが出来たし、列車事故にあったとき家族が逃げ出す間、事故破損した鉄道御料車の屋根を肩の上に持ち上げたこともあった。晩餐の席上、オーストリア大使が失言して国境に一～二個師団を動員する必要があるかも知れないと発言した時、アレクサンドルは重い銀のフォークをへし曲げて結び「貴下の師団をこのようにしてやろう」と言って曲げたフォークを大使に投げつけたという。率直な言動と行動力のこの雄牛のように強い巨大漢は、複雑な性格のごく小柄な女性と結婚した。ニコライは畏怖の念を起こさせる父親より母親のマリア・ダグマーの方にずっと似てしまったのである。魅力的で勇敢、運動好きで、はにかみ家、ためらい勝ちで聡明、強い個性の人々に翻弄される宿命。これらの性質をそなえたニコライはロマノフ家の巨人の群に囲まれた百六十七センチの小男に成長したのである。

小男のニコライは美しく冷静で王女らしいヘッセ家のアリックスと深い恋に落ち、この縁組はヴィクトリア女王によって祝福された。ヴィクトリアはこの縁組を、お気に入りの孫娘にとって素晴らしい機会だと考えた。残念なことに、アレクサンドル三世と皇后の両者共ドイツ人を嫌っていたため、この縁組を許可しなかった。ニコライは、後日、彼の災難続きの統治の際でこそ目立たなくなってしまったが、この時点では、本来の強固な意志と目的達成のための粘り強さを発揮したのである。一八九二年の初めに日記にこう書いている。「私の夢は将来アリックスと結婚することだ。私はアリックスを長い間愛してきた。彼女に対する愛は、アリックスがペテルブルグで六週間過ごした一八八九年よりずっと深く、そして強くなった。私の切ない夢がかなうのは不可能だと自分を信じさせようとして長い間私の感情に耐え忍んで来た。」彼は両親の反対だけではなく別の困難にも遭遇する。将来のロシア皇后は東方正教会の信者でなければならないが、アリックスは熱心なルター派（新教）教会の信者であり、この信心深い真摯な乙女はニコライに魅かれてはいたが、異なる信仰への改宗を簡単に考えるようなタイプではなかったのである。

一八九四年二月、四十九歳の頑強で健康なアレクサンドルはインフルエンザに罹った。彼は既に腎臓病に冒されていたかも知れないしインフルエンザが病気を悪化させたのかも知れなかった。四月になると彼の健康は明らかに衰え、将来のツァーの結婚は突然国家重要議題となった。ニコライはアリックス以外のどの女性にも興味がなかったし両親は譲歩する以外道はなかった。

十月までにはアレクサンドルは重態に陥った。急遽呼び寄せられたアリックスは十月二十三日にクリミアのリバデアに到着し、ツァーの寝室で正式の婚約式が行われた。いかにも彼らしく、死にかかっている患者はそのために正式に軍服を着用することを主張した。十月二十八日のニコライの日記にアリックスは書き入れをしているが、その書き入れは将来に対して極めて予言的であると言える。

愛しい貴方様……貴方のサニーは貴方と、愛する御父様のためにお祈りを捧げます……断固たる態度をお取りになり、貴方が常に病状を知る最初の人であるよう、側近を伴わない医師たちを毎日貴方のところへ報告に来させなさいませ。他人が貴方様より先に病状を知って、貴方を聾桟敷におかせてはなりませぬ。貴方様自身の意見を堂々と述べ、貴方が誰であるかを人々に忘れさせませんように。

一八九四年十一月一日、偉大なアレクサンドルは死に、二十六歳のニコライ二世が独裁君主、ツァー、全ロシア皇帝の地位についた。

アリックスのロシア正教会への入信はアレクサンドラ・フョードロブナの名前で行われ、十一月二十六日の結婚は深い哀悼のうちに行われた。国事に没頭するニコライにはハネムーンの時間はなかった。しかし、恋愛結婚にしろ政略結婚にしろ王室結婚の主目的は果たされねばならなかった。その点アレクサンドラ皇后は彼女の義務を果たすのに躊躇しなかった。最初の子供は一八九五年十月に生まれ、続く六年間に三人の子供たちが生まれた。そして出産の度に落胆の度がひどくなった。というのはニコライは各児にXクロモソームを伝達しただけで四人共王女であったのだ。悲惨な日露戦争の最中の一九〇四年八月十二日にペテルブルグの大砲が轟き、他の何よりもロシアの歴史の流れを変えることになったニュースが響き渡ったのである。ついにその日にアレクサンドラがヴィクトリア女王の血友病の遺伝子をもった、待ちに待たれた不幸な男子アレクシスを産み落としたのであった。

アレクシスが生後六週間の時、血友病の最初の症候である臍からの出血が起こった。間もなく這い這いや、よちよち歩きの際のごく軽い打撲による痣の出現により血友病の診断が疑いなく確認された。子供たち全員を熱愛する母親であったアレクサンドラは、待ち焦がれて生まれてきた息子に、彼女が病気を伝達したことを認めざるを得なかったのである。この思わぬ新事実は、アレクサンドラにとって二度と回復できない大きなショックであった。血友病の子供を持った経験のある人でなければその意味を理解することができないし、母親の苦悩を察することもできない。この理由で彼自身血友病患者の父親であるロバート・K・マッシーによって書かれた記事は、悪く罵られた母親と父親に対して珍しく同情的な再評価と言える。アレクサンドラについてマッシーはこう書いている。

彼女は嫡子出産を長い間待ち焦がれ、神に祈ったので、アレクシスが血友病患者という事実は、心を抉るほど残酷にアレクサンドラを襲った。その瞬間から彼女は血友病患者の母親たちのために用意された暗黒の世界に生きたのである。血友病は母親である女性にとって絶望的な孤独を意味する。最初血友病男子が生まれた時、典型的な母性反応は、病気と精一杯闘う決意をすることである。どうにかして、どこかに、誤診がされたとか、治癒は間近であると宣言できる専門医がいるに違いない。一人また一人とすべての専門医に診察して貰う。一人また一人と専門医たちは悲しげに頭を振り振り去っていく。医者が病人に接した時通常感ずる特別の安堵感は消えて行く。母親は彼女がただ一人孤独であるのを覚える。この事実を発見し受け入れた時母親はそのまま孤独でいたいと欲し始める。毎日明け暮れる健常者の世界は非常冷酷に思える。健常者の世界は助けることができないし理解することも出来ないので母親は周囲と縁を切ることを好む。彼女の家族は彼女の隠れ家となる。その隠れ家では悲しみを隠す必要はないし、醜い質問をされることもなければ、見せかける必要もない。この閉じ込められた内輪の世界が母親の現実的世界となる。

ここにアレクシスの両親がツァルスコイエセロ(5)（ツァーの村）へ隠遁し、ブルジョワの家庭生活をし、閉鎖された活気のない小さな宮廷社会へ閉じ籠った理由がある。ちょうど最愛の夫アルバートを失ったヴィクトリア女王がロンドン郊外のウインザー城の中で絶望感を隠したのと同じである。このような生活ぶりは必然的に噂を呼んだ。皇太子は先天的白痴か癇癪のために人前に出すことができないというような噂である。そのうえ血友病の少年はロシア王位の唯一の直裔であるので本当のことは発表できなかった。

ニコライはアレクシスのためには何もできず、医師たちも廷臣たちもただ無力であった。王室牧師たちの祈りも同様に甲斐がなく、正教のあがめる会聖人たちへの祈願も無効であった。しかしながら神様の慈悲を熱心に信じ、真心を込めて神様を礼拝する者を神様は完全にお見捨てになることはできなかった。アレクシスを助けることができる唯一の神の奇跡的な介入が授かるようにする精神的純潔と能力を持つ人間がどこかに存在するに違いない。そのような人を熱烈に探し求めたので、彼の出現は当然の結果であった。その人はまさしく放浪する信心家、または霊的指導者のラスプーチンという形で現れたのである。

一九〇七年七月、アレクシスは三日間の間、臨終の危機に瀕していた。アレクサンドラ皇后はラスプーチンをツァルスコイエセロへ召喚した。これはたぶんある皇女か、アレクサンドラの下品ではあるが親友であるアンナ・ヴィロウボバの忠告で行われたと思われる。ラスプーチンは静かにアレクシスの病床の横に座り、彼の手を取ってお伽話やシベリアの伝説の話をした。翌日アレクシスの疼痛は去り彼は座ることができた。このような方法での一時的〝治癒〟はよくあることである。患者を安静にしておくことが成功の秘訣であるのだ。

次の事件は全く別の部類に属する。アレクシスが八歳の時の一九一二年九月に皇帝一家は東ポーランドのビアロビエッツアを訪問した。少年はボートから飛び降りる時に倒れ、左大腿上部に大きな痣ができきた。アレクシスは激痛を訴え、お抱え医師ユージン・ボトキンは二〜三日の就床を命じた。二週間後一家はスパラにある森林の中の狭くて薄暗い狩猟小屋へ移った。陰気な雰囲気の中でアレクシスの病状はほとんど改善せず、顔色は蒼白となり患者は惨めであった。アレクサンドラは長い馬車旅行が健康に良いと考えたが、道路は凸凹で、馬車は情け容赦なくゆれた。二〜三マイル、ドライブした時アレクシスは大腿と下腹部に激痛を訴えだした。アレクサンドラは恐怖に戦き、直ちに帰途につくよう命じた。帰路は悪夢のようであった。間もなく、アレクシスを即刻就床させ治療を受けることが必要なのが明瞭になったが、馬車を早めると車の震動が激しくなり、少年は疼痛のため悲鳴をあげた。スパラに到着した頃にはアレクシスはほとんど意識を失った状態であった。

二週間前、ボートから跳び下りた時アレクシスは櫂の柄の上に激しく倒れたのである。皮膚の表面にできた痣が医師たちに誤診させたのだ。彼は太腿上部か腹壁内部の深部にある小血管を破傷したのだ。アレクシスが安静にしているかぎり出血はごく微かであった。馬車の振動は新しい出血を起こさせたのみならずおそらく既に傷ついている小血管の裂目を開いたのだ。

出血をとめる手段はなかった。十一日間の間アレクシスは出血し続け、高熱を出し、疼痛に悩まされて生と死の間をさまよった。十一日間の間アレクサンドラは病床の横に座り、ほとんど一睡もせず、ソファーの上で仮眠をとるくらいであった。遂にフョードロフ外科医は国民が後世継ぎの崩御の覚悟をせねばならない時が来たと警告した。全国民による治癒祈禱が指示され容態の発表は公布されたが病気の性質については言及されなかった。十月十日僧侶たちは臨終の秘跡を行い、その日の容体発表では次の公布は皇太子崩御の発表というような言葉使いまでしたのである。その夜アレクサンドラはラスプーチンを呼び寄せる決心を決めた。ラスプーチンはシベリアへ帰っており、電報によってのみ連絡が取れた。

ラスプーチンは直ちに汽車に乗ってスパラへ急行することはしなかった。その代り彼は電報を打ち返した。「神様は貴方の涙を見、祈禱をお聞き届けになった。もう嘆くことなかれ。少年は死にませぬ。医師たちにあまり手当てをさせず少年を放っておくようにしなさい。」二十四時間後出血は止まった。

この話がほぼ真実であったのは疑いない。もし医師たちが秘密の陰謀に加担していなかったとすればこの事件は説明不可能である。ラスプーチンがアレクシスの母親にとって不可欠な存在になったのは不可思議なことだろうか？　ラスプーチンの悪行の報告が、アレクサンドラをして彼を嫌悪させることができただろうか？　彼女が祈り続けた唯一の男が現れ、その男は神と直接仲介の労を取る不思議な能力を持っていたのだ。神がラスプーチンの言うことをお聞きになるからには彼は善人に違いない。彼に反対したり悪口を言う人はかならず悪人に違いない。実に簡単な論理である。

ラスプーチンに関する多くの書物が出版されているにもかかわらず彼は未だにミステリーである。ラスプーチンことグレゴリー・エフィモビッチは、おそらく一八六〇年頃シベリアの村ポクロブスコイエで馬喰の息子として生まれ、ロシア語で無頼漢という意味のラスプーチンは彼が若者の時に付けられたらしい。ほとんど無教育で、規律に耐えられないラスプーチンは強壮な若者に成長した。十六歳頃彼は修道院入りをしたが僧侶の生活に満足出来ず、ポクロブスコイエへ帰り、馭者の仕事を見つけた。一八九一年彼は毛布泥棒の一味としてトボルスクにおいて鞭打ち刑と刑務所入りの宣告を受けている。

十六歳以後、彼には女蕩しの評判が立った。ラスプーチンには驚くべき魅力があり、彼は女性たちを残酷に扱ったにもかかわらず、ほとんどの女たちは彼の魅力に抵抗出来なかった。十九歳頃彼は近村の娘プラスコビ・フョードロブナ・ドブロビンと結婚した。彼女は息子を生んだがその息子は六カ月で死亡し、ラスプーチンは突然宗教に凝り出した。彼はギリシャのアトス山修道院へと二千マイルの徒歩旅行に出発した。そしてそれから聖地パレスチナへ歩いて行く決心をした。二年後彼はポクロブスコイエに別人になって帰って来た。彼は田舎を説教して回り、予言と手を身体に触れると病気が癒える能力のある聖者としての広い評判を得たのである。彼は気前の良さでもよく知られるようになった。彼の崇拝者が贈物をすると、普通、彼より必要な人々にそれを分け与えた。彼は時々ポクロブスコイエへ帰り、彼の妻はもう三人の子供を生んだ。彼は愛情あふれる夫であり父親であったが、同時に妻に対してはまったく不貞の夫であった。彼は説教を聞きに来た女性をも誘惑している。

このような生活が十年ほど続き、高徳の評判は徐々に高まり広まった。一九〇三年に彼はキエフに滞在していたようで、その時にアナスタシア皇女に出遭ったと言われている。アナスタシア皇女はアレクサンドル三世の従弟のニコライ・ニコライエビッチ皇子と結婚したモンテネグロ王(6)ニキタの娘の一人である。アナスタシアはラスプーチンにペテルブルグを訪問するよう招待し、彼がペテルブルグに五カ月間滞在中アレクサンドラの懺悔聴聞僧であるクロンシュタットのイワン・セルゲイエフ神父をも含む多くの有力な聖職者たちと交友関係を持つようになった。

ラスプーチンは首都ペテルブルグを離れ、流浪の旅と説教を再開したが一九〇五年の初めに再びペテルブルグに帰ってきた。最初の頃彼は数人の人々と共同生活をし、清廉潔白と病人を癒す能力の評判を高めながら地味に暮らした。この病気治癒の能力により彼はニコライ皇子と接触することになった。ニコライ皇子には熱愛する犬がいた。この愛犬が病気に罹った時、おそらく彼の妻アナスタシアの提案であろうが、ニコライはラスプーチンを呼び寄せ、彼の治療に強い印象を受けたのである。このことは不思議でも何でもないのであり、シベリアの馬喰の息子のラスプーチンは獣医学の実用的知識を持っていただけのことである。ニコライ皇子からツァー・ニコライへはただ一歩の距離であった。そしてラスプーチンは既に王室社会に出入りする僧侶たちとの知己を得ていたのだ。かくして一九〇五年十一月一日ツァー・ニコライは日記にこう記している。「今日トボルスク県出身の聖職者グレゴリーに会った。」

ラスプーチンがどの程度ニコライの記述した「聖職者」に値したかは問題である。敬神と好色の組合わせは困難だが不可能ではない。彼は恐らく心から信心深い男であった。一説によれば、彼はキリストは罪人たちを救うために現れたのであり、誰も最初に罪を犯さなければ救われないという古代からの異信に陥っていたとされ、もう一説にはラスプーチンは、愛欲を実行し異教思想に深く根をおろし、正教会からの逸脱派である、クリスティ派を支持していたとされている。ペテルブルグでの最初の年々には彼は禁欲主義を通しほとんどアルコールを飲まない菜食主義者であったようだ。一九一〇年頃になってから初めて彼の狂気じみた飲めや歌えの馬鹿騒ぎは評判になったのである。ツァルスコイエセロの閉ざされた社会に入ることを許された極く少数の一人となったラスプーチンは、政府方針に影響を与えようとする人にとっては明らかに利用出来る男であった。ラスプーチンにとっては、賢く良い友人たちだけと付き合えということは期待できない相談であったし、そしてこのことは、ラスプーチンの強大な力となって、ロマノフ王朝家を最悪の最も悲惨な結果へと導いてしまったのである。

だが彼が知らない間に、帝政ロシア政府のすべての信用を破壊している最中でさえ、ラスプーチンの助言は決して常に悪かったわけではなかった。彼は豊かな常識を持ち、仲間の百姓たちのことをよく理解していた。戦争中、彼は公平な食糧分配を主張し続け、食糧配給速度を早くして酷寒中の長時間の行列を防ぐ処置をとらないと重大な結果になると予言した。後日ペトログラード（現在のペテルブルグ）の食糧行列で革命が発生したことを考えると、彼の予言が正しかったことが証明されたのだ。もし皇后が彼に頼り切っていなかったなら、彼の宮廷における存在はそこそこバランスのとれた役割を務めたであろう。ほとんどの百姓たちは彼らの仲間の一人が貴族たちの防壁を破って中に入り込み、ツァーに手が届いた事実に好印象を受けており、彼の馬鹿騒ぎの噂など余り気にしなかったのだ。

ラスプーチンは偉大な聖人であったのか、それとも大罪人であったのか？　ラスプーチンはその両者であった。アレクシスを疼痛で七転八倒させ、もう少しのところでその生命を奪ったかもしれないあの内出血を止めた彼の能力についても、同様に問われるに違いない。彼は王宮お抱え医師たちと結託しており、医師たちは彼が主張する能力を発揮する正確な時刻を彼に申し付けたのであろうか？　彼は贋医者ピョートル・バドマイエフによって提供された「神秘的なチベットの治療法」を入手できたのだろうか？　暗示によって内出血を止めたのだろうか？　コントロール出来ない出血さえも含めたすべての病気は、「精神身体症」に由来し、治療は精神病学的治療によってできるという可能性に彼は巡り合ったのだろうか、それとも単に幸運だったのであろうか？　我々はこれらの質問に対する解答を永久に知ることは出来ないが重要な事実は、アレクサンドラがラスプーチンの力を固く信じ込んだということである。

ツァーは彼の妻の強迫観念をすべて丸飲みにはしていなかったという証拠がある。彼の日記や、彼の母親やアレクサンドラへの手紙にさえも、ラスプーチンの不思議な才能についてはまったく言及していないのだ。ニコライはスパラでの回復を「臨終の秘跡」のお陰だと考えており、ラスプーチンを極くありふれたロシア人農夫だと見なしていた。「彼は善良で信心深い単純なロシア人である。問題が起こった時や、疑問が生じた時には彼と話をしてみたい。そうするとその後必ず安らかさを覚える」と書いている。警察からの報告書を受け取るツァーは、ラスプーチンの言語道断な生活についてアレクサンドラよりずっとくわしく知っていたに違いないのだ。そしていかに善良で単純だとはいえ、アレクサンドラがそのような放蕩生活を過ごす男に依存することにたぶん当惑を覚えたのであろう。廷臣のニイロフ提督がツァーにどうしてラスプーチンの無礼な態度を黙認し続けるのかと質問した時「アレクサンドラのヒステリー発作よりラスプーチンの方がましだ」とぶっきら棒に答えたという話がある。

ラスプーチンの醜聞は第一次大戦まで差し迫った問題にはならなかった。〝信仰熱狂者〟、予言者、怪物は常にロシア宮廷従者には付き物であったのだ。ラスプーチンはツァルスコイエセロへ出入りできた最初の奇跡師ではなかった。アレクサンドラは一時フィリップ・ニイジェ・バショという贋医者に感化されて想像妊娠の症状を呈したこともあったのである。時には陳情書にラスプーチンの名を付けて出したが、ラスプーチンが一九一五年八月以前に政治に圧力をかけたという証拠はない。彼はめったに皇帝一家を訪問せず、たぶん一年に六回かそこらしか出入りしていなかった。しかし彼のツァルスコイエセロとの関係、ある皇女たち、裕福な実業家たちや貴族夫人たちとの密接な関係、公衆面前での泥酔や悪名高い好色振りは、当時検閲されていなかった新聞に報道され、多くの責任あるロシア指導者たちの顰蹙を買った。

一九一四年七月、戦争が差し迫って来た時ラスプーチンはシベリアの家で刺し傷から回復しつつあった。彼は動員命令のニュースを聞いた時、ツァルスコイエセロへ次のような電報を打った。「戦争するとロシアと皇帝一家の終りが到来し、全員死ぬのでパパに（ツァーのこと）戦争させてはいけません。」ツァーは怒って電報を破り棄てた。彼自身直ちに愛するロシア軍の指揮を取ることを欲したが、渋々と皇室中で一番経験のある軍人のニコライ・ニコライエビッチ皇子を総司令官に任命した。戦いはロシアにとって思わしくなかった。八月二十六〜三十日のタンネンベルクの戦いでは、ドイツ軍を西部戦線からそらす役目をしてフランスを救ったが、ロシア正規軍は圧倒的な敗北を喫した、弾薬の欠乏が軍の回復を妨げ続けた。ロシア軍はオーストリア軍に対して大勝利を収めたがドイツ軍には歯が立たなかった。一九一五年八月までにはほぼ四百万人を失い、ポーランドのほとんどを失った。この危急存亡の時、ツァーは自身で指揮を取ることを決定した。この決定は全閣僚の反対にもかかわらず決められたがアレクサンドラは熱狂的にこれを支持した。

この不合理なツァーの行動に対するアレクサンドラの支持は、夫がロシア帝国で誰にも劣ってはならないという彼女の決意に基づくものである。一九一五年六月アレクサンドラは前線視察中のニコライにこういう手紙を出している。

貴方はただ邁進するのみです。貴方が皇帝であり、皇帝は自分のしたいように出来るということを忘れませぬように。断固として行動しないと何事もうまく行きませぬ。貴方自身のやり方と意志をお示しにならなければなりません。貴方様は、貴方の行動を指示し貴方が何をする前にも許可を得なければならないN（ニコライ皇子）と彼の幕僚たちに引きずられてはなりませぬ。いいえ、N抜きで独自で、貴方様自身だけで行動なさりませ。兵士たちに貴方が一緒にいるという祝福をお授けなさいませ。

一九一五年九月五日にツァー・ニコライがロシア軍の指揮を取るためツァルスコイエセロを出発してから一九一七年三月二〇日にモギレフで逮捕される前日まで、ニコライとアレクサンドラの間で交換された手紙の数々によってロシア帝国末期の日々に起こった悲劇的でほとんど信じられないような事件の数々を追跡することができる。これらの手紙は最も驚くべき、かつ重要な歴史的文書である。最愛の息子の健康を回復させることができた唯一人の男に対する、この不幸な両親の異常なほどの依存を理解し、同情しない限りは、誰もこの手紙を理解することはできないのである。

九月四日にアレクサンドラはツァーにこう書いている。「銃後のことは心配なさりませぬように。あなた、私がここに居ります、愚かな妻と笑わないで下さりませ。私は目立たないようにここでしっかりと睨みをきかして居ります。」ニコライはこの手紙に狂喜した。「考えてもごらん、私の妻よ！　私の留守中貴方の夫の手助けをしてくれませんか？　このような任務を長期間あるいは、少なくとも戦争中あなたが務めないのは残念です。」九月十ロアレクサンドラは任務を受諾した。「愛しい方！　私の手助けを望まれるとは何という光栄でしょう。私は何時でも貴方のために何でもする用意があります。ただ懇請されないで出しゃばるのが嫌だったのです。」こうして馬鹿げた子供じみた言葉のやり取りからロシアの最高統治権は皇后に引き渡された。権力を愛する彼女は大喜びで受諾した。だが彼女は未だ服従させられることを必要としたのである。彼女が縋ることができた唯一人の男が居り、それはラスプーチンであった。

ツァーは神聖にして犯すべからざる専制政治の原則を維持しようと彼の統治を始めたが、一九〇五年にほとんど革命ともいえるくらいの妥協案を受け入れた。これはデュマ(7)という議会政治の一種である。デュマを二つの理由で嫌悪したアレクサンドラは受け入れなかった。第一の理由は、ラスプーチンの言語道断な行動に対する公聴会をデュマがそのかしたからで、第二の理由はデュマの存在が彼女の夫の絶対的権力と、さらに悪いことには、息子の将来の専制政治への抑制を意味したからである。息子を思う病的な恐怖心は息子が強力な君主として君臨すべきだという決意に姿を変えた。この目的達成のためには、ニコライ自身がイワン雷帝(8)、ピョートル一世大帝(9)のように、揺るぎない力を把握し、それをそっくりそのまま息子に手渡す過酷な専制君主でなければならなかった。彼女は手紙の中で繰り返しこの問題に戻っている。「坊やのために私たちは断固たるべきです。そうでなければ坊やの相続権は目茶目茶になります。坊やは他人にぺコぺコせず思い通りの行動をする性格の国王になるべきです。」「私たちは坊やに強力な国を譲らなければなりません。坊やのために断じて弱気になってはなりません。さもなければ坊やはさらに困難な統治をしなければなりません。私たちの犯した過ちを正し、貴方がゆるめた統治の手綱を引き締めましょう。坊やは強固な意思と考えを持っています。事態把握を取り逃がし、坊やに再び元通り築きあげさせる愚を避けましょう。」これが最後の十八カ月間の間、数々の致命的過ちを犯すようニコライを追いつめた原動力であった。

アレクサンドラには国益や、戦争遂行への努力その他の考えはまったくなかった。彼女の唯一の基準は、各閣僚のラスプーチンに対する反応だけであった。若し彼女の閣僚たちがラスプーチンに相談し、彼の提案を受け入れたなら、〝善〟であった。初めは、もしラスプーチンに積極的に反対すると、〝悪〟であったが最終的には彼の意見を求めない閣僚は〝悪〟となったのだ。

一九一六年二月二日、年老いたゴレミキンは突然解任され、宮廷式部官B・V・ストュルマーが取って代わった。最初ストュルマーはラスプーチンの強力な味方として行動し、皇后の信任が厚かった。「献身的で正直、信頼できる男」であり、そのため内務大臣にも任命された。彼が仕事について無知でありほとんど任務遂行の努力をしなかった事実は、彼がラスプーチンを支持したため問題にはならなかった。

もし彼が有能であったとしても、ストュルマーという典型的なドイツの名前は彼を要注意人物にさせたはずである。事実連合軍の大使たちをも含めた多くの人々は、ストュルマーがツァーにドイツとの単独講和を結ぶよう進言すると思ったのである。十一月の初めにデュマのメンバーは彼に対する痛烈な攻撃を開始した。アレクサンドラはニコライにこう書いている。

デュマを静めるため、ストュルマーは病気と偽って三週間の休暇を取るべきです。彼は精神病院の患者たち(デュマ)を興奮させる赤旗のような存在なので、暫くの間行方をくらまし十二月にデュマが終った時舞い戻るべきです。

ニコライは妻の状況描写に同意した。「貴方が言う通り、ストュルマーはデュマにとってだけでなくロシア全体にとって赤い旗のような存在となった。ああ！　私はこのニュースをあらゆる方面から聞くのである。誰も彼を信用しないのだ。……ああ！　残念ながら彼は出て行かねばならない。」十一月二十二日ツァーはストュルマーを両方の任務から解き、非常に有能なポクロフスキーを外務大臣に、そして先任閣僚のA・F・トレポフ(運輸大臣)を臨時総理大臣に任命した。アレクサンドラはこの人事にまったく不満であった。

個人的に私はトレポフが大嫌いで、年寄りのゴレミキンやストュルマーに対したと同様な感情を持つことは絶対に出来ません……。もしトレポフが私、または私たちの友人(ラスプーチンを指す)を信じないなら前途は多難となるでしょう。私はストュルマーに言って、トレポフにどのような態度でグレゴリー(ラスプーチンのこと)を取り扱うか教え、またどのように彼を常に保護するかを指示させました。

トレポフは一九一七年一月まで就任し、その後に帝政ロシア最後の総理大臣として、ニコライ・ゴリツィン王子が取って代わった。英国の歴史家バーナード・パレスはゴリツィンを〝健康が勝れない正直な年寄紳士で、皇后は彼を慈善委員会の副委員長として覚えていた〟と記している。この総理就任の提案に慄然としたゴリツィンは病弱と無経験を理由に抗弁辞退したが皇帝の直接命令に逆らえなかった。ゴリツィンは何も心配することはなかったのだ。彼もトレポフも、帝政ロシア最後の日々には何の価値もなかったからである。皇后とラスプーチンの二人は、最初は大臣代理でそして終りには最後の帝政ロシア内務大臣となったA・D・プロトポポフという理想的なパートナーを見出して三頭政治を作ったのだ。

プロトポポフはデュマ副議長であったので一見したところでは非常に分別のある選択のように見えた。実際にはプロトポポフは絶望的なくらいこの地位に向いていなかったが皇后からツァーへの度重なる要請の後一九一六年九月二十三日にこの任についた。まず第一に彼はおそらく精神異常者であった。これは彼と接触のあった多くのロシア人たちの共通の意見であった。以前彼は梅毒を患い、偽医者バドマイエフによる「神秘的チベット治療法」によって治療されたのだ。バドマイエフは皇太子の血友病に対するラスプーチンの治療法の出所であったらしく、ラスプーチン一味の芳しくないメンバーの一人であった。プロトポポフが脳梅毒に罹っていたのはほぼ疑いのない事実であり、もし幸運にもボルシェビキに(10)よって銃殺されなかったら、彼はおそらく悲惨な死に方をしたであろう。彼は職務について何も知らなかったが、内務大臣として、軍、政府、国全体の徹底的改善を、複雑なグラフや図表を使って説明する素晴らしい計画をすることでほとんどの時間を費やした。彼は内閣やデュマの会議にほとんど出席しなかった。

ツァー・ニコライは狂人を一番重要な閣僚の一人として置くことが賢明かどうかを疑った。

プロトポポフのために残念に思う。彼は善良で正直な男であるが転々と考えを変え、何事にも決心をすることができない。これには最初から気付いていた。二、三年前にはある病気の後で（彼が偽医者バドマイエフの治療を受けた時）彼は正常ではなかったと聞いている。このような危機の時に、そんな男に内務大臣の職務をゆだねておくのは危険である。これだけはお願いするから、私たちの友人（ラスプーチンを指す）をこれに参画させないように。責任は私にあり、それゆえ私自身で自由に決めたい。

ロシアに取って不幸なことには、ラスプーチンとアレクサンドラが断固としてプロトポポフを解任させない決意を固めたことである。アレクサンドラ皇后は、可哀相な夫に対して最も激しい一斉射撃を浴びせた。

私は今プロトポポフを解任しないよう貴方に懇願します。彼は大丈夫です。彼は誠実な男です。ああ最愛の貴方、私を信じて下さい。私は利口ではないかも知れません。でも私には頭脳よりすばらしい鋭い直感があります。再会の日まで閣僚の誰をも変えないで下さい。お願い致します。静かに二人で話し合いましょう……プロトポポフは私たちの友人（ラスプーチンを指す）を崇めるので祝福されるべきです。……彼は狂ってはおりません。彼の妻が神経衰弱のためバドマイエフに診て貰っているだけなのです。……私を安心させて下さい、約束して下さい、お許し下さい。これもすべて貴方様と坊やのためなのです。

手紙を出してから二日後アレクサンドラはツァーの司令部に向かって出発し、そこに三週間滞在した。予期に反してニコライは頑強に拒否したのでこの訪問は気まずいものとなった。ツァーはプロトポポフに対する反感で四面楚歌であると主張した。アレクサンドラは彼が断固とした〝明瞭で厳格な態度〟をとり、世論の非難など気にしない皇帝であるよう懇願した。とりわけ彼がラスプーチンを信じなければならないといった。彼女はこう書いている。「ああ貴方様、ラスプーチンは私たちの救い主だということを貴方に理解させようと神様に一生懸命祈ります。もし彼がいなかったら一体どうなったか解りません。ラスプーチンはお祈りと賢明な助言で私たちを救い、彼は私たちの信仰と救いの拠り処なのです。」アレクサンドラが帰った日、ニコライは「不機嫌で勝手気儘」であったことを詫びる手紙を書いている。だがアレクサンドラは彼女の勝手をおし通したのである。プロトポポフの職は確認され、ラスプーチンの助けで皇后とロシアは破滅へと向かったのである。

一九一六年にはツァー、アレクサンドラ、ラスプーチンの評判はロシア中のあらゆる階級において非常に悪化した。この憎悪は僅か十八カ月足らずの間に発生したのである。ツァーに本当の情勢を理解させようとする、好意からの忠告が引きも切らなかった。彼の母親、数名の皇子たち、英国とフランス大使たち、デュマ議長等々すべての人々が危機を警告し、ラスプーチンを追い払い、国民と共に立ち上がるよう懇願した。アレクサンドラのお気に入りの義理の叔父であるポール皇子、彼女自身の姉エリザベス皇女はアレクサンドラにラスプーチンの影響力を取り除くよう懇願した。しかし誰も成功しなかった。その結果皇帝の一族はラスプーチンを取り除く直接行動を取ることを決定したのである。

英国の歴史家バーナード・パレスによれば、皇帝の一族は、ラスプーチンの死後一〜二週間でアレクサンドラは精神病院入りをし、そうなれば、ニコライを説得して憲法を守る良い君主になるようにすることが簡単に出来るという無邪気な判断を下したのだ。ツァーの義理の甥である若いフェリックス・ユスポフ皇子が陰謀を廻らし、その陰謀に、熱烈な君主制主義者であり極右のデュマ＝メンバーであるV・M・プリシュケビッチとツァーのお気に入りの従弟でありポール皇子の息子であるドミトリーが加担した。

一九一六年十二月二十九日の真夜中、ラスプーチンは約束をしていたペトログラードの豪華な邸宅にユスポフを訪問した。ラスプーチンは階下の部屋で筋書通り、青酸カリ入りの菓子とお気に入りのマデラ白葡萄酒を振舞われ、菓子一個とワイン数杯を飲み干した。そして彼はユスポスにバラライカを弾くよう所望した。ラスプーチンは首をぐったり垂れてバラライカを聴いていたが倒れなかった。他の暗殺者たちは階上で待機していた。ユスポフはちょっと失礼と言って階上へ行き、ドミトリーに連発ピストルを借り階下へ戻って来た。ラスプーチンは未だ首を垂れて座り、激しい息使いをしていた。ユスポフは心臓の近くを撃ってから階上へ行きラスプーチンの死を知らせた。だがラスプーチンは未だ死んでいなかったのだ。彼はユスポフの跡をつけて階上へやって来て、扉を押して激しい怒りに叫びながら中庭へよろめいて入って来た。プリシュケビッチはあわてて二発ピストルを撃ち、そのどちらも目標を外れ、さらに二発撃ってラスプーチンは雪の上に顔をかぶせるようにして倒れた。一味はラスプーチンを車の中に放り込み、ネバ川にかかる橋まで車を走らせ、氷の穴の中に彼を押し込んだ。だがその時になってもラスプーチンは未だ死んでいなかったのだ。一月一日潜水夫が彼の死体を捜し出した後の屍体解剖により、肺には水が一杯はいっていたことから、氷の中に押し込められた時、呼吸していたことが判明したのである。

ラスプーチンがピストルで撃たれて死ななかったのは、多分暗殺者たちが動転していて狙いが外れたことで説明出来る。だが毒物に対する彼の抵抗力を説明するのは一見したところずっと難しいように思える。ケーキや葡萄酒の中に青酸カリが入っていなかったという説が一般に受け入れられている。毒物を提供した医者が、陰謀が露見した時自分の安全を計るため、無害な化学薬品を似ってすり替えたというのである。しかしここに、もう一つのもっと可能性のある説がある。青酸カリは、経口的に摂取された場合、通常胃の中に存在する塩酸によって分解され、致死的毒物の青酸となり、ほぼ瞬間的に生命を奪う。極く少数の人々の胃中には塩酸が存在せず、この〝無塩酸症〟は慢性アルコール中毒患者の間に多い。大酒飲みで知られていたラスプーチンは大量の青酸カリでも死ななかった可能性は充分にある。

ラスプーチンの死に対するアレクサンドラの反応は期待されていたのと正反対であった。絶望的な躁鬱病に逆戻りするどころか、彼女は最初のショックから完全に回復したのだ。驚くべきことは、続く十八カ月間の間悲惨な境遇と侮辱を通して全家族を支えたこの病んだ女性の驚くべき剛毅さである。

ツァー・ニコライはこのドラマの中で完全に虚脱状態に陥っただただ一人の俳優であった。ラスプーチンが死に、ツァーが権力の座から転落する間の二カ月間にツァーに会った人々は、彼の外観と態度の激変に仰天した。彼の往年の、今や失われてしまった顔には皺が増え無表情で眼はどんよりとして黄色がかり、気難しく、ためらいがちとなり、時には週の曜日まで知らないのみならず周囲に何が起こっているか気付いていないようにも見えた。多くの人は彼が大酒を飲んでいるか、麻薬を摂取していると考えた。その推測のどちらをも支持する証拠はないが、精神的と肉体的理由の両者を見出すことができる。この十八カ月というもの、ツァーの生活は極度の緊張の連続であったのみならず、彼は完全に孤立してしまったのである。顧問たちや昔からの献身的な親友たちは愛想を尽かして辞任するか、アレクサンドラの命によって解任された。彼はこの孤立が、妻に対する忠実と、彼女のラスプーチンに対する思い入れに原因していたのを承知していたに相違ない。アレクサンドラにとってラスプーチンは必須な存在であり、それゆえあらゆる犠牲を払ってても召し抱えておかねばならなかった。そして今ラスプーチンは去り、彼の妻はほとんど平然としているように見えた。つまりこれらすべての犠牲と誤った決定は不必要だったのである。

肉体的な理由は二本の手紙の中に見出すことができる。一九一五年六月十二日、彼はアレクサンドラの質問にこう答えている。

愛する人よ、私は心臓の調子が良くないのを感じ出した。最初は昨年八月のサムソノフ大災害の時であり、そして今再び起こりました。息をすると左側が重く感ぜられます。

一九一七年三月十一日さらに不吉な一節がある。

今朝礼拝式出席中、激しい胸部疼痛に襲われ、これが十五分間続いた。礼拝式出席を続けることがほとんどできないほどであり額は冷汗でびっしょりであった。動悸はしなかったので何であったかは理解できない。処女マリア像の前に跪いた時突然痛みが去った。これが再び起こったらフョードロフに言おう。

ツァーは小さな冠状動脈梗塞か狭心症を経験したように思える。

ニコライはロシア軍総司令官であったが、ラスプーチン暗殺後二カ月間ツァルスコイエセロに留まった。アレクシェフ将軍は、多分ある部隊での軍規が気遣われるほど乱れたので、司令部に急遽ツァーの来訪を懇請した。彼が出発した次の日に、オルガとアレクシスは麻疹に罹り、まもなく、他の三人の娘たちとアレクサンドラの親友のアンナ・ビロウボバも間もなく麻疹に罹った。アレクサンドラは献身的に病人たちを看護し、政府の仕事をする時間はほとんどなかった。プロトポポフは時々呪文で降霊術会を開き、ラスプーチンの霊的助言を得てほとんど一人だけで政府をやりくりした。

三月八日木曜日、ニコライがツァルスコイエセロを出発したその日にペトログラードで騒動が発生した。一カ月前から、ロシアの冬としても珍しいほど気候が厳しく、鉄道はほぼ麻痺し、食糧と石炭はほとんど市内に到着しなかった。小麦粉は充分にあったがパンを焼く燃料がなかったと言われている。デュマは政府の食糧政策を激しく攻撃した。一方群衆は当てもなく路上を彷徨し、パンを要求したが、ほとんど暴徒となることもなく警官に命令されると静かに解散した。騒動の翌日には群衆の数が増え、多くの食糧品店は略奪された。コサック騎兵隊は警官を助けて秩序を回復したが、両者とも群衆を攻撃したがらないように見えた。

三月十日の土曜日まで、デモをする群衆に政治色は現れなかった。数人の群衆は赤旗を掲げ、「ドイツ女を倒せ」の叫びも聞こえたが、その点以外では騒動は広汎な食糧騒動以外の何物でもなかった。日曜日には警官と軍隊は群衆に向かって発砲した。パブロフスキー連隊は反乱を起こしたが、有名なプレオブラゼンスキー師団によって武装解除され、秩序は日暮れまでに完全に回復した。しかし日曜日の暴動の最中、群衆に向かって発砲したボリンスキー連隊は愛想を尽かして兵舎へ帰ってしまった。その夜の間に、兵隊たちは反乱を起こし、将校一人を殺害した。三月十二日の月曜日の朝、ボリンスキー連隊は路上の群衆に合流した。この行動が目標のない〝パン暴動〟を革命に変えたのである。

月曜日の朝早くデュマの左翼グループ指導者たちはアレクサンドル・ケレンスキーのアパートに集まり、政権を覆すチャンスが今まであったのに、その機会を逃してしまったと考えた。しかし三時間後、後日臨時政府首相となったアレクサンドル・ケレンスキーは、ボリンスキー連隊反乱のニュースを聞き、直ちに友人に電話して、連隊がまっすぐデュマへ行くよう勧告することを指示した。ボリンスキー連隊はこの勧告を受け入れ、他の連隊にも代表を派遣して〝デュマ防衛のため〟兵舎を出てボリンスキー連隊と合流するように誘った。夕方までにはイスマイロフスキー連隊の三中隊と追撃兵三中隊以外の全ペトログラード駐屯軍はデュマ側に移った。どっちの方向に事態が動いているかを見てデュマは解散することを拒否した。

しかしツァーは未だツァーであった。デュマと司令部の間に緊急電報が交わされた。その夜おそく、ニコライは事態が極度に重大であることを理解した。三月十三日、火曜日の朝三時に彼はイワノフ将軍にペトログラードへ行くことを命じ、彼自身も皇室御料車に乗って出発した。イワノフはツァルスコイエセロに到着しそこで内閣がデュマによって逮捕され、ペトログラードの秩序が回復されたのを知った。彼は旅を続けても意味がないと判断し司令部へ引き返した。ニコライはイワノフの汽車の後を追わない致命的な過ちを犯した。彼はモスクワ＝ペトログラード間の幹線に接続する支線を使って南方へ向かった。交差点とペトログラードの中間まで来た時彼の護衛は支線が革命軍一味によって占領されており、進むのは危険だという警告を受け取った。一行はプスコフへ向かって西方に進む決定をした。プスコフではルズスキー将軍が北方前線を指揮しており、状態を有利に収拾できたかも知れなかったのだ。

ツァーはプスコフに三月十四日の夕方到着した。

その時ペトログラードは無政府状態であった。デュマは一種の暴徒政治の中心となり、挙手することによって急遽選ばれた千人当たりに一人のソビエトまたは労働者・兵士会議の、支持と反対を交互に繰り返しながら法と規律に似たようなものをかろうじて回復しようとしていた。三月十四〜十五日の夜間、デュマとソビエトとの間に長びいた激論が戦わされ、ツァーの地位は保存されるべきだが、ニコライはツァーの地位から退位し、アレクシスが、デュマの保護監督と叔父ミハイル皇子の摂政政治という条件で憲法上の君主として王位につくことで合意した。自由主義者アレクサンドル・グチコフと君主制擁護者のバジル・シュルギンの二人のデュマ議員が譲位証書を作成し、三月十五日の明け方プスコフに向かって出発した。

他方、前線で指揮を取っていた将軍たちは忙しくお互いに電話を掛け合って連絡を取った。将軍たちはツァーの退位によってのみ事態が収拾できるという点で意見が一致した。ルズスキー将軍は将軍たちの意見をニコライに伝え、ニコライは躊躇した後同意した。三月十五日午後三時、ニコライは自分自身の譲位決議書を作成し、ミハイル皇子を摂政としアレクシスを後継者として指定した。ニコライはデュマ議長のロジアンコに電話でこの決定を伝えることを望んだがルズスキー将軍は、デュマ代表グチコフとシュルギンがプスコフへ向かっているニュースを聞き、彼らが到着するまで待つようにニコライに勧めた。

デュマ代表たちを待っている間に、ツァーは考えを変えた。彼は外科医フョードロフを呼び寄せ、息子の病気が治癒可能かまたは不可能か真実を言うように迫ったのだ。フョードロフは、医学は血友病を癒すことができないと正直に答えた。三月十五日の夜十時にグチコフとシュルギンが到着した時、彼は病気の息子から離れることはできないと言った。ツァーは彼の弟ミハイル皇子にだけ王位を譲る意思がある旨申し伝えた。

デュマの代表たちはびっくり仰天した。すべての計画が駄目になってしまった。デュマの保護監督下の十二歳の少年は受け入れられるが、一時ロシアから追放された人気のないミハイルは、もう一人のロマノフ独裁者に過ぎないのである。代表たちがペトログラード駅でツァー・ミハイルを布告した時、怒号の渦にあい、激怒した暴徒の群からやっと逃げ出したのである。二十四時間後ミハイルもまたロシアの王位を放棄した。血友病がロマノフ王朝を救う最後の機会を台無しにしたのである。

もし、ニコライがアレクシスに譲位していたら違った結果になったであろうか？　デュマもソビエトもその時快くアレクシスを受け入れたように見えるのである。年のいかない、病身の少年は国民の同情を奮い立たせ、挙国一致点を見出し、動揺したロシア国民をして平静を取り戻せたかも知れなかった。銃後の士気、特に首都の士気は非常に低かったが、まさに最後の十八カ月間の白痴的行動の間に瓦解したのである。前線での士気は驚くべき高さで、三月革命以後起こった士気瓦解には似ても似つかないくらいであった。武器弾薬の充分な補給が、遂にロシア国内の工場と英国から続々と到着しだした。アメリカもドイツと交戦寸前であった。ドイツのルーデンドルフ将軍とヒンデンブルク元帥はロシア前線での一九一六年夏と秋の従軍中、不安感を隠していない。ロシアよりさらに消耗したオーストリアは既に講和の瀬踏みをし、一九一七年には再びそれを繰り返したのであった。ロシアが若いツァーの味方に馳せ参じた可能性は充分に考えられることである。そうすれば世界の歴史はまったく違ったものになったであろう。

無政府状態、幻滅、敗北の夏が過ぎた一九一八年秋に、絶望的なロシア国民を奮起させた唯一の声はパン、国土、平和であった。少数派ボルシェビキ(10)はこれらを約束し、権力を握った。続いて起こった内乱中、ツァー一家はボルシェビキが占領するウラル山脈東側のエカテリンブルグに連行された。そこで一九一八年七月十六日の夜、エカテリンブルグ＝ソビエトの命令により、一家は全員銃殺された。一家は何時も寄り添って暮らしたように、寄り添って殺されたのである。

(1) メンデルの再発見　ドフリース(アムステルダム)、コレンス(テュービンゲン)、チェルマク(ウィーン)による。
(2) ハプスブルク家　一九一八年までオーストリア帝国の王家。十五世紀以来の帝位を事実上独占、ハンガリー、ボヘミア、スペイン等の王位も兼ねた神聖ローマ帝国の君主。
(3) サーレム魔女狩り　マサチューセッツ州北東部の海港で一六九二年に魔女裁判で十九人が絞首刑にされ一人が圧殺された。
(4) スコットランド女王メアリー(一五四二〜六七)　メアリー・スチュアート。ボズウエル伯との結婚がきっかけで貴族の反乱を招いて廃位され、翌年英国に逃れて幽閉の身となり、後に英国女王エリザベス一世に対する陰謀に加担したとして処刑された。
(5) ツァルスコイエセロ　ツァーの村という意味。サンクトペテルブルグ南二十キロ。ツァーの離宮があった。徳川時代、カムチャッカに流れついた大黒屋光太夫はラクスマンにともなわれて、この離宮で女帝エカテリーナ二世に謁見した。
(6) モンテネグロ　ユーゴスラビア南部の一共和国。
(7) デュマ　ロシア帝政時代の議会。一九〇五年ニコライ二世によって始められ、一九一七年労働革命によって廃止された。
(8) イワン雷帝(一五四七〜八四)　ロシア帝国最初の皇帝(ツァー)。第三章参照のこと
(9) ピョートル一世(ピョートル大帝)(一六七三〜一七二五)　在位(一六八二〜一七二五)の間に後進国ロシア

に西欧的絶対主義国家体制をひき、強国に列せしめた英君。

(10) ボルシェビキ　ロシア社会主義労働党の急進派で一九一七年の革命を経てコミンテルンですなわち第三インターナショナルを組織し、一九一八年以来共産党と称した。

〔訳者追記〕　最近、本章に関する興味ある本が英国で出版された。Potts and Potts 著の *Queen Victoria's Gene* (Alan Sutton 1995) である。本書はまことにショッキングな本である。血友病が、ヴィクトリア女王に発し、ロマノフ王朝にもたらされたことについて、ヴィクトリア女王の両親が、五万分の一の確率で変異した血友病の遺伝子をもつようになったか、そうでなければ、ヴィクトリア女王は私生児であるという内容である。後者であるとすると、その後の英国の王位は誰がつぐべきであったかということまでのべている。

第八章　群衆暗示

病気は二種類に分類することが出来る。一つは肉体的病変が証明できる身体的あるいは器質的病気であり、もう一つは肉体的病変を伴わない精神的病気である。しかし病気が純粋に身体的なものであったり、純粋に精神的なものであることはめったにない。つまりほとんどの身体的病気は精神的要素をも含むのである。患者が病気であるという事実自体が、明確な身体的原因と関連付けることのできない症状を引き起こす。しばしインフルエンザの後で患者を襲う憂鬱はその良い例である。同じように簡単な診療では発見できないが、精神病もしばしば身体的病気を伴っていることがある。精神病のある例では血液の生化学検査が異常であり、別の例では、精神科医が患者を診察中、精神障害の身体的原因を発見できるのである。

英国王ヘンリー八世（在位一五〇九〜四七）は梅毒という身体的病気に罹っており、歴史上その影響は明瞭である。しかしその影響は彼の強大な地位と、精神病的欠陥であった尊大さと不寛容さによってますます激しいものになった。ヘンリーの主な疾患は身体的なものであり、精神病学的要素は二次的なものであった。ナポレオンは一生を通じて、いくつかの軽い病気に悩まされたが、彼は実際の自分より自分自身をずっと偉大な人間だと信じ込み、自分が世界支配者だという考えを抱いていた。この意味で彼は精神病学的に言って異常であった。彼の主な病気は精神病的であり、彼の身体的疾患は彼の転落に大きな役割を務めたが、二次的なものであった。

精神と身体要素の興味ある組合わせを、不可解なジャンヌ・ダルク(1)の例に見ることができる。ジャンヌは十三歳頃から、〝声〟を聞き、聖徒の〝幻影〟を目撃し、それらの超自然現象が彼女に、フランスのドーファン(2)のところへ赴き、ドーファンを王位につかせ、英国人とブルゴーニュ(3)人をフランスから駆逐し、清浄化した王国を神への奉仕のために捧げるよう命じたのである。正常人は超自然の声を聞いたり、幻影を目撃したりすることはないのでその点では、ジャンヌ・ダルクは疑いなく異常であった。しかしジャンヌは狂人ではなかった。事実彼女は何から何まで現実的であり、入念に方針を立て、その方針は最終的には成功したのだ。それゆえ彼女が聞いた声や幻影を精神病者の幻覚として片付けるのは賢明ではない。ジャンヌ・ダルクが〝一風変った乙女〟つまり彼女が精神的立場から言って異常であったことは認めるが、視覚と聴覚異常の身体的原因の方も探すべきだろう。

唯一の証拠は、彼女の裁判の時にジャンヌが提出した証拠の中にあり、そして彼女は天国からの訪問者について話すことを極度に嫌ったことである。判事たちはジャンヌの霊感は黒魔術の所為だと証明したがり、またある時は彼女が麻薬中毒者であるとした。「マンドレークの根を用いて、何を言ったのか?」と判事たちは問いただした。ジャンヌはどちらかと言えば奇妙な答えをしている。

> 私はマンドレークを持っておりませんし、今まで一度も所有したこともありません。私の町の近くにあるという話を聞いたことがあります。有害で危険なものだと聞いております。何のために使われるのか知りません。

マンドレーク（*Mandragora atropurpurea*）は最も有名な中世の薬品の源であり、素晴らしい効力があると思われていた。しかしマンドレークがジャンヌが経験したような幻覚を起こさせたかも知れないというのは疑問である。

ジャンヌは十三歳の時にはじめて〝声〟を聞いたと法廷で言っている。はじめて〝声〟を聞いた時彼女は恐れ戦いた。三度目の時まで彼女は〝声〟が何を言っているのか理解できなかったし周囲が騒がしい時は理解できなかった。後になって聖徒たちの姿が現れた。彼女は聖徒たちの外観について述べていないが、聖徒たちを抱擁した時、気持ちの良い香りで包まれていたという。聖徒たちの出現は彼女を戦かせ、ジャンヌは跪いたと二度言明している。そしてその次に重大な証拠が出てくるのである。

私は右側に声を聞きました。……そして光の輝きなしでは声を聞くことはほとんどありません。光の輝きは声と同じ側からで通常強烈な光です。

ある時彼女が眠っていると、触覚ではなく音だけの〝声〟がジャンヌを目覚めさせた。声は彼女が寝ていた牢獄の中でしたとは思えなかったが確かに城の中であった。ジャンヌは起き上がり、ベッドの上に座り、両手を組合わせて〝声〟に感動した。

ジャンヌ・ダルクの死後しばらくたってから行われた名誉回復裁判で、僅かだが証拠が発見されるのであった。二人の僧侶が火焙りの刑を行う日の朝、彼女を独房に訪問したと証言している。ジャンヌは聖徒たち（または妖精たち）が無数かつ極めて小さい微小物の形で彼女の所へやって来たと僧侶たちに話した。示唆に富む唯一の他の証拠は、入獄中と裁判中に彼女を襲った誠に不可思議な症状である。看守はこの病気をロワール地方の珍味の魚シャド(4)を食べたためとし、一方ジャンヌはボーヴェー(5)の司教が彼女に贈った鯉によるとしている。彼女の看護をした外科医ジャン・ティフェーヌは病気の精細を知りたいと望んだとき、付添人たちは彼女が何回も嘔吐したと彼に告げた。

正確な診断をつけるには証拠は不充分であるが身体的病気を充分に示唆する症状がある。思春期頃からジャンヌはひどい耳鳴りの発作に悩まされた。或る患者たちは耳鳴りを会話として解釈する。耳鳴りは右側だけで、数々の黒い斑点が跳ね回って混る閃光を見るという視覚障害を伴っていた。このような斑点の視覚はそれ自体、悪心のよく知られた症状であり、それがあまり激しいためジャンヌは時に嘔吐したのだ。悪心嘔吐と同時にジャンヌは眩暈を経験し、座るか跪くことを余儀なくされた。彼女はたぶん右耳の、バランスをコントロールする三半規管の疾患に冒されており、現在ではメニエール氏病と呼ばれるタイプの病気であったと思われる。

しかしジャンヌ・ダルクの身体的病気は明らかに二次的な重要さを持つものでしかなかった。彼女は〝声〟がフランス解放を要求したと自分を信じ込ませたのである。使命を確信するあまり、彼女は次々と他の人々を信じ込ませ、偉大な大衆運動の導火線となったのである。フランスは悲惨な状態にあった。七十年に亘る負け戦と外国軍占領の後で、フランス人は希望を失っていた。ジャンヌは同胞に新しい希望をもたらしたのである。我々はここに、群衆行動の偉大な変化のきっかけを作った一人の人間を確信を持って指摘することができる。このような群衆行動の変化の例が多く存在する。或る場合には連鎖反応のきっかけを作った個人を見つけることができるし、別の例では、異議を唱えることなく受け入れてきたことは望ましくないという、一般的認識があったように思われるために、個人の鼓舞によるきっかけを見出すことができない。そのような認識は大衆運動の源となり、思考や行動パターンの変化の原因となるのである。

文明の進歩は蔽いかぶさる何枚かの皮膚にたとえることができる。皮膚の下では、獣（人）としての恐怖、憎悪、怒り、貪欲、自己保存、種族保存といった原始的本能が未だに潜んでいる。各個人の一生の中で、その皮膚が破れ原始的本能が表面に現れる時がある。そのような場合には文明によって課された抑制は失われる。個人個人の獣のような激怒や恐怖について説明することができる。人間たちには群居性があり、他人を模倣する傾向があり、そのため時期が誂え向きになると不合理で原因のない恐怖や怒りが個人から群衆に乗り移るのである。このような理由で、個人同士で直接接する時には分別のある男女たちが、群衆の一部となるとしばしば他人は敵意を持っているという頑迷な妄想に取り憑かれるのだ。一グループの群衆が、非常に類似した別のグループを、極悪非道の連中であるとか、悪魔の手先であるとか、腐り切った輩と見なした多くの例が存在する。これは通常暴徒ヒステリーまたは集団ヒステリーという名で呼ばれている現象である。

最も簡単な型の集団ヒステリーは良く発生する集団失神によって実証される。一人の少女が仕事場で失神すると、次々に他の少女がそれに続き、二〜三分間の間に一ダース位の少女が気を失ってしまうのだ。工場監督または医師が調査をする。時には原因を発見できる。例えば仕事場が異常に暑かったとか、有毒ガスで空気が汚染されていたとかいうような原因である。たいてい明確な原因は発見できないが、おそらく身体的説明をすることは可能である。最初の少女は生理のため過度の出血をしていたとか、朝食抜きで働きに来たとかいう理由である。残りの少女たちは〝同情失神〟の症例である。彼女らの失神はヒステリーによるもので身体的原因は存在しないのだ。

失神が伝染可能であるように、恐怖も伝染し、時には悲劇的結果を招く。一八八三年五月三十日、マンハッタンとブルックリンを結ぶブルックリン・ブリッジが開通して間もなく、橋が崩壊寸前という理由のない恐怖が群衆の間に拡がった。橋から逃げ出そうと人々が殺到し、十二人が踏み殺され二十六人が重傷を負った。パニックのきっかけとなった原因はもちろんはっきりとしていない。一説では橋の上で移動する群衆の重みのため橋がゆらゆらと揺れ出したというのであり、もう一説は誰かが〝橋が危険だ〟と叫んだというものであり、三番目の説は女性が階段のところで転んだ時金切声を出したとしているのである。一九四四年、ロンドンにおいてV2ロケット爆弾の空襲中、地下防空壕入口へ続く階段でも同様に根拠のないパニックが起こり多くの死者を出している。

同情失神やパニック恐怖というものは群衆暗示によって起こるもので、それはある個人の失神やパニックが、周囲の人々がまねすべきものだと思わせてしまうことである。

原始的衝動である恐怖、憎悪、怒りはそれに対し即刻に反応し、そしてできれば、暴力的な行為を取るよう個人に暗示するのである。暴力行為は行動を意味するが、我々は常に効果的な行動を取ることはできない。打撃を加える具体的な物が存在しないかも知れないし、抗議の対象が相手として強力過ぎるかも知れないのだ。この行動に対する衝動が一個人から他の人々に乗り移る時、群衆行動が起こる。群衆行動に携わる群衆は彼らの抗議をうまく説明できないので奇怪な形を取ることがある。

中世ドイツで起こった舞踏狂は特に我々の興味を引くのである。というのは我々はここに、その奇怪な行動のきっかけを作ったと考えられる身体的原因——ライ麦に含まれる麦角——を見出すことができるからである。麦角に含まれている科学成分の一つはD＝リゼルグ酸アミドである。リゼルグ酸ジエチルアミド（Lyserg-Säure-Diethylamid）というスイス名から一般にはLSDとして知られている。LSDは幻覚、興奮、強烈な色彩感覚をもたらし、外部からの影響に対し鋭敏になる。外部の影響の一つはリズムである。この理由で若者たちがポップコンサートを聴きに行く前に時々ドラッグを摂るのである。興奮、幻覚と、尖鋭化したリズム感覚がしばしば一緒になってダンスという行動に形を変えるのだ。

舞踏狂の小規模な発生が中世の初めから十六世紀の終り頃までドイツで発生した。これはドイツだけに限られて発生したわけではない。最後に知られている〝伝染性舞踏狂〟は一九一一年にダーダネルス海峡の地中海出口付近で発生している。最も重大な発生は一三七四年七月にエクス＝ラ＝シャペルで起こった。最初の限局した流行は麦角に感染したライ麦パンを食べて発生したと考えてよいであろう。被害者たちは路上で興奮を抑えきれず、絶叫し口から泡を吹いて踊り出した。或る患者たちは血の海に漬かったと言い、他の者たちは天が開いて王座に就いたキリストと処女マリアが現れるのを目撃したと言い張った（幻覚）。

最初踊る人たちには目的はなかったが患者たちの物真似をする支持者たちが急速に増加した。何千人という人々が冒され、熱狂して聖職者に対する抗議に発展した。踊る人たちの流れが北海沿岸低地帯[6]に侵入し、ライン川に沿って移動し、ドイツ中至るところに現れた。ケルン、マインツ、ストラスブールは恐怖に支配された。暴徒たちは修道院の建物を占領し僧侶たちを罵ったが、彼らが憎んでいた皇族の身分をもつ司教たちの誰をも追い出すことに成功しなかった。後期になってくると、踊る人たちは疼痛その他の外部刺激にまったく無感覚であるように見えた。これはＬＳＤ中毒というよりヒステリーの症状である。舞踏狂は第二章で述べた鞭打苦行者[7]と非常に類似している。鞭打苦行運動はペスト流行に対する神への代願として始まり、それが金持ち、教会、政府への抗議へと発展して行ったのを記憶してほしい。鞭打苦行運動と舞踏狂の両者共セックス活動の増強を引き起こした。激しい行動と感動の両者共セックスに対する衝動や種族保存という最も原始的な本能を刺激するのだ。この刺激は妖術儀式の一部として故意に使用された。妖術が原始人への真の逆戻りであるかどうかは多少疑義がある。多くの人はバール神崇拝(8)やミスラ礼拝(9)の痕跡だと主張するし、トレバー＝ローパー教授は確信を以って、狂喜的魔女騒ぎは本質的に中世の間にキリスト教会によって確立された悪魔の教理であったと主張している。この説は、遠く離れた国々で行われた妖術儀式が極めて類似している点を説明するのである。悪魔崇拝宗教の使徒たちが改宗者を求めて広く旅したという証拠はほとんどないが、聖職者たちが(10)書物や談話を介して行った妖術儀式痛罵の知識が広汎に分布することを示す証拠は多く存在する。カルトの集団ヒステリーと、それを抑圧する人々のヒステリーは同様に興味深い。というのも妖術を妖術狩りから切り離すことはできないからだ。もし魔女狩りが庶民運動の形をとったとしたならば妖術そのものもそうであった。カルトは抑圧が盛んに行われたと同時期に広汎に拡がった。魔女騒ぎを語る時、魔女と魔女狩りを差別せず同じ言葉を両者に適用すべきである。三つの時期に亘って発生した魔女ヒステリーは、ルネサンス、宗教改革、カトリック反宗教改革とほぼ一致する。三時期とも国教信奉（conformity）への掌握がゆるんだ時であり、それが次々に常軌逸脱と抑圧を刺激したのである。妖術は常軌逸脱の一つに過ぎず、魔女狩りはカトリックとプロテスタント両者によって同様に実行された、非国教信奉者に対する一般的抑圧の一部分に過ぎない。

妖術の多くはヒステリーの徴候を持っている。魔女が悪魔の宴へ行くために箒の柄に乗って飛んでいくという伝説は、離陸を意味する感覚、つまり空中浮揚であり、ヒステリーの症状である。疲労困憊する熱狂的な踊り、不気味な音楽、セックスの乱痴気騒ぎを伴う〝悪魔の宴〟自体が集団ヒステリーである。吐気を催す料理には味はなく、悪魔のリーダーとの接吻や交合には何の興奮もなかった。魔女はしばしば蟻が皮膚の上を這うような蟻走感を訴えた。魔女狩りをする魔女発見者は、容疑者の身体にあるはずの無感覚な領域を長い針で刺して捜したのである。無感覚な皮膚はよく知られているヒステリーの症状である。

病気、悪運をもたらす悪魔の力を授けられたとする魔女は誰にとっても恐怖の的であった。しかし魔女狩りをする者の中に、より原始的で精神病質的人格を見つけることができる。魔女はたいてい（必ずとはかぎらないが）、異常な力を持つ女性であり女性悪の化身である。独身主義のカトリック僧侶や、女性蔑視を信じる厳格なプロテスタントにとっては、魔女は特別な憎悪と恐怖を起こさせたのである。彼らは妖術の中に、宗教に対する汚らわしい嘲笑だけでなく男性優位に対する脅威をも感じたのである。魔女は昔からの男女間での支配闘争である原始的愛憎関係のシンボルとなったのだ。

野放しの弾圧と同時期に、妖術が非常に増えたことは、パニックをエスカレートさせた。恐怖は恐怖を生み、憎悪は憎悪を生んだ。魔女は至るところで見つかった。ロレーヌの穏やかで博学なニコラス・レミは一五九五年から一六一六年の間に二千人から三千人の犠牲者を火刑にしている。敬虔なトリールの大司教は一五八七年と一五九三年に、二十二の村から集められた三百六十八人の魔女たちを火刑に処した。これからの村々のうち二村で一五九五年には唯一人の女性が生き残っていただけだった。一六二三年から一六三一年までヴュルツブルクの皇太子兼司教は九百人を妖術の理由で火刑にし犠牲者の中には彼自身の甥、多くの子供たち、十九人の僧侶をも含んでいた。フランス、ドイツ、スイス、スペイン、スウェーデン、スコットランドも、集団殺人の割当てを分担した。ドイツが一番ひどい影響を受け、この事実は後日この物語で特殊な意義を持つことになる。恐怖の絶頂期には魔女の存在を信じることがキリスト教信条となり、妖術の存在を否定する者は死刑宣告の危険に曝された。

英国とアメリカ植民地での極端な行き過ぎは過激な清教主義（ピューリタニズム）と関連していたけ

れども、抑圧はヨーロッパ大陸ほどひどくはなかった。妖術も大陸のように度外れではなかった。しかし、二回の魔女騒ぎは有名である。最初の例は、チャールズ一世[11]の王室政治が清教主義議会軍隊の眼前で崩れ出したと同時期の一六四四～七年に、英国の東部で発生した。ヒステリックな非難と告発は多分イプスウィッチの弁護士マシュー・ホプキンスによって煽動され、ホプキンスは魔女捜しに地方を旅して回った。一六四五年、ホプキンスは魔女狩り長官の職権を獲得し、ジョン・ゴッドボルトの法的支持を得た。ゴッドボルトはこの目的のために、議会投票によって民事訴訟の判事に任命されていた法廷弁護士であった。一年以上の間にこの二人の悪玉たちはエセックス郡で六十人の女性を絞首刑にし、ブリー・セント・エドマンズの町ではほぼ四十人、さらに多数の人々をノーウィッチとハンティングドンシャーで絞首刑にしている。一六四七年にホプキンスは「魔女の発見」という論文を書いているが、同じ年にグレートスタウトン教区牧師ジョン・ゴールによって〝ペテン師〟として告発された。ホプキンスは水泳の試験に失敗したのである。すなわち彼は手足を縛られて水中に投げ込まれた時浮流したのだ。彼は当然なこととして魔法使いとして絞首刑の宣告を受けた。

アメリカでのエピソードはマサチューセッツ州ボストンの北東十五マイルにあったセーラム村で発生した。この迫害の煽動者は誰であったか明らかではないが、普通その〝手柄〟は天然痘との関係で既に第五章に出て来た組合教会牧師のコトン・マサーに授けられている。マサーは極端な清教徒の家庭出身である。彼の祖父リチャード・マサーは一六三五年に英国北東部のランカシャー郡からボストンへ移住した。コトン・マサーは頭脳明晰な人[12]であり、歴史、科学、伝記、神学に関する約四百五十冊の本と小冊子を発刊し、一七一三年に王立協会員に選ばれ国際的名声を得ていた。彼は妖術を固く信じており一七〇〇年以前に妖術について幾つかの論文を書いていた。彼が故意に魔女狩りを煽動したという証拠はない。

　セーラムの魔女騒ぎ事件は、一六九二年に十人の少女が二人の老婆とサミュエル・パリス牧師の所有物である西インド諸島出身の奴隷女ティトゥバによって魔法にかけられたと告発したことで始まった。パリス牧師がヒステリー煽動の主な責任者であったようでヒステリーは急速に拡がった。四カ月間以内に何百人という女たちが逮捕され裁判にかけられた。判事たちは十九人に絞首刑を宣告し、多くの人たちを入獄させた。一人は申し開きを拒否したため〝圧死〟の刑を受けた。コットン・マサーが魔女裁判の判事たちに、彼らの方法は不公平であり犠牲者のある者は不法に刑を宣告されたと警告したのはほぼ間違いない事実である。ヒステリーは発生した時と同様の速度で立ち去り、これに続いて魔女を取り締まった人たちに対する速やかな反応が起こった。一六九三年フェルプス知事は妖術使いの罪で入獄した全囚人の釈放を命令した。

　黒魔術（ブラックマジック）は呪文で悪意のある力を呼び起こし、害のある復讐をする。これは人手を省く方策であり、自分の力によって敵に害を与える代わりに、魔女の超自然の力に頼ってその仕事をして貰うのである。白魔術（ホワイトマジック）についても同様なことが言えるが本質的には正反対の意味においてである。すなわち善意の力を呼び起こして善をするのである。白魔術はしばしば病気治療の形を取った。魔法の薬草は正しい儀式を以て採集され、特有な呪文を唱えて飲み込まなければ効果はなかった。ここに教会の信仰療法という、キリスト教黎明期に遡る非常に古い習慣との明らかな関連が見られる。しかし黒魔術が古い信仰の痕跡であるかも知れないように、白魔術もキリスト教より古い信仰にそのルーツがあるのかも知れない。魔女を取り締まった人はそう信じており、それゆえ、魔女騒ぎの最悪の期間には、黒魔術も白魔術も同様に死刑宣告を受けたのである。

論理的に言っても魔女を取り締まった人たちは正しい。黒魔術にしろ白魔術にしろ、魔女たちは超自然から引き出した力をほしいままにしたからである。唯一の相違は、片方は全体から見て悪のために儀式を行い、もう片方は概して善のために儀式を施行した点である。黒魔術に手を出す現代のティーンエージャーはクリスチャン・サイエンス信者[13]や、神への調停と患者に按手して病気治療する力があると称する僧侶と同様に、先祖返り的である。両者とも理性から迷信への退歩という原始人への復帰がある。しかしこれは奇跡的治癒が起こらないということではない。奇跡的治癒が起こるのである。ヒステリーにかかった人は、魔法にかけられたと自分自身を納得させることができ、同様に呪いが解けたと信じ込むことができるのだ。ある人々は実に奇怪極まる症状に悩まされていると自身にいいきかせている。ドイツ、バイエルンのウィテルスバッハ王家のお姫様はガラス製グランドピアノを飲み込んだと信じていたし、ワーテルロー会戦時ウェリントンの同盟軍の将軍ブリュヒャー[14]は象の子供を生むという恐怖に苛まれていた。多くの人々は重病に罹っていると信じ込んでいる。その人々は通常の医学的診察が何の病気もないことを証明しているにもかかわらず、病気であると自分を信じ込ませたために病気なのである。そのような人々はクリスチャン・サイエンティスト、信仰治療家やルルド[15]の巡礼によって治癒することが可能である。彼らは神様の奇跡的調停によって治癒したというであろう。そうではないのだ。彼らは自然治癒をしたのである。超自然的治癒力への彼らの信仰が、病気だという自己欺瞞を克服するのに充分であったからである。

アドルフ・ヒトラーとナチスがとった行動のすべては、病に冒された一個人と、魔女狩り騒ぎと集団ヒステリーが一緒になった時何が起こるかという恐ろしい例を示している。ヒトラー自身は知る由もないが、彼は我々に歴史が病気そのものによってだけではなく、病気に対する一個人の概念によっても影響を受けることを例示している。ヒトラーの病気に対する概念は二つの仮定に基礎を置いている。第一の仮定は、社会が生物学的有機体に相当するのみならず、あらゆる点から見て実際そのような有機体であるというものである。社会はしばしば〝政治的統一体〟という有機体と比較されるが、多くの彼の先輩たちと同様にヒトラーは比喩と現実とを混同したのだ。ヒトラーの著書『我が闘争』の中で彼はこう宣言している。「アーリア人種(16)として、我々は国家を庶民の生きている有機体としてのみ考えることができる」。彼の第二の仮定は第一の仮定から出発し、人種差別主義の要をなすものである。つまり人類社会は生物学的有機体なので個人と同様に罹病したり堕落し得る。さらに二人の個人の結合が身体的または精神的に低級な子孫を作る可能性があるように、二つの社会または〝人種〟の結合も堕落した社会の原因たり得るのだ。この仮説を正当化するためヒトラーは純粋な種族の存在を自明のこととして仮定した。そのため彼は北欧ゲルマン人種が純粋アーリア人であるという誤信の〝アーリア人種伝説〟を強化し発展させたのである。アーリア支配と文明に対する差し当たっての脅威は〝ユダヤ人種〟から来たとヒトラーは考えたのでユダヤ人が堕落退歩の要因としての象徴となった。遺伝に関するヒトラーの説は文字通り、血の混合という古代の概念に基礎を置いていた。かくしてヒトラーは〝人種の有害汚染〟とか〝血の有害な不純化〟というような無意味ではあるが挑発的な表現を使用することができた。論理は病気比喩というさらに拡張された論理を思いつかせた。彼は〝ユダヤ人種〟を主要な汚染物と見なしたので、ユダヤ人を彼が生活する社会の活力を搾り取る細菌か寄生虫として描写した。「そのような膿瘍に注意深く外科用メスを当てると、膿んだ身体を這う蛆虫のように、突然光に曝されて目がくらんだ、取るに足らないユダヤ人を直ちに発見する。」この〝病気〟の概念はヒトラーの宇宙観の中心をなし、記録された全歴史中最も恐ろしい出来事に貢献したのである。だがある意味においてヒトラーは正しかった。第一次世界大戦終結の一九一八年から第二次大戦が終了した一九四五年までヒトラーは病める社会に生きていたのである。社会の病気は肉体的なものではなく精神的なものであった。

一九一四〜八年の第一次世界大戦でドイツは他のどの交戦国よりも大きな犠牲を払った。一九一八年の春、ドイツにとって勝利は目前のものと思われた。ロシアはブレスト＝リトブスクで屈辱的な平和条約に署名し、ルーマニアは降伏し、ドイツ陸軍は遂に塹壕戦の膠着状態を打ち破って連合軍をパリとドーバー海峡の港まで追いつめつつあった。このような素晴らしいニュースは意気揚々の公式発表によってドイツ国民に報道された。しかし前進が鈍り、停止し、退却に変った時新聞には真相のかけらも現れなかった。軍事情勢がほとんど絶望的になったという情報は最高司令部だけの秘密であった。政府が平和交渉をしているという十月初めの発表はドイツを晴天の霹靂として仰天させ、うろたえさせた。その点まで銃後の体制はしっかりしていたので、このニュースは壊滅的打撃でありパニックに似た状態をもたらしたのである。政府が休戦条約に署名した十一月十一日でさえ陸軍は未だ外地での戦線を確保し、一人の連合軍兵士もドイツ領土に侵入させていなかった。

経済状態はどんどん悪化した。失業率が高い時に多数の復員兵士たちは労働市場へと突進し全般的不平不満の火に油をそそぐ結果となった。さらに賠償要求はマルク価値下落の原因となり、一九一八年冬の対一ドル四マルクが一九二一年夏の七十五マルク、そして一九二三年には七千マルク以上に下落した。一九二三年にレイモン・ポアンカレのフランス政府は、ドイツが賠償支払いを渋っていると信じて部隊をルール工業地帯へ進駐させ、その結果八〇パーセントのドイツの石炭、鉄鋼製造が絶たれた時、真の危機が訪れた。八月一日までにはマルクは対一ドル百万マルクそして十一月までには一千三百万マルクに暴落した。通貨は完全に崩壊し、全貯蓄喪失、貿易破滅、商業破産、集団失業と市中での食糧不足の原因となった。ドイツ社会の基盤は、通貨崩壊によって、戦争、一九一八年革命、ベルサイユ条約の三つが合わさったよりもずっと激しくゆさぶられたのである。

一九二九年にアメリカで始まり、一九三〇年と一九三一年に激しさを増した世界的経済不況はドイツに特にひどい打撃を与えた。一九二九年九月、失業者の数は百三十二万人であった。一九三二年一月までには六百万人に達した。ドイツは病める国であり多くの国民は精神的に病み、挫折し、幻滅し、彼らの苦悩を迫害幻想の形で表現したのである。

これが、ヒトラーが知っていた唯一のドイツであった。彼はドイツ市民ではなかったので大戦勃発前の一九一四年以前の能率的で裕福なドイツでの経験はなかった。彼は一八八九年四月二十日オーストリアとババリア国境のブラナウに生まれ、ハプスブルク王朝の税関吏の息子であった。父親アロイスはマリア・アンナ・シックルグルーバーの私生児であり、アロイスの父親は明らかではないがヨハン・ゲオルク・ヒードラーだと推定されていた。アロイスはアドルフ誕生十二年前に、合法的にヒトラーと改名した。J・G・ヒードラーがユダヤ人であったという証拠はないが、アドルフは議論の的になる祖父にユダヤ人の血が入っていると信じていた節がある。ここにヒトラーの敵意に満ちたユダヤ人排斥主義の根拠があったのかもしれない。もし彼の祖母がユダヤ人によって誘惑されなかったなら、彼の家系に非嫡出子の汚点はなかったはずである。よく複数の著書によって主張されているユダヤ人売春婦との苦い経験が彼に強迫観念を抱かせたという説より、この説明の方がずっとありそうな話である。

アドルフ・ヒトラーはオーストリア北部リンツ郊外の小村で少年時代を過ごした。学校の成績は彼が好む科目以外は悪かった。一九〇五年、十六歳で慣例上の中等教育修了証書を取得することなく学校を去った。一九〇三年の父親の死後も彼は母親と一緒に生活し続けた。ヒトラーは彼特有の一風変った方法で母親を愛したが、家計には貢献しなかった。建築技師になろうという希望に燃えたアドルフは特に教育を受けることなくただノートブックに製図したり、リンツ市再建の入念なプランを描いて時間を過ごした。一九〇七年、彼はウィーン美術学校に入って美術家になろうと決心したが、入学試験に失敗し一年後もう一度志願書を出したが入学試験を受けることを許されなかった。彼の母親は一九〇七年十二月に死んだ。孤独、無能、怠け者のアドルフは六年もの間、木賃宿、放浪者と臨時雇い仕事の世界であるウィーンのスラム街へ姿を消したのである。

しかしヒトラーは単なる社会からの脱落者だけではなかった。彼は才能、修練、習得能力に欠けているのに、自称、創造力のある芸術家という最も哀れな存在の好例であった。このような人々は夢に指導される夢想家である。幻想の中で、発端から完成までの中間段階を跳び込えて、偉大な本が書かれ、絵画が描かれ、交響曲が作曲される。彼らの夢では凡庸な作品は決して創作されない。創造の産物は必ず傑作である。そうして彼ら自身も偉大な人物となる。彼らは取るに足らない俗物共の群れに囲まれ、そしてその俗物共は彼らの偉大さを認めず、嫉妬、誤解と無知により彼らを正当の場所から引きずり降ろすのである。そのため、永続的幻想は、同胞に対する憎悪と軽蔑を伴うのである。

初期のアドルフ・ヒトラーの経歴は、現実から完全に絶縁した固定観念に頼る行動、すなわち明らかにパラノイア（偏執狂）の症状を呈していた。彼のパラノイアは分裂病型であり、分裂病患者であるヒトラーは自身を迫害の対象であると思い込み、彼の行為は仮想上の迫害者たちに対する激しい反感によって指示された。パラノイアは、彼が怠慢であったり、仕事が不可避になると夢中で仕事に励んだり、物事が厳密に思い通りにならないと激怒したり、陰気な絶望感と不合理な希望感とが交替する感情の変化等々の原因となった。しかし一体どうしてこのような男が最高の統治権を獲得したのであろうか。

もしヒトラーが第一次世界大戦に従軍しなかったら決してそのようなことはできなかったのだ。もし軍務につかなかったなら、ヒトラーのあさましい生涯は牢獄で終るか、自殺によって終止符を打つか、それとも精神病院行きとなったかも知れない。彼が二十五歳の時、戦争が始まり、そのことが不可避の現実、暴力のはけ口、暴力団と組むこと、規律を守ることによる保障という、丁度彼が必要としていたものをヒトラーに与えた。大戦前、彼は徴兵を逃れていたが戦争勃発と同時に志願応募した。オーストリア陸軍に入隊する代りに、彼は、ドイツ軍ババリア連隊に入隊することを希望した。彼が尊敬する国の軍隊に志願入隊したのと、その軍隊に彼が必要とした安定した服従を見出したため、ヒトラーは模範兵となった。戦争が終了した時彼は一九一四年の時点よりずっと有能で安定した男になっていた。しかし彼は未だパラノイアを患っており、依然として彼が同僚より群を抜いて優れているという幻想に憑かれていた。彼はかねてから政治に興味をもっており、討論の際には、正当な反論にたいしてもコントロールできない過激な暴力を以って自己を表現した。そのような男には民主的な政治は用はないのである。ヒトラーはゲルマン人だったのでアーリア人[16]のエリートが支配者民族[17]であるべきであった。それゆえ、ヒトラー統率の下、崩壊したドイツを昔日の偉大さに復活させるのは彼らの使命であった。絶対的権力を握ることによってのみヒトラーはこれをなしとげることができたのだ。

ヒトラーの党は不平不満の人々、妬む人々、遺恨のある人々の集まりであった。ゲーリング[18]のような旧将校、アルフレッド・ローゼンバーグ[19]やゲッベルス[20]のような失望した知識人たち、失業労働者たち、インフレで没落した商店主たち等々が皆ヒトラーの党に適所を見出したのである。ヒトラーは階級や年齢による身元確認を許さなかった。彼は庶民の信奉者についてこう書いている。「この素晴らしい連中たち！　どのような犠牲も喜んで払うのだ。一日中仕事をし、一晩中党の任務のために出掛ける。私は特に身形《みなり》かまわない連中を捜した。ハイカラのブルジョワはへまばかりやらかしたに違いない。」ブルジョワ階級はヒトラーを支持しなかった。ブルジョワはヒトラーをしてウィーンの貧民窟でどん底の生活をさせたのだ。レーニンと異なりヒトラーは労働者たちだけの支持では権力の座につけなかった。彼はブルジョワたちの支持が必要であったが彼らを軽蔑していたのである。

十三年間に亘る権力闘争中、彼の組織はドイツ青年の心臓部へ触手を伸ばした。ボーイスカウトの恐ろしい物真似であるヒトラーユーゲント[21]は一九二六年に創設され急速に勢力を伸ばした。六年後、松明で照らされたポツダムのスタジアムで十万人のメンバーが総統[22]の前を行進したのである。学生連盟とナチ学童連盟も洗脳強化の別の方法であった。精力的なナチズムの急先鋒の突撃隊の数は一九二五年の二万七千人から一九二九年の十七万八千人に急増した。しかし不平不満のナチスの運動は、一九二三〜九年にドイツが繁栄を盛りかえそうと努力している時にはほとんど拡大出来なかった。ヒトラーの転機は経済不況と共にやって来た。一九二八年の国会選挙でナチス党は八十一万票を得た。一九三〇年には全投票数の約五分の一に相当する六百四十万九千六百票を取り、一九三二年には千三百七十四万五千票を獲得した。ヒトラーはもう無視することのできない政治勢力となった。さらに不気味だったのは暴れ回る突撃隊をヒトラー自身がコントロールするのに苦労したことである。主として失業者階級から寄り集まった突撃隊は、四十万人以上という数に達し、この数はベルサイユ条約で許可された正規軍の四倍の数であった。

アドルフ・ヒトラーは一九三三年一月三十日に権力の座についた。彼は総選挙票数の僅か三七パーセントをコントロールしたに過ぎなかった。ヒトラーは愛国心の大きな盛り上がりによって（注意深く作られた伝説が伝えるように）、野心を満たしたのでなく彼と同調者たちが過去長い間攻撃していた右派政党〝頑迷保守派〟と贋の取引をすることにより政権を獲得したのである。右派は支配階級としての昔の機能を再び獲得し、共和国を破壊し、ホーエンツォレルン君主国(23)を復活し、労働者と労働組合を抑制し、ベルサイユ条約を破棄し、ドイツの軍事力再建を目論んでいた。耄碌した八十過ぎのヒンデンブルクと貴族フランツ・フォン・パーペンによって率いられた頑迷保守派は、彼らの目的を果たすことを助ける男がヒトラーであるという致命的な過ちを犯したのである。彼らはヒトラーの善意と誓約を信じた。過ちを犯したのは彼らだけではなかった。ネビル・チェンバレン(24)やエドアール・ダラディエ(25)その他の人々も同じ過ちを犯したのである。精神医学は政治家の訓練には必須科目ではないから、パラノイア患者が理性のある行動を取らないということを、たとえ彼らが理解できなかったとしても、彼らを責めることはできない。

かくしてドイツは政治的暴力団による支配へと傾斜していった。暴力団は彼らの法律と慣習への服従を強要した。一九三四年六月末に過激分子を一掃したナチス党は、ヒトラーを総督兼政治の独裁者として、ドイツにおける唯一の政党となった。そして暴力団の手本に服従しない人物たちの皆殺しという魔女狩りがそれに続いた。ヒトラーがユダヤ人たちは悪魔の手先または有機体腐敗の手段であると公言したので、ユダヤ人種が必然的に最大の犠牲を強いられた。丁度魔女たちが十六〜十七世紀のドイツで迫害されたように、技術進歩によって可能になった手の込んだ方法によってユダヤ人たちは迫害された。一九三四〜四五年の間に九百万人がドイツ人に管理された強制収容所で死に、そしてそのうち六百万人はユダヤ人であった。熱烈なナチ党員にとっては、ユダヤ人は動物であり非人であった。ナチは、自分たちが〝人類〟であると考え、他の種族、集団、村々は人間の美徳や人間性に一切無関係であるとする遠い祖先の考えに、先祖返りをしたのである。

ナチスは種族保存を欲し、彼らの自己保存を脅かす何物をも恐れそして憎悪した。かくして恐怖、憎悪、自己保存、種族保存という原始的本能が文明の皮膚を破って表面に現れたのだ。一九二〇年代と一九三〇年代初期の絶望的なドイツ人は、故意に、〝原始人〟を包み隠していた薄い皮膚やうわべを脱ぎ捨てたのである。彼らは暴力、服従、政治的暴力団に当座の満足を見出したのである。ヒステリックなニュールンベルク大会、洗脳された青年たち、魔女狩りと狂気的な人種説で代表されるヒトラー物語は、原始人の憎悪、欲望、恐怖への逆戻りであったのだ。それは群衆暗示の危険の恐るべき例である。

(1) ジャンヌ・ダルク（一四一二～三一） 百年戦争の際、オルレアン城を包囲した英軍を破り、祖国フランスを救ったが、後に英国軍に捕らえられ火刑に処せられた。一九二〇年に聖人の列に加えられ、オルレアンの少女と呼ばれる。

(2) ドーファン フランス皇太子の称号。一三四九～一八三〇年の王朝において王統第一王子。

(3) ブルゴーニュ フランス中東部の地名、ブルグンド族の名に由来。かつては公国。ワインの産地。中心都市はディジョン。

(4) シャド にしんの一種。

(5) ボーヴェー パリ北方の都市。

(6) 北海沿岸低地帯 現在のベルギー、ルクセンブルグ、オランダを指す。

(7) 鞭打苦行者 主として十三～十四世紀頃ヨーロッパで、人の見ている所で自分を鞭打つ苦行をした狂信者。

(8) バール神 古代セム人の泉、森、星、などの自然神、特にフェニキア人が尊めた肥沃豊饒の神。

(9) ミスラ ペルシャ神話、光と真理の神、後には太陽の神、ゾロアスター教で至上神と人間の間の調停者。

(10) カルト 邪教崇拝者の集団。

(11) チャールズ一世（在位一六二五～四九） 英国王で清教徒革命により処刑された。

(12) 王立協会員（Fellow of the Royal Society） 一六六二年、チャールズ二世によって認可された科学研究の学会の会員。

(13) クリスチャン・サイエンス 一八六六年頃米国婦人メアリ・ベーカー・エディが始めたキリスト教の一派で、医薬を用いずに信仰の力で病気を治すことを特色としている。第一章二六ページ参照。

(14) ブリュヒャー元帥（一七四二～一八一九） プロイセンの陸軍元帥、ワーテルローの戦いでウェリントン指揮下の英軍を助けて連合軍を勝利に導いた。

(15) ルルド フランス南部ピレネー山脈の麓にある町。一八五八年ここの洞窟で少女ベルナデットに聖母マリアが現れ、つづいて泉が湧き出したことから有名になった。奇跡による治療をうけに多くの病人が巡礼してくる。

(16) アーリア人種 ナチスドイツで、非ユダヤ系白人でノルディック系のコーカソイド人を指す。

(17) 支配者民族（Master Race） 自己民族の優秀性を信じ、他民族を征服し支配することも許されると考える民族。

(18) ゲーリング（一八九三～一九四六） ドイツの軍人、ナチス最高指導者の一人、第三帝国の計画長官、空軍司令官、国家総元帥。

(19) ローゼンバーグ（一八九三～一九四五） ドイツ政治家、ナチズムの理論家。

(20) ゲッベルス（一八九七～一九四五） ドイツ政治家、ナチス最高指導者の一人、第三帝国の宣伝相。

(21) ヒトラーユーゲント ナチス・ドイツの青少年団（ユーゲント Jugend は青少年の意）。

(22) ナチズム 国民社会主義、ナチスの主義主張、人種主義に立ち全体主義的テロ支配、暴力による他民族支配を唱え、かつ実行した。

(23) ホーエンツォレルン家 プロイセン王家（一七〇一～一九一八）。ドイツ帝国の皇室（一八七一～一九一八）。

(24) ネビル・チェンバレン 英国の政治家、第二次大戦開戦時の首相。

(25) エドアール・ダラディエ フランスの政治家、第二次大戦開戦時の首相。

第九章　人造災害——現在と未来

「医原性」（iatrogenic）という医師が使う術語がある。これは病気または不具廃疾が医師の治療に原因していることを意味する。「医原性」は現代医学の複雑さを物語っている。薬品は病気治療にとって重要であるが、時には明らかに危険な副作用を起こすことがある。その良い例はサリドマイドである。この薬は大変進歩した薬品のように思えたのであった。一九五六年に市販された時、新聞は〝大躍進〟だといってこの薬を暖かく迎え入れたのである。サリドマイドは通常睡眠薬として使用されるバルビツール系のような危険な欠点がなかった。習慣性がなく、過量投与が不可能なくらい安全度が高いと思われたのである。この薬を非難したのは自殺志願者だけであったほどである。安全度が高いため、医師の処方箋なしで購入でき、また年齢のゆかない子供たちにも投与できたので〝西ドイツの子守〟として知られるようになった。

一九五九〜六一年頃西ドイツの小児科医たちは異常と思えるくらい多数のアザラシ症または短肢症の子供について相談を受けた。アザラシ症とは、アザラシのように正常または未発達の手や足が胴体から直接出る珍しい先天性の長管骨欠陥症である。可哀相な子供たちは目、耳、心臓、消化器や泌尿器の奇形にも犯されたのである。アザラシ症は一九五九年以前の十年間には西ドイツの十カ所のクリニックで一例も報告されなかった。だが一九五九年には十カ所のクリニックは十七例を経験し、一九六〇年には百二十六例、一九六一年には四百七十七例以上を報告した。この時点においてはこの驚くべきアザラシ症の増加はドイツにだけ限られていたように見えた。ほとんどの医師たちはこの原因が気付かれていない放射能急増か、または母親たちが過量のX線に曝されたためと考えたのである。母親たちは厳密な質問を受けた。ハンブルクのW・レンツ医師は母親たちに、妊娠中摂取したすべての薬品のリストを作成することを要請した。その結果二〇パーセントの母親たちが、効果が緩かで無害な鎮静剤であり催眠剤であるコンテルガンという薬を摂取していたことを彼は発見した。

レンツ医師はコンテルガンが最も、しばしばあげられている薬品であることを発見し、彼の調査グループの婦人たちを再調査することにした。その結果アザラシ症の子供を生んだ母親たちのほとんど半数が妊娠初期にコンテルガンを摂ったことを認めたのである。ほとんどの母親たちはコンテルガンが無害な薬なので、以前の調査の際に述べる必要がないと思ったのである。一九六一年十一月二十日、レンツはデュッセルドルフで開催された小児科学会に出席した。その学会では三十四例のアザラシ症の症例が討論されたのである。彼は未だ自分の調査事実に確信を持っておらず、非常に有効な鎮静剤に罪をかぶせる勇気がなかったので薬を名指しせず、放射能よりもむしろある薬品のほうがアザラシ症の原因かも知れないという提案だけをした。学会の後で一人の医師がやって来て「内密だがその薬はコンテルガンでしょうか？　私にアザラシ症の子供があり、私の妻はコンテルガンを摂ったのでこんな質問をするのです」と言った。二、三日の間にレンツは同様な質問ををする多数の手紙を受け取った。

一方オーストラリアのニュー・サウスウェールズ州ハーストビル在住のW・G・マックブライド医師も一九六一年四月に三人のアザラシ症の乳幼児について診察を依頼され、さらに十月と十一月に生まれたもう三人をも診察した。マックブライト医師は問診で六人の母親の全部が妊娠初期中、軽い鎮静剤のディスタバルを摂ったのを発見した。一九六一年十二月彼は医学誌ランセットに投稿し、同様な症例が英国で報告されているかどうかを質問した。レンツはこれに対する答えの中でコンテルガンについての彼の結論を説明した。そして十七例のアザラシ症がバーミンガムで、三十三例がリバプールで、十例がスターリングで発見されたという報告が入った。英国での症例では四十六人の内四十一人以上の母親がディスタバルを妊娠四週目から九週間目の間に確かに摂取し、他方ディスタバルを摂取しなかった三百人の母親にはアザラシ肢症は起きていないことが、後日の調査でわかった。

同様な症例が多くの他の国々からも報告された。アメリカではこの効果の緩かな鎮静剤はケバドンとして知られていたが一九六〇年の試験の結果、この薬品に望ましくない副作用があるかも知れないことが判明した。そのため、市販許可が遅れ、ヨーロッパからアザラシ症の報告が到着し出した時には未だ市販は許されていなかった。しかしケバドンは既に臨床実験のため千二百七十人の医師たちに配られていた。この医師たちはケバドンを二万七百七十一人の患者たちに配布しており、それは二百人以上の妊婦を含むとみなされた。

コンテルガンは一九六一年十一月にドイツ市場から、ディスタバルは英国市場から十二月に回収されたがアザラシ症の症例はそれ以後も続いて報告された。問題の一つはサリドマイドの数多い商品名にあった。コンテルガン、ディスタバル、ケバドン、タリモル、ソフテノンは皆同じ薬品である。もう一つの理由は警告の呼びかけに緊急性が欠け、家庭薬品棚には未だ薬瓶が残っており、人々は使用し続けたのである。胎児への障害は最終月経の最初の日から数えて三十七日から五十四日の間に薬が摂取された場合以外には発生しなかったし、この限られた期間に患者が取ったとしても必ずしも障害が起こるとは限らなかったのである。この危険な期間中にサリドマイドを摂った女性の約二〇パーセントが奇形児を生んだと見なされた。西ドイツ保健省によればサリドマイドが約一万人の奇形児の原因となり、そのうち半分が生存した。千六百人は強度の奇形のため義肢を必要とした。英国では少なくても五百例以上が発生し二百七十五人は生存したのである。サリドマイドは大衆の要望に応え、生活を快適にし、危険な薬品に取って代わると思われたのであるが、それがまったく予期しない致命的危険をもたらした薬の好例である。経口避妊薬の長期間摂取の影響として、血栓症のような副作用が起こるし、排卵誘発剤使用のため多胎出産が起こることもよく知られている。

文明生活には、人生を苦痛に耐えるものにするのみでなく幸福をもたらすものにするため、アメニティ（快適さ）、慰めごと、楽しみごとといったこと、が必要である。このアメニティをもたらすもののうち僅かだが、安全といえないものもある、冬の夜、暖炉の側に座ったり、電気で家を煌々と照らしたり、天気の良い日に田園へ自動車でドライブすることは快適である。寒く、薄暗い家で生活し、唯一の輸送機関は徒歩か馬という生活をした先祖より我々はずっと健康であり、快適な生活をしているのは疑いない事実である。しかし石炭の暖炉、電気、自動車が純粋な天恵であるというわけではない。三者共不必要な死の原因となり、大気を汚染して市街での生活の危険を増加させる。

十九世紀における工業地帯の市街では、大気汚染は明らかに問題であった。明らかであった理由は誰も固形燃料を燃焼させた後の副産物を除去しようとはしなかったからである。テームズ河畔の湿地帯に造られ、丘によってほとんど囲まれたロンドンのような市街にはローマ時代でさえ霧で覆われた日々があったはずである。霧が水の蒸気から構成されている時は問題はなかった。十三世紀に石炭が使用され始めると、霧には主として亜硫酸ガス、炭酸ガス、煤のような危険な産物が充満するようになった。市街が拡大し、工場が郊外に造られると空気汚染はさらに悪化した。霧が煤で充満するにつれ、十九世紀ロンドンを舞台にしたシャーロック・ホームズ探偵物語や、チャールズ・デイッケンズの小説の背景となった豆スープのような黄色濃霧（Pea Souper）またはロンドン名物（London Particular）と呼ばれる極度に汚染した黄褐色の濃霧の原因となった。この濃霧は明らかに有害であり、特に慢性気管支炎のような呼吸器疾患激増の原因となった。しかし地球表面は普通、上層の空気より暖かいので、地表レベルでのひどい汚染は稀である。暖かい空気は上昇し燃焼副産物を高い上空へ運ぶからである。このため日当たりの良い日には市街での視界はほとんど明瞭であるが太陽は靄でぼんやりするのである。

時々この正常パターンが逆転する。市街が盆地に存在する場合、高気圧が居すわると上空の温度の方が地表より温くなる。この場合には上昇気流は起こらず、重い汚染層が降下し勝ちである。このような出来事は十九世紀に発生したに違いないが特に注意は払われなかった。これが最初に問題になったのは一九三〇年十二月に濃霧がベルギーのムース峡谷地帯で異常に高い死亡率の原因となった時であり、一九四八年十月にも同様なエピソードがピッツバーグ南方のドノラでも発生した。両者共極度に工業化した場所であり、コークス炉、溶鉱炉や亜鉛還元工場等からの発散物が通常空気汚染源に加わったのである。

一九五二年十二月にロンドンで発生したスモッグ事件は空気汚染が主として家庭用ストーブの石炭燃焼に原因したので話が多少異なる。汚染は十二月五日悪化しはじめ、三日後にピークに達した。スモッグの分析によると亜硫酸ガス含有量は正常値の七倍に達し、肉眼で見える煙や煤という固形物は正常の十倍以上となった。多くの乳幼児と老人が死亡し、その原因は呼吸器と心臓病であった。スモッグ事件の前の週にはグレーター＝ロンドンで気管支炎で七十四人が、冠状動脈疾患（心臓発作）で二百六人が死亡したが、スモッグ事件の週にはその数がそれぞれ七百四人と五百二十六人に激増した。つまり冠状動脈に由来する死者数は二倍少々であったが気管支炎からの死者はほとんど十倍近く増加したのである。

一九七〇年七月、異常気象が広汎な地表レベルでの大気汚染を起こした。原因は同様で高気圧が逆転を伴った無風状態を起こしたためである。七月二十一〜二十八日の週には多くの都市において空気中の亜硫酸ガス含有度が〇・四五ｐｐｍにまで昇った。〇・一ｐｐｍが危険レベルと考えられているのである。ニューヨーク市では道路が摩天楼間を峡谷のように縦横に走り、無数の自動車が走り、この排気ガスに発電所の廃ガスが拍車をかけた。ニューヨーク市長リンゼーは状態が改善されるまで、市内で自動車運転を禁止することが必要となると警告した。東京は特にひどく襲われ、同様な禁止条令が考慮された。東京や他の日本の都市では工場の煙が大気汚染に拍車をかけた。報告された症状はひりひりする目、咽頭痛、鼻咽頭からの粘液増加等々である。汚染は植物成長を妨げたり、立木を突然枯らしたり、魚類の消滅の原因となった。

人類が犯した環境汚染は大気だけに限られたものではなかった。一九六九年六月に、二百五十マイルに亘ってライン川で大量の魚が突然死んだのだ。ライン川は工場からの排出物による、ハイレベルの〝正常〟汚染があるとして知られていた。だがこの事件は、どうしても〝正常〟と見なすことは出来なかった。六月十九〜二十四日の間に二百五十マイル間に棲む、ほとんどすべてといってよい約四千万匹の魚が死んだ。神経ガス漏出が疑われたが後日オランダとドイツ当局は百キログラムの殺虫剤エンドスルハンまたはチオダンが荷船からたぶん誤ってライン川へ漏出したためにこの事件が起こったということで合意した。エンドスルハンは使用後長い間土壌や水中で変化をうけずに残留し、永続的に活性のある殺虫剤である。

ライン川事件は長い物語の中の一つのエピソードでしかない。有毒な化学製品は何回にも亘って人間のコントロールから逸脱している。一九六八年には六千匹以上の羊がユタ州で不可解な死をとげた。米国陸軍は近くに化学・生物兵器実験場を持っており、実験者が境界の外へ誤って神経ガスを散布したのである。神経ガスは暴風雨で洗い流されるまで、約四十マイル吹き流された。この幸いな暴風雨がなかったならばガスはユタ州の人口密集地帯の中を走る高速道路の一つに吹き流されたかも知れなかったのだ。一九六一年には永久的殺虫剤のＤＤＴがコロラド川へ混入し、テキサス州オースチン下流二百マイルの魚を殺戮した。一九六七年にはケント州の工場から猛毒性殺虫剤が小川に流れ込み付近の土壌に滲み込んで家畜業を破滅させたいわゆるスマーデン事件が起こった。一九六八年にもエセックス州のチェルマー川へ青酸塩が排出され魚類が全滅した。

上記の事件は事故である。さらに注目を浴びたのは一九六九年に西ロンドン、フルハムにおいて生きた鯉がテームズ川から獲れたというロンドン港湾局の誇らしげな声明である。テームズ川は、かつては鮭で有名な川であり、昔物語によれば徒弟たちが年季奉公契約条件の一つとして、一週二回以上鮭を食べることを強いられないという要求を出したという。十九世紀の初めまで、現在はグレーター＝ロンドンに入っているグリニッチの上流まで、白魚や有名なテームズ平目が何時でも獲れたのである。それ以後テームズ川は下水溝となってしまった。満員の市街からの汚水や工場流出物が川へ流れ込み、酸素を除去して川水を有毒化し、細菌とミミズより高級な生物を殺してしまった。かつてはきらめく紺碧な水、緑の土手、白鳥や行き来する舟人が目の保養と心の安らぎをもたらした最大のハイウェーであった水路は、干潮時には不潔な泥濘の浅瀬で囲まれた悪臭の水路となってしまった。ヴィクトリア朝時代の下院議員たちは、彼らの敏感ではない鼻を悪臭が悩ましたため、しばしば審議を停止する必要に迫られたのである。これらは、人が環境を荒らし、その結果、自身の健康を害し、快適な生活を破壊してしまう無秩序な大破壊の好例である。

テームズ川のような話は珍しくない。無計画な工業化は大気汚染、河川、田園の不毛化を黙認して来たのである。だが工業ばかりを責めるわけにはいかない。一九七〇年スコットランドの美しい首都エジンバラは毎日フォース湾へ五千三百万ガロンの未処理下水をたれ流しにしていたのである。フォース湾で取れた貝類は、急性食中毒、赤痢、腸チフスの原因となるサルモネラ菌、赤痢菌、パラチフス菌を含んでいるのが発見されたので食用に適さなくなった。一世紀前には、イングランド北東を流れ、北海に注ぐタイン川では毎年八万匹の鮭が収穫された。現在では高度に工業化された地域からの流出物と、百万人の人口の未処理下水がこの川に流れ込み、魚は事実上棲んでいないも同然である。一九七〇年三月二十三日のタイムズ紙は「タイン川へ落ちた人は溺れ死なず、毒死する」と論評している。

海も神聖ではなくなった。ダーラムやノーサンバーランドの炭坑で発掘された土が海浜沿いに遺棄され、十マイルの距離にわたって、潮流によって打ち寄せられている。ニューヨーク州の〝死の海〟はロングアイランド沿岸十二マイル沖の一辺二十マイルの四角形の区域で、ここでは長年に亘る沈積物投棄のため、有毒物は潮や海流によって洗われることが出来ない。一九三〇年にスウェーデンの鉱業会社が七千トンの砒素をバルチック海に沈めて処分した。英国防衛省は第二次大戦後十万トンの毒ガスを大西洋、バルチック海とアイルランド海に沈めた。一九七〇年、米国政府は二万七千トンの神経ガスを大西洋の深溝に沈めて処理した。船舶は不必要な重油や重油残渣を海中へ排出し、シシリー島沖合で起こったトリー＝キャニオン号難破の例に見られるように、時にはオイルタンカーの全積荷が海面上の広大な油層に変り、海浜を何マイルにも亘って汚染したのである。

我々の食糧生産を増加させる人工肥料、殺虫剤、除草剤や抗生物質も災難のもととなる。一番重要な化学肥料は硝酸塩であり、食糧増産にほとんど不可欠な肥料であるが、自然食愛好家から「悪魔の粉末」と呼ばれている。硝酸塩は極めて水溶性の高い化学肥料であり、塩基は土壌から流れて失われる。この強い硝酸溶液は湖や川での生命バランスに影響を与え、藻類の繁茂の原因となる。藻類の過度の繁茂は水の脱酸素化、魚類の死滅と、浄化装置の閉塞の原因となる。農地からの硝酸塩漏出がアメリカ五大湖の生命バランスを大きく崩した原因の一つだと考えられている。成人は品質の良くない水でも飲むことができ、硝酸塩自身は有害ではないが、幼い子供たちにとっては酵素が硝酸塩を亜硝酸塩に変え、これが高い毒性を持つことになる。アメリカとヨーロッパでの乳児死亡の多くはこのためといわれている。

抗生物質はまた別の問題を提供する。バタリー鶏[1]やブロイラー用若鶏は閉鎖された小屋につめこまれて飼育されるので伝染病に罹りやすい。ごく最近まで鶏は抗生物質で処理された肥料で育てられた。一番使用された抗生物質はクロラムフェニコールで、それは鶏の伝染病と人間の腸チフスに有効であった。細菌はどの抗生物質にも耐性株を作ることが可能である。もしクロラムフェニコールの広汎使用が耐性のついたチフス菌を造るのなら、人類腸チフス治療の最も有効な手段が失われることになる。同じ理由で、牧畜獣への抗生物質による〝常習的飼養〟は危険である。それゆえ抗生物質使用の厳格な規制が絶対必要である。

永続性殺虫剤DDTまたはダイコファンは一九四三年十二月にナポリでの発疹チフス勃発時に、衣虱を絶滅させるために初めて使用された。DDTは蚊と蚊の幼虫にとっては致命的な薬品である。DDTは第一次大戦後インドとセイロン（スリランカ）でマラリア征服に貢献した。後にトウモロコシの種をDDTで処理することは多数の害虫を殺して収穫を増加させるのに役だった。

一九五〇年代に多くの農民は鳩が異常に高い死亡率を示したことを届け出た。鳩は大量の穀類を荒らすので百姓たちは特に気にはしなかった。続いて鷹の高死亡率という不穏なニュースがやって来た。鷹は哺乳動物や小鳥を常食とする肉食鳥である。小鳥は大量の昆虫を食べる。調査の結果、小鳥は死因となるには不充分なＤＤＴのついた昆虫を摂取したが、鷹は多数の小鳥を食べるので大量かつ致死的な量のＤＤＴを摂取したのである。同様なことが人間にも起こるのである。ＤＤＴは永久的なので、ＤＤＴで処理されたかまたはＤＤＴの付着した農産物を食べることによりこの永続的な殺虫剤を吸収するのである。現在ヨーロッパとアメリカのほとんどすべての人々は或る量のＤＤＴを体内に含有している。英国では平均二〜三ｐｐｍであり、これは体重十一ストーン（約六十八・五キロ）の成人では百分の一オンス（約〇・三グラム）の勘定になる。平均アメリカ人はこの量のほとんど四倍の量のＤＤＴを持っている。前国連総長ウ・タントは第二次大戦以来約百万ポンドのＤＤＴが地表にばら散かれたと測定している。ＤＤＴとその誘導体は現在地上で最も広汎に散布された合成化学品であり、散布中心地から何千マイルも離れた南極の鳥や魚にも発見されている。鷹に発見されたような致死的濃度は稀であるが、致死量以下の濃度が生殖能力を減退させることによって長期に亘る有害な影響を与えるという不穏な証拠がある。

一九六九年七月、ミズーリー州ワシントン大学のバリー・コモナー教授はぞっとするような警告を発している。教授は、我々が緊急の行動を取らないかぎり北アメリカの山野、水系は二十五〜五十年以内にもはや元に戻れない状態になるであろうと言っている。汚染は主として、科学技術の問題からおこり、避けることが可能な筈の過失からくるとコモナー教授は論じている。多くの他の科学者たちも同様な警告を発している。

空気汚染の主犯である燃焼産物に発癌性の可能性があるという証拠がある。十八世紀中頃、ロンドンの外科医パーシバル・ポットは煙突掃除人と、煤煙タールで何時も汚染された衣服を着ている男性労働者にのみみられる外陰部癌(2)を記述している。同じような理由で、陶製パイプで煙草を吸うことにより口唇癌が発生すると一般に考えられている。十九世紀には現在よりずっと頻繁に見られた舌癌はパイプ煙草の吸い過ぎに原因していたのかも知れない。

煙草の煙は燃焼の副産物である。喫煙家は彼自身のために、部分的に高度に汚染された環境状態を造る。もし煙を口に入れてすぐはき出せば、少量の煙が肺に到達するだけですむ。しかし煙を深く吸入した場合大量の煙が肺に入る。肺は或る程度の汚染には馴れているに違いない。だが肺がどんな高度の汚染にも耐えるという意味では決してない。煙草の煙にしろ、スモッグにしろ、高度汚染は有害であるということが明瞭に証明されている。十九世紀の工業都市住人はシガレット(3)喫煙による自分自身の環境汚染を造らなかったので肺癌から免れたのかもしれない。

空気にしろ、水にしろ、土壌にしろ、ほとんどの汚染は予防可能ということで権威者たちは合意している。明らかな汚染を減少させる試みはかなり早くから試みられていた。一二七三年の法令はロンドンにおいて石炭を燃やすことを禁じている。事実一三〇六年にはこれを犯した罪で一人の男が処刑されたのだ。しかし石炭は家庭燃料としてあまりにも便利だった。十六世紀にはロンドンは黒煙で曇りすぎ、エリザベス一世(一五五八〜一六〇三)は「石炭の臭いと煙に悩まされ、閉口した」ほどであった。ジョン・エヴェリン(4)は煤煙予防のプランをチャールズ二世(一六六〇〜八五)に提出し、十九世紀には工場からの煙を減少させる数々の計画が試みられた。唯一、実際的に効果のあったのは高い煙突によって地表からずっと遠くに煙を出したことであった。一九五二年のスモッグ騒動はこの問題に焦点を当て一九五六年の空気清浄化条例のきっかけを直接に造ったのである。しかしそれは肉眼で見える部分の煙が減っただけの話である。汚染ガスである亜硫酸ガス、一酸化炭素、炭酸ガスやすべての石油とオイル燃焼産物は未だ無制限に大気に放出され、後者は地表近くに漂っている。これら汚染物は固体粒子の汚染物と同程度に有害である。石油会社をして鉛で石油を処理させないことを決定したのは大進歩である。ほとんど内燃機関によって起こる鉛汚染は危険なほど上昇していたからである。

汚染を大幅に減少させることは可能である。亜硫酸ガスは洗滌して除去出来るがこの処理は高価なものにつき、燃焼石炭一トン当たり三十五トンの水を必要とする。未処理下水を川へ流し込む必要もないのだ。工場流出物は無害化出来る。短期間有効で選択性のある殺虫剤は永続性のある〝集団殺人者DDT〟と同じくらい有効である。大量の水溶性窒素肥料を土壌に散布する必要もないのである。

騒音という別の公害も同様に簡単に予防出来る。八十五デシベル以上の騒音に長期に亘って曝されると難聴を来す。九十五デシベル以上のボイラー工場騒音等に曝されると危険度はさらに高くなる。ジェットエンジンのような百四十デシベルのレベルでは、一、二分曝されるだけで永久的障害が起こる。低デシベルの間欠的騒音は人をいらいらさせ、疲労感を増加させ、熟練を要する仕事に支障を来す。これらが騒音の最悪の影響ではない。飛行機の轟音、自動車やオートバイの騒音は思考集中を損ない、熟眠の妨げとなる。集中力を助ける覚醒剤ベンゼドリンや鎮静剤に対する需要は、騒音に悩まされる環境によって引き起こされるのである。騒音汚染も防止出来る。適当な消音装置はどんな機械をも静かにすることが可能である。しかしエンジンの単価が上がり、消音装置がないエンジンより能率が落ちる。事実、危険なレベルの騒音を人々に強いた方が、機械を消音化させるより安価である。それと同様に有毒性工場廃棄物を放任したり、川へ未処理の下水をたれ流しにしたり、永久的かつ無差別殺虫剤を使用したり、窒素肥料で農産物の増産を図った方が安あがりである。根本的には問題は経済的なものである。

もう一つの大きな問題は食糧とその分配である。極く最近まで、食糧の供給源が近所に限られていた場合、コミュニティは餓えることがありえた。古代からの大敵、飢餓はしばしば地域的なものであった。豊作の年には、遅い牛車で内陸から港町まで穀類を運ぶことが出来たが、途中で牛馬や家畜に飼料を与えねばならなかった。地域的豊作は食糧の不足する土地に住む人々に恩恵を与えることは出来なかった。作物の生産が少ないと農業は極く少量の余りものしか非生産地帯におくれない自給農園の状態になった。修道院年代記にしばしば〝飢饉〟が言及されているが、これは全般的飢饉というよりむしろ局所的食糧不足のことを言っているのである。気候不順の後には広汎な不作が訪れたであろう。そしてその後で国家的または大陸的スケールの飢饉が発生した。そのような大災害は比較的珍しいものであったろうが、時には全ヨーロッパが激しい食糧不足に襲われたのである。一二五七〜九年と一三四六〜七年はその好例である。

農耕法が次第に進歩し、十八世紀の大農業改革で頂点に達した。[5] クローバー、蕪、その他の冬期飼料の導入により、家畜類の選択的飼育が可能になった。グアノのような化学肥料が動物糞の肥料を補った。馬鈴薯はたぶんバージニアを経て一五八〇年にペルーからスペインへ初めて導入され、二百年後に農作物として栽培され出した。トウモロコシの収穫は農業技術改善と異種交配によって増加した。十四世紀の農夫は一エーカー当たり二・五ブッシェルまたは七十キロの小麦の種を蒔いて七・五ブッシェルまたは二百二十九キロ収穫した。二十世紀の農夫は三ブッシェルまたは八十五キロを蒔いて二千キロ（二トン）の収穫を見込む。翌年の種蒔き用に種子を保存した後、十四世紀の農夫にはそれの二倍の量だけしか食べる量として残らなかった。現代の農夫は種子の二十二倍の重量を収穫するのである。さらに多産なパン用の穀物の登場、家畜を冬中飼育出来る可能性、新しい農産物等が飢餓を遠ざけた。

最初の砂利道、次いで運河を利用する運搬船、そして後日鉄道による高速輸送が、短い時間で大量の積荷を運送することを可能にした。局所的飢餓は過去のものとなったが、長続きの旱魃や長雨は未だに国家的収穫に影響を与え全国的な不作となり得るのである。ナポレオン戦争(6)は造船技術の進歩に貢献して、より大きく、より速い船が国家的飢餓の時に食糧輸入を可能にした。新興国の数々が古い国々に食糧を供給できるようになった時に最大の変化が訪れた。広大な北アメリカ平原の農家や、オーストラリア、ニュージーランド、アメリカ、アルゼンチンでの羊や牛の牧畜産業が現在の必需量以上の食糧を生産した。

能率的貯蔵法と急速な大量輸送法が飢餓に対応した食糧貯蔵や、非生産国が余った食糧を輸入することを可能にしたのである。豊饒と飢饉の差は拡がり、外国の食糧を購入出来た人は誰も飢えなくなった。貯蔵と輸送力増加が工業都市の生存と拡張を可能にした。発展しはじめた十九世紀の工場都市は十四世紀の農耕法と輸送法では食糧需要を満たすことは不可能だった。十四世紀には街が小さかったから自給が可能であったし、農耕地が街に隣接していたので需要が満たされたのであった。十九世紀の都市は物資供給を農業に頼らず、港と鉄道からの資源に頼ったのである。物資は何千マイルも離れたところから送られて来たのである。市場のある小さな町は重要性を失い、産業都市が流通の中心となった。この入れ替り現象は都市の住民の方が食糧を生産する農夫たちより食べ物が良いという奇妙な現象をもたらした。

飢餓は残存したがそれは自然現象による原因というよりむしろ購買力の欠乏に原因した。自国の不作は輸入国にとってはほとんど影響なかった。二度の世界大戦は、ヨーロッパの大部分が生産国の恩寵によってのみ生存可能という教訓を与えた。交通遮断と潜水艦作戦が食糧供給を危険なほど悪化させた。市民に対する飢餓という作戦が、強力な武器として故意に使用されたのである。安価な食糧輸入のため投げ売りをさせられた英国農業は没落したあまり第一次大戦中の一九一五年には人口の三分の一を養うほどにしか食糧を供給出来なかった。農耕法改良の結果と、貿易収支のバランスをとる差し迫った必要から現在では英国の食糧の半分は自給である。

英国は残りの必要食糧を製造品と交換して生存するので、貿易景気後退や、輸出国による供給拒否は小さな戦争と同様な影響を受けるのである。未開発国の定義は、適当な生活基準を確保するための資源を活用出来ないことを意味するので、英国は未開発国と肩を並べることになる。このような理由で世界中各地に未だ食糧不足が存在し、しばしば飢饉の域に近づくのである。未開発国は過剰人口に食糧を供給することが出来ず、充分な量の製造品を造ったり、輸入品購入のための支払いも出来ない。

開発途上国住民たちは一四〇〇年代のヨーロッパ人がそうであったようにしばしば自給農業で生活することを余儀なくされている。農夫は自分自身の家族のためには充分な食糧を生産するが社会の非生産的メンバーへの分け前はほとんどない。現在のアフリカやインドは十四世紀ヨーロッパと同様、局所的不作によってひどい影響を受けるかも知れない。一八四六〜九年のアイルランド大飢饉とそれに続いた困窮は自給農業の失敗に原因している。アイルランドは一八〇〇年代には八百万の人口を持ち、彼らのほとんどは借地を耕作して自給自足する百姓たちであった。一五八六〜八年に英国の探検家ウォルター・ローリー卿はヨーガルにあるアイルランド所有地にジャガイモの栽培を導入した。気候は大粒なジャガイモに適しており、十七世紀の末までにはアイルランドの主食となった。一八〇〇年代には、貧乏で、外国人地主たちに抑圧されていたとは言え、アイルランド農民は健康で栄養状態良好の国民であった。ジャガイモとキャベツが豚の飼育を可能にした。彼らはこれらの野菜と少量の豚肉や酪農品という変化に富んだ良質の食事を摂っていたのである。一八四五年にジャガイモの病気（胴枯れ病）が局地的に発生し、一八四六年にはジャガイモの収穫は事実上全滅した。アイルランド経済のすべては二〜三カ月の間に壊滅した。三年の間に二百万から三百万人のアイルランド人が飢餓と、飢饉につきものの病気で死亡した。地主たちは何百という小作人家族たちを追い出した。地主たちの行為は一部には土地借用料への貪欲によると言われているが、それと同時に自分達の国は農業改革を通してのみ救われると心から信じていたためであり、農業改革は小さな資本不足の所有地では不可能であったからである。ジャガイモ病に発した災難のため百万人以上のアイルランド人は新しい人生を求めて英国の植民地やさらにはしばしばアメリカ合衆国へと移住した。

これらの土地は人口過疎で、耕作を待つ膨大な処女地であった。そして移住者たちが知っている故国よりずっと優れた肥沃な土地であった。十九世紀のアイルランド人は少なくともローマ帝国時代またはそれ以前から続いた伝統を守り続けたのである。飢餓と病気が蒙古人遊牧民族をヨーロッパへ西方移動させたのである。人口増加と食糧不足が古代北欧人[7]に西ヨーロッパ略奪と植民地化並びにロシアの至るところで殺戮を行い、近年のトルコ侵入へとかり立てたのである。

ほとんどのアイルランド人は若々しく未開発の国で、より良い生活を見出した。現代のインド人やアフリカ人は同じようなことが出来ない。魅力のある処女地は残り少なくなって来たのである。水のない砂漠に水を引いたり、凍った荒地や熱帯森林を肥沃な耕地にするには莫大な経費と労働力を必要とする。しかし、人がこの地球上で将来長い間生存するのならこの仕事はやりとげられねばならない。我々はさらに深海探検、藻類の成長力の利用、従来とは異なる蛋白源の発見により今まで使用されていない食糧源に活路を求めなければならない。先進国には乏しく、途上国に多い現在の資源の均等な分配は望ましいが、もし全人類を充分に養うつもりなら食糧の大増産が必要である。インド・アフリカの大部分、南米の一部、多分中国も栄養不足である。もし、このような国々に適当な食糧が供給され、クワシオルコル型(8)の蛋白質欠乏症を絶滅させようとするなら次の三十年以内に食糧生産を一七〇パーセント増加し、肉や魚のような蛋白食糧を現在の五倍に増加しなければならないと言われている。

これは焦眉の問題であり、ほとんどの人々が考えているよりずっと緊急を要する事態である。緊急である理由は人間の側の、別の問題の中にある。人は人口増加を自然にコントロールしていた他の生命との共生＝拮抗のバランスのとれたメカニズムに関係しないことにしたのである。人は昔、人口バランスの一部に関与していた。つまり人は食うか食われるかの運命にあったのだ。もし猟師が鹿に出会い、鹿を殺した場合、彼は満腹した。もし彼が剣歯虎(9)に出会った時は虎が満腹した。すべてがすべてから恩恵を受けた。鹿は草を食い、人は鹿を食い、虎は人と鹿を食い、草は人、鹿、虎の老廃物によって肥えた。このような生活に適応出来ない〝種〟は衰退した。ゆっくりした遺伝子の変化により、よく戦い、よく逃れ、よく食べて、食べられるのをよく避けることが出来た〝種〟は繁栄し優勢となった。人は手と脳を使用する特別な能力を発達させた。人は思考したり、考えを伝達したり、火、石、青銅や鉄を使用し始めた。かくして人は彼より強い敵に打ち勝つことが出来、食うか食われるかの生存競争に関与しなくてすむことが出来るようになったのである。

我々の遠い祖先は大部分の野獣のように、殺し合い、事故と老化現象によって死んだ、老化末期の一部である病気を除いては現在我々が知っているような病気は稀であったに違いない。人が進化し、農業によって自分を養うに従って家族の数は増加し、部族、村や都市を形成した。群衆の誕生と共に新しい敵が現れた。人は大きい敵を打ち負かしたが、アフリカ探検家が大きな敵より微小な敵を恐れたように、初期文明は間もなく悪疫の侵略に遭遇した。人間の伝染病、家畜の伝染病、農作物を全滅させた胴枯れ病がその良い例である。だがこれらは人口急増阻止に貢献した。多数の細菌を身体に持つことにより、人はやはり自然の共生＝拮抗関係の一部を形成したのである。

この本の各章で我々は旺盛な人口増殖を抑制する病気の効果を観察して来た。しかし一番深刻な影響をもたらしたのはペストでも、発疹チフスでも、コレラの流行でもなかった。病気、飢饉、戦争という大災害が人口増加に課した抑制は一時的なものであった。慢性栄養不良の方が急激に襲った飢餓より人口増加抑制に大きな役割を果たし、長期に亘って観察する時、小児時代の感染症や出産に伴う危険の方が劇的な流行病より多数の人を殺したのである。何千年にも亘って人は病気の原因に関する知識を持っておらず、そのためその予防や治療の方法を知らなかった。出生児千人のうち、二百五十人は生後一年以内に死亡し成人は普通四十歳以上生き長らえないと信じていた。

十九世紀の中頃変化が起こった。これは細菌の発見とそれによる多くの病気の原因の発見である。接種による致死感染症の予防、汚水処理と清潔な飲用水、豊富で廉価な食糧、苦痛に対する慈悲深い態度等々が大きな影響をもたらしたのである。このような進歩の集計が人間の生存を助長した。多くの人々が長期間生存したので人口は増加した。しかしながらヨーロッパにおける人口の爆発的増加の始まりは医学的及び社会的改革に先だっていた。十九世紀前半に発生した突然の人口増加を説明するのは困難である。一三〇〇年から一七五〇年までの四百五十年間にヨーロッパの人口は八千万人から一億五千万人に増えた。一七五〇年から一八五〇年の一世紀に一億一千五百万人が増加した。腺ペストだけがヨーロッパから消滅した唯一の〝殺し屋〟であったが、腺ペストの死亡率を非常に低く見積もらないとこの人口増加を説明することは出来ない。生活状態の明瞭な変化の一つは、農村居住スタイルから工業都市居住スタイルへの変化である。小さくて隔離された社会では不可避な血族結婚がたぶん繁殖力喪失に繋がっていたのかも知れない。種々雑多な人々が多くの地域から町へ集まり、結婚年齢低下が人口増加に対する抑制を取除いたのかも知れない。

前述のような全般的進歩の結果一八五〇年以来人口増加は天文学的数字に達した。生後一年間における乳幼児死亡率は一八五一年の千人当たり百六十人だったが、一九五一年には三十人に減った。一八五一年の平均余命は四十歳であったが、一九二一年には五十七歳、一九五一年には六十七歳となった。一九六七年までにはヨーロッパ人男性の平均余命は七十二歳となった。一八五〇年にはヨーロッパ人口は二億六千五百万人であった。一九〇〇年には四億そして一九五〇年には五億五千万であり、現在の人口は六億三千九百万人以上でたぶん六億五千万人近くであろう。アメリカの人口は十九世紀中の移民によって正確とは言えないが一八〇〇年には五百万人を多少越える程度であった。一八五〇年には三千百万人に増え、一九六〇年の国勢調査では、一億八千万人である。一九七〇年国勢調査では、二億八百万人を越えると推定されている。世界的な見地に立って見ると、アフリカやアジアは未だに乳幼児の高死亡率と低い平均余命に悩まされているが、人口は一八五〇年の十億から一九五〇年の二十四億七千五百万人、そして一九七〇年の三十五億七千万人に増えた。今日地球上には、百年前の人口のほぼ四倍の人が住んでいる。

レクリエーションとレジャーは無制限の人口増加と高生活水準と相まって別の問題を提供する。現代の〝快適な生活〟はハイテクによる快適さを要求し、かつこれに依存している。自動車は便利であり生活に楽しみを与えたがそれと同時に多くの危険をもたらした。騒音と大気汚染はその危険の内の唯二つだけを言っているのだ。遠い先祖が朝洞穴を出た時、剣歯虎に出会ったように、現代の通勤者は自動車事故に出会う可能性がある。剣歯虎にとっては少なくとも人を食うという利益があったが、自動車は人を殺しても何の利益ももたらさないのである。さらに自動車事故によって直接に死ぬ確率は間接的に自動車に原因する死よりずっと少ないのである。

長寿、過食、過喫煙、現代生活に付き物の心配事、ストレスは病気のパターンを変えた。四十五〜六十四歳の中年層を例に取って見ると、あらゆる種類の事故死亡率は千人当たり僅か〇・四九人である。癌は千人中三・二五人であり動脈硬化症心臓疾患または冠状動脈血栓は毎年千人中二・三一人の死の原因となる。排気ガス汚染と肺癌との間にも関連があるかも知れない。自動車と冠状動脈血栓との関連も同様にありえることである。過食、心配、運動不足は死を促進させる成人病の原因である。座ってばかりいるビジネスマンは車が利用出来るとあれば、絶対に歩いて行かないものである。過食、暴飲、過喫煙の後、交通渋滞に出会い、次のアポイントメントに遅れると心配して頭にきている。彼らは〝冠状動脈〟疾患の典型的な候補者である。もし彼らが車をガレージに置いて歩いて通勤したら〝冠状動脈〟の危険はずっと少なくなると確信をもっていうことが出来る。

病気パターンの変化は生活習慣の変化、医学並びにパラメディカル部門の進歩のためである。今日の大殺人者は老人が直面している危険であり、心臓と血管の退行性変性疾患であり、慢性及び急性呼吸器病であり、老化現象の一部と思われる癌のような疾患である。このような疾患は、年間六十五歳以上の人々にとって千人当たり六十人の死の原因となる。一方他のすべての原因による死亡は千人当たり九人である。十五〜四十四歳間の千人当たり年間全死亡率は一・二七人であり、四十五〜六十四歳になると一〇・四五人となる。この数字は現代の〝死亡パターン〟が急性病より肉体的衰弱に原因することを示している。このパターンは二百年前とはまったく異なるのである。乳幼児下痢が生後一カ月以内の何千人という、乳幼児の命を奪い去った。天然痘と麻疹は十歳以内の子供たちを殺し、結核は壮年期の多数の人々を殺し、腺ペスト、発疹チフスやコレラの流行が何千何百という数の人を殺し、腸チフスと赤痢はすべての年齢層を危険に曝したのである。このような悪性感染症に対するコントロールが死のパターンを変化させた。

これは感染症のコントロールであって全滅させることではない。これらの伝染病は未だ存在する。伝染病のあるものは先進国でも発生するが、進歩した治療法が死亡率をほとんど無視出来るレベルにまで減少させた。これは極く最近の進歩である。第二次世界大戦以前には、汎流行を回避する手段は予防医学と社会医学だけに依存することであった。もしコントロールが失敗し、汎流行が発生した場合、医師たちは十四世紀の先輩たちと同様にまったく無力であった。やっと一九四一年になって広範な種類の抗生物質が体内にはいった細菌を攻撃することが可能になった。病気のコントロールは世界中どこでも同じように有効というわけではない。アフリカ、中国、インドのような広大な地域での病気のパターンは一世期前にヨーロッパや北アメリカに存在したパターンと概して類似している。コレラ、腸チフス、天然痘、結核、マラリアが栄養失調や不潔な生活状態とあわさって高い乳幼児死亡率や平均寿命の短縮の原因となるのである。我々に対する病気の挑戦は未だ続くのだ。

先進国における現在の病気パターンは老人層の大規模な増加によるものである。現在米国では六十五歳以上の人々が千九百五十万人いると計算され、この数は一九八五年には多分二千五百万人近くにまで増加するであろう。もし生産的職業からの退職年齢が六十五歳とすると、多数の老人たちは若い年齢の人々によって扶養されなければならない。それればかりではない。生産的職業を始める平均年齢は十七歳であり、現在この年齢以下の人口は七千四百万人である。一九八五年の推定数は一億六百万人である。米国の総人口は約二億八百万人であり、一九八五年には二億七千四百万人である。そのため今日では九千四百万人の非生産的市民たちが、一億千四百万人の生産的市民たちによって扶養されねばならず、一九八五年にはこの比率が一億三千万人対一億四千三百万人となるのである。平均余命が延びつつあるので、西暦二〇〇〇年までにはこれは重大な問題となるかも知れない。一世紀以前には〝無駄飯食い〟はほとんど子供たちに限られていて、老人扶養はほとんど無視出来た。

秩序統制の欠乏がこの章で述べたすべての災難のルーツに存在する。人は自分自身の現在の利益のためにのみ生活し明日へのことなど念頭にない。環境汚染、性病、過食と飢餓、無制限な人口増加等は我々をどこへ導いて行くのだろうか、そして我々はいかにそれを避け得るのだろうか？　我々が現在のコースを辿るかぎり災害は避けられない。人は自身に重大な危害を加えることなしに無制限に自分の環境を汚染出来ない。人は地球上の全食糧源を使い尽くすことなしに、無制限に繁殖することは出来ない。そのような可能性が万が一起こる時期は未解決であり、予告すべきでない。しかし一つはっきりと言える。それはその日が必ずやって来るということだ。その日の到来を予防するか延期する緊急の努力をしないかぎり、我々が予期するよりたぶんずっと早くやってくるであろう。一九七〇年に小麦品種改良の仕事でノーベル平和賞を授けられたノーマン・ボーラウグは受賞記念講演で人口増加の制限抜きでは我々の仕事は無駄なものになると言っている。

もちろん征服出来る新世界の存在を否定しない。宇宙のどこかに、大気のある、我々の世界と類似した気候状態や、植物相や動物相をもつ、住むことが可能な惑星が一つは存在するに違いない。そのような惑星は、我々の食糧と人間を以って植民地化出来るかも知れない。だが世界人口を現在時点の数字で静止状態にしておくためには、二十四時間ごとに十五万人の人々を宇宙へ打ち上げなければならない。西暦二〇〇〇年までには人口は約倍増し、そして急激な増加を続けるであろう。居住可能な惑星を見出し、そこへ住み着くよう十分な数の人々を説き伏せることが出来るかも知れない。しかしそんなことに人類の生存を賭けることは出来ない。

食糧不足は唯一の危険ではない。過去において病気が限定された地域で発生することが知られており、将来再び発生するかも知れない。現代医学はその病気に必ずしも勝てないかも知れないし、そしてそれが汎世界的流行の原因となるかも知れない。そのようなウイルス性疾患が存在することが知られている。輸入されたミドリ猿によって伝播されたマールブルグ＝ウイルスは西ドイツとユーゴスラビアで三十一人の犠牲者を出し、七人を死亡させた。マチュポ＝ウイルスはボリビアで出血熱から何百人という死亡者を出している。一九六九年と一九七〇年には正体不明の病気がナイジェリアのラサとジョスという地域を襲い、先住民と白人両方に死をもたらした。ラサ＝ウイルスはエール大学研究所で調査された時あまりにも猛毒致死的であったので研究を中止しなければならなかった。人口増と飢餓が切実になるとモンゴル型やバイキング型の侵略を再現させるかも知れない。現代、世界中の住み良い地域は多数の人口によって密度高く居住されているため、地球規模の大戦は不可避となるであろう。

統制の取れた人類の生殖は必須ではあるが唯一の必要条件ではない。食糧供給の公正分配も同様に緊急を要する。余り遠くない昔では、コミュニティの裕福なメンバーは美食過食をする一方、貧民たちは餓えた。今日その差は国家内全体のレベルでは縮まったが、持つ国と持たぬ国との差が拡がった。真に文明化された国は、恵まれない市民たちの飢餓を黙認しないし、真に文明化された世界は、半分の人類が過食し他の半分が餓えるという状態を容認しない。人口制限同様、平等分配の困難さは主に人種と国籍という概念に由来する。もし人類が自滅するとすると、滅亡は、たぶん人類が人種、国籍間の類似性より相違性を強調することに由来するであろう。原始的憎悪感と恐怖は未だ我々に内在し、何時でも文明の薄い皮殻を破って飛び出すのである。憎悪と恐怖感によっては、世界的規模の態勢を作ることは出来ない。この態勢のみが人類を救済できるのである。

医学（社会医学、治療医学、予防医学）が人類に、より良く健康な生命を楽しむ機会を与えた。同様に地球人口の増加をも可能にした。そうすることにより解決不可能かも知れない問題を我々に提供したのである。技術の進歩は二世紀前には考えられなかった快適さとアメニティを我々にもたらした。そうすることにより、また、解決不可能かも知れない問題が提供された。両者の組合せは物質面において人類は自身の文明状態に先駆ける結果となった。我々の中の原始的なものは充分に深く潜行しているわけではない。この理由で人類は基本的に言って動物のように生きるのである。無制限に繁殖し、環境を汚染し、天然資源を使い尽し、将来のことなど全く念頭に置かないのだ。各国政府は「我々は環境とうまくやっていかなければならない」と言うが、これは論点を巧みに避けている観がある。人は自身とうまくやっていかねばならない。もし人が自制することを学ばないか、自身が造った問題を解決しない場合は、少なくとも一時的には、問題は人のため解決されるだろう。この問題解決は人類の旧敵である飢餓、疫病、戦争という世界終末の三人の騎士[10]のうちの一人かまたは全員の手中にあり、そして彼らは四人目の騎士である、青ざめた馬に乗った死神を彼らの行列に連れ込もうとしているのである。

（1）　バタリー　鶏や兎を飼養するための多段式一連のケージ。
（2）　外陰部癌　煙突をまたぐたびに煤煙タールが外陰部を刺激して、陰嚢に癌を生ずる。

（3） シガレット　一八四二年にフランスで商品化された。
（4） ジョン・エヴェリン（一六二〇～一七〇六）　英国の著述家、*The Diary* の著者。
（5） グアノ　糞化石、コウモリ等の糞が堆積して硬化したもので、燐酸と窒素を多く含み肥料に用いる。南米特にペルーの太平洋岸に多く産出する。
（6） ナポレオン戦争　ナポレオンが一八〇四年末に皇帝になってから、一八一五年のワーテルローの戦いに至るまで、ヨーロッパ制覇を企てた数次の戦争の総称。
（7） 古代北欧人　八～十一世紀に英国やフランス北辺を侵略した海賊。
（8） クワシオルコル　西アフリカに見られる低蛋白栄養失調症。第六章一七三ページ参照。
（9） 剣歯虎（Sabre Toothed Tiger）　トラ類の化石獣で、漸新世から更新世の終り頃まで生息。
（10） 三人の騎士　ヨハネ黙示録。

医学史家からみた未来——日本語版に寄せて

二十一世紀の私達は医学にどんな変化や発展をみることになるのでしょうか。まず、過去に遡ってみることが未来への唯一の指針となるでしょう。

二十世紀初頭には、多くの病気は十九世紀における医学の発展や公衆衛生の改善によりその病毒性を失ってしまいました。一九〇〇年における病気の状況はまだ三百年前と似ていましたが、その発生規模は非常に小さくなっていました。今ではめったにお目にかかれないペストは、当時の西洋ではまだ存在していましたが、現在は極めて稀な、エキゾチックな病気となりました。天然痘も多くの国で風土病でありましたが、その大流行は抑えられていました。治療に抵抗し、最も致死率の高かった結核も衰退していきました。一八九九年から一九〇一年にかけてのボーア戦争の最後の年には、英国兵のうち六千四百二十五人が戦傷により、一万一千三百二十七人が病気により死亡しました。ところが、それから僅か五年後の日露戦争（一九〇四〜五）では、日本は五万八千三百五十七人を戦闘により、二万一千八百二人を病気により失いました。病死率のこのような激減はなんら新しい発見によるものでなく、すでに知られていた、飲料水を媒介とする伝染病の原因をふまえての衛生対策が、厳密に実施されなければならないと理解されたからです。そして、このことは、衛生対策の知識が実際に役に立つということがわかる以前のことだったのです。

十九世紀は発見の世紀と呼ばれるにふさわしいのであり、二十世紀の前半にそれらの発見が実用化されたといえるでしょう。おそらく一九〇〇〜四〇年の期間は統合の時代とでも呼んでよいのであって、十九世紀の驚くべき急激な発展は、二十世紀中葉まで再び加速されることはなかったのです。当時の主要な研究の一つは「完全殺菌」であり、医薬品は患者に害を与えることなく、患部組織に直接働くように求められていました。梅毒治療用のサルヴァルサンという限られた場合を除いて、ゲルハルト・ドマクがプロントジル＝ルブルムを創るまでは、直接に病気に有効なものはなく、短期間しか使用されませんでしたが、プロントジル＝ルブルムこそが、一連の系統的な殺菌剤であるサルファ剤の嚆矢だったのです。そして、これが、直接にペニシリンの研究につながりました。

ペニシリンの「殺菌作用」は、ジョセフ・リスターやジョン・ティンダルによって想定されていて、フレミングによりある程度の証明がなされました。ペニシリンは最初の抗生物質として、チェイン、フローレイ、フレッチャーにより一九四一年にオックスフォードで臨床的に使用されました。この時、微生物による病気に対して全く新しい、有効な攻撃が開始されたのです。抗生剤は殺菌剤ではありませんが、実際は完全な殺菌作用の役目を果しました。これはメチニコフやエールリッヒといった研究者の最終目標だったのです。

抗生剤は成功を収めましたが、将来の有用性をそこなう危険性も内在していました。生物は抵抗性（耐性）をもつようになります。このことにより、生物は先祖の形質を維持できるのです。この著名な例は黄色ブドウ球菌で、しばしばペニシリン耐性の株がみられます。つまり、私達は大きな問題を抱えているのであり、根本的解決を迫られています。ウイルスにも同様な問題があり、これは現時点で知られる方法では解決できません。大問題になりつつあるエイズがそれです。

二十世紀は二つの世界大戦を経験しました。そして戦争は外科の学校の一つとなります。大きな進歩、とくに蘇生術における進歩は、病んだ臓器を置換することを可能にしました。これは、かつては、神話の中でのみ可能な、達成できない理想とも考えられていました。死者から臓器を採取して、生きている人に移植することは、生理学的ならびに倫理的な問題をなげかけます。生理学的な問題はある程度解決されており、この面での研究は引き続き行われています。しかし、人体から提供された臓器の方が、人工臓器より確実に優れているのでなければ、倫理的な問題は存在し続けるのであり、この難しい問題は臓器移植がごく一般に行われてもよい手術であると認知されるまでに解決されなければなりません。医学は複雑な問題を孕み、医学の成果は一般大衆の死に対する態度の変化をも伴うものです。死は人間の一生のうちに必然的におきる誕生のような単純な生理現象と考えることもできます。この死の受容は現代医学が直面している、いわゆる倫理問題の多くを解決するのに役立つでしょう。医師の第一の義務は病気を予防し、病苦を軽減することであるということを考慮すると、世俗的な立場からすれば、臓器移植のみならず、延命、即ち、しばしば全く無意味な生命延長の問題も単純化できるでしょう。この仮説を簡略化して述べると、実地医家が無意味で苦痛に満ちた生命の延長を図るべきでないのは、どのような質の生命でも意図的に短縮させることが許されるべきでないのと同様です。

現代医学が複雑化していることを示す他の例は高齢者の急激な増加です。医学は、広い意味で、臨床的であるとともに、社会的、予防的に働き、多くの人々が彼らの先祖よりも長生きするようにしました。医学は徐々に老人が昔より活動的に生きられるようにしました。しかし、これらの人々の生命が有用であると保証することはできません。これは主に経済的問題もからみ、まだ解決されておりません。六十五歳の会社経営者が引退年齢になっても高給のポストにしがみついているとすると、若い人の道をふさぎ、怒りや恨みがおきることになります。高齢者に対するこのような態度は危険です。なぜなら、働けない高齢者は増加していますが、彼らを養うには活気に満ちた労働者が必要になりますのに、その数は減っているからです。そして、後者（活動的労働者）が生命の制限を要求する時が到来しないとも限りません。

医学は複雑化しております。もっともこれは医学に限ったことではありません。そして、これを単純化する試みが行われています。「単一の原因」という考えはパスツールの「菌芽」の発見に遡ります。菌芽は病気をひきおこす単一の生物です。ある遺伝子はある単一の因子をもつという考えは魅力的です。受け継いだ遺伝子が病気の単一原因であるとするのはキリスト教でいう原罪の考えと一致します。しかし、これでは環境や教育について説明することはできません。このような度が過ぎた単純化は信頼に足らず、医学的妨害となるから危険です。上記の考えは遺伝子工学につながるわけですが、これは親や社会の教育の力によって不良な遺伝傾向をコントロールするかわりに遺伝子工学をやろうということなのです。

同様なことが煙草や麻薬といった「現実逃避」に対する将来の治療についてもいえます。禁酒はアメリカで失敗しました。禁止や度が過ぎた規制では悪をコントロールすることはできないのです。おそらく、安全で習慣性のない治療法を追求することの方が希望がもてます。

（一九九五年十二月）

訳者あとがき

数々の伝染病が世界史の流れを変えたのは疑う余地のないところであり、この興味ある課題を著者カートライト博士は著名な例をあげて述べている。

我々はナポレオンはロシアの冬将軍のために敗北したと教えられていたが、ナポレオン軍がモスクワへ入城した時点で十人の内七人が既に発疹チフス等の伝染病のために倒れていたのである。また、天下分け目のワーテルロー会戦の朝、用兵の天才ナポレオンは痔の痛みのために指揮が取れず、ウェリントン将軍麾下の連合軍に大敗してしまったのだ。歴史の上にペストが残した爪跡はすさまじいものがあり、十七世紀にヨーロッパを襲ったペストは英国の社会機構を変え、その影響は現在まで続いていると著者は記している。梅毒も人類の歴史に深く醜い足跡を残した。著者は梅毒スピロヘータが熱帯皮膚病フランベジアのスピロヘータからの変型ではないかという興味ある推測をしている。現在の専門家によればその推測には多少無理があるのではないかということだが、著者がいう様に十五〜十六世紀の梅毒は現在我々が知っている梅毒とはまったく異なるので、現在の知識をもって著者の説を云々出来ないかも知れない。同様に、著者はジャンヌ・ダルクの耳鳴と彼女が聴いた「声」をメニエール氏病によるものではないかと推測している。我々耳鼻咽喉科医からみるとにわかに肯定できないが、面白い考え方である。

アフリカ大陸は白人宣教師や探検家にとっては「死の大陸」であった。我々が現在でも恐れるエイズ、バーキット型リンパ腫、エボラ出血熱等々全て熱帯アフリカに源を発しているが、マス・トランスポーテーションの時代、アフリカ大陸熱帯病が台所や居間へ侵入しはじめたのである。エイズやエボラ・ウイルスが十七世紀の肺ペストの様に歴史の流れを代えつつあるのかも知れない。その様な意味で「病気とアフリカ探検」の章は非常に興味がある。天然痘は完全に絶滅したが、ペストは未だに虎視眈々と機会を窺っている。最近もインドで肺ペストが発生しパニック状態になったと報道されている。どうして悪性度の低い鼠→蚤を介する腺ペストのサイクルが悪性の肺ペストに変わったかは未だ不明であるが、十七世紀の様に致死率の高い肺ペストの蔓延が再発するかも知れないと著者は警告を発している。ヴィクトリア大英帝国女王に源を発した血友病遺伝子は婚姻関係によりヨーロッパの王家へ散らばり、これがロシアのロマノフ王朝滅亡の原因と成った。なお、現英国女王エリザベス二世の夫君フィリップ殿下は血友病遺伝子を受けついでいた王家の一つマウントバッテン家（マウントバッテンの名は大戦中ドイツ名のバッテンベルクを英国風に変えたもの）の出であり、フィリップ殿下はロマノフ王朝と血縁関係にある。

終章で書かれている環境公害はごく最近の事かと思われるだろうが、一二七三年の条令で英国では石炭を燃やす事を禁じ、事実その禁を犯した者が処刑されたのである。エリザベス一世（一五五八〜一六〇三）も石炭の臭いと煙に悩まされていた。一六〇〇年といえば何と関ヶ原会戦前後の時代なのだ。

この本は歴史を医学、特に伝染病という窓を通して覗いた興味ぶかい本であり、医学関係者、歴史家のみならず、どなたにも楽しく読んで戴けると確信する。なお、翻訳に際し、たゆみなき助言をくれた英国系米国人の妻ジャネット・マリーに深甚な謝意を表する。

（倉俣トーマス旭）

共訳者であるカリフォルニア在住の先輩倉俣博士と私は、職場は太平洋をはさんでいるが、ともに耳鼻咽喉科医として仕事に励んできた。私達二人は専門分野以外の共同作業として、R・ゴードン著『世界病気博物誌』（時空出版）を訳出して出版したが、今回は二冊目の訳書を世に送り出すことにした。

＊

歴史の流れの上で、文明の進歩は人類の健康にどうかかわってきたのだろうか。人類は病気を克服すべく努力を重ね、これが文明の進歩につながった。他方、病気も歴史に影響を及ぼしたのである。かつては、ペスト、発疹チフス、赤痢、マラリアなどの大流行病が多くの戦争の勝敗を決定した。ロシア革命の際、発疹チフスが蔓延し、レーニンは「社会主義が虱を打ち破るか、虱が社会主義を打ち破るか、どちらかである」といった。このような歴史と病気とのかかわり合いについて書かれたものに、シゲリスト著『文明と病気』（岩波新書）、ジンサー著『のみ・しらみ・文明』（みすず書房）があり、最近では、マクニール著『疫病と世界史』（新潮社）、サンドライユ著『病の文化史』（リブロポート）も訳出された。

本書では、病気がいかに歴史を変えたかという視点が重視されている。そのために、題も *Disease and History* となっており、History and Disease とはなっていない。なお、訳書の題名は内容をより具体的に示すために『歴史を変えた病《やまい》』とした。歴史に、「もし……」という言葉は禁句であるが、「もし、あの時、あの病気がなかったら……」と思いめぐらすことは、私達にとって誘惑的である。

著者は各章ごとに、特定のテーマと病気を選び、現代の医学からみて解説を加えるという手法をとっている。内容は理解しやすく、しかも読みやすい。病気も、ペスト、発疹チフス、マラリアなどの大流行病だけでなく、梅毒、血友病、さらにより個人的な病《やまい》である痔までがとりあげられている。終章は薬害や環境問題がとりあげられている。「タイン川に落ちた人は溺れ死なず、汚染された水によって毒死する」（「タイムズ」紙）などというまことに警世的な言葉もあり印象深い。各章の内容の組み立てからいって、著者のノンフィクションのストーリーテラーとしての力量はかなりなものであり、本書が、フランス語、イタリア語に訳出されて好評を博したことも合点がいく。カナダでは一時ベストセラーになったと著者からうかがった。

原著者のカートライト博士は麻酔科医であるが、医学史の泰斗でもある今年（一九九六）八十七歳の碩学である。私はこの訳業の最終段階で英国を訪れ、ロンドンの西方レディング郊外の広大な庭園スウォローフィールドのカントリーハウスに悠々自適の生活をおくっているカートライト博士を訪ね、原著にある理解の困難な点について教示をうけた。私は「謦咳に接する」ことも大切であると考える人間である。カートライト博士は長身の温厚なイギリス紳士で、私にとって慈父の如き温みのある態度で接してくれた。私は、久し振りにきわめて良質のマンツーマン教育をうけたのである。博士は足が少し弱り、難聴のため、両耳に補聴器を装用しているが、頭脳はきわめて明晰で、私の質問には、たちどころに的確な回答が返ってきた。記憶力が抜群なことには舌を巻いた。彼が現役の麻酔科医の頃、キングス・カレッジ病院で、英国が誇る近代耳鼻咽喉科学の泰斗で同僚でもあったサー・ヴィクター・ネガスやサー・テレンス・コーソーンの手術に麻酔をかけた話も興味深くうかがうことができた。なお、原著が成立する際に協力したマイケル・ヴィディス氏はカートライト博士の娘婿で、現在は、レディング大学史学科主任教授である。

原著は一九七二年に世に出たあと改訂されていない。したがって、その後の二十年に次々におこったエイズや臓器移植あるいは老年医学などの重要問題についてとりあげられていない。私はこの点を、日本の読者のため、二十一世紀の医学を見据えて追記してくれるようお願いしたところ、カートライト博士は快諾され、巻末にのせた「医学史家からみた未来」というエッセイをとどけてくれた。なかなか味のある文章である。

この本の中で、日本に言及しているのは、疱瘡除けの赤布、日露戦争の際の戦死・戦病死者数の意義、東京の大気汚染を述べた箇所である。個人名では、北里柴三郎（ペスト菌の発見）、秦佐八郎（サルヴァルサンの合成）、野口英世（脳内での梅毒スピロヘータの証明）があげられている。本書では西欧を中心に話がすすめられ、アジア・東洋に関する記載が少ない。アジア・東洋についても、本書の如き観点から書かれた著書が出現することを期待したい。

原著には注はないが、訳書には各章末に訳注をつけることにした。参考文献は原著のとおりのものをのせた。

最後に本書の訳出にあたり、次の方々の協力を得たことを付記し、感謝の意を表する。遠藤茂雄（法政大学教授）、酒井シヅ（順天堂大学教授）、正田純子（埼玉医科大学）、村井美奈子（帝京大学市原病院）、子供達（令・由）。

（小林　武夫）

再版にあたり

医学、看護学、介護学は医学史、疾病史から学びはじめるとよい。これらは人類の文化に深く関与している。本書は私にとってはじめての訳書であったが若い人たちから好評を得た。

訳業の最終段階で、私は英国レディング郊外スウォローフィールドのカントリーハウスに引退したカートライト先生を直接訪問して教えをうけた。先生の愛車はロールスロイス（英国の麻酔科医は裕福！）、蔵書を処分して（かなりの部分は、レディング大学教官の聟がひきとった。この大学には日本人留学生も多かった）二間《ふたま》の住居に住んでいた。部屋には、先祖の立派な肖像画のみがかけてあった。

先生は「北米（とくにカナダ）では、本書がベストセラーになったが日本ではどうなるだろうか」と言われた。この再版のことをお知らせすれば天国の先生は喜ばれると思う。

私が勉強した東京大学医学部には医学史の授業はなかった。そのかわり、医療法制という面白みのない授業が弁護士によって行なわれていた。医療過誤のつまらぬ話で、欠席者がめだった。本書の内容のような医学史をとりあげてほしかったと思う。

表紙の先生の像は私が撮った。英国の紳士らしく、朝食時（カントリーハウスの食堂で一同がいただく）にはきちんとネクタイをしめ、さっぱりとしたシャツと背広を着ていた。私は当時のカートライト先生の年齢に近づいてきたが、着こなしは面倒になってきた。写真は先生の夫人とギリシャ文学を専攻する娘さんが交替で運転するオースチンの小型車で、私をテームズ川（支流と運河）に案内するために玄関前に立った時のものである。この時、先生の足もとにネコがいて、捕ってきたネズミをカートライト先生にみせていた。先生がネコをほめるからだろう。カントリーハウスは厚い土壁でできており、ネズミやモグラが多く棲んでいたようだ。

本稿は、日本咽喉科学会で訪れた高知で、ニューヨークから来たブリツァー先生の話をきく合間に書いた。高知まで、歩行に障害のある私を運んでくれた家族（桂子、令、由、ライアン）に感謝する。また、ニューヨーク大学病院レジデント時代より、日本と異なる医療環境の中で、助けあって勉学にはげんだ広瀬肇先生（横浜市、耳鼻咽喉科、音声言語医学）、林宏先生（横浜市、脳神経外科）の協力に感謝する。

二〇一八年　早春

小林武夫

WILSON, C., *Rasputin*, Arthur Barker, London, 1964. Panther Books, London, 1966. (pb.)
YOUSSOUPOFF (Prince), *Rasputin*, Jonathan Cape, London, 1927.

第八章

BRACHER, K., *The German Dictatorship*, Weidenfeld and Nicolson, London, 1971.
BULLOCK, A., *Hitler, a Study in Tyranny*, Odhams, London, 1952. Penguin, Harmondsworth, 1962. (pb.)
COHN, N., *Warrant for Genocide*, Eyre and Spottiswoode, London, 1967. Penguin, Harmondsworth, 1970. (pb.)
PERNOUD, R., *Joan of Arc by Herself and Her Witnesses*, Macdonald, London, 1964. Penguin, Harmondsworth, 1969. (pb.)
THOMAS, K., *Religion and the Decline of Magic*, Weidenfeld and Nicolson, London, 1971.
TREVOR-ROPER, H., *The European Witch-Craze of the 16th and 17th Centuries*, Penguin, Harmondsworth, 1969. (pb.)

第九章

BRIERLEY, J. K., *Biology and the Social Crisis*, Heinemann, London, 1967.
CIPOLLA, C. M., *The Economic History of World Population*, Penguin, Harmondsworth, 1962. (pb.)

第四章

HEROLD, J. C., *The Age of Napoleon*, Weidenfeld and Nicolson, London, 1964. Penguin, Harmondsworth, 1969. (pb.)
KEMBLE, J., *Napoleon Immortal*, John Murray, London, 1959.
MARKHAM, F., *Napoleon*, Weidenfeld and Nicolson, London, 1963. Mentor, London, 1966. (pb.)
PRINZIG, F., *Epidemics Resulting from Wars*, Clarendon Press, Oxford, 1916.
ZINSSER, H., *Rats, Lice, and History*, George Routledge, London (4th Ed.), 1942.

第五章

ELLIOTT, J. H., *The Old World and the New 1492-1650*, Cambridge University Press, 1970.
GREENHILL, W. A., *Rhazes on Small-pox and Measles*, Sydenham Society, London, 1848.
PARRY, J. H., *The Spanish Seaborne Empire*, Hutchinson, London, 1966.
PRESCOTT, W. H., *History of the Conquest of Mexico*, Bentley, London, 1843.
ROLLESTON, J. D., *The History of the Acute Exanthemata*, Heinemann, London, 1937.

第六章

BROCKINGTON, C. F., *A Short History of Public Health*, Churchill, London (2nd Ed.), 1966.
CURTIN, P. D., *The Image of Africa: British Ideas and Action 1780-1850*, University of Wisconsin Press, Madison, 1964.
FOSTER, W. D., *A History of Parasitology*, Livingstone, Edinburgh, 1965.
GELFAND, M., *Livingstone the Doctor*, Blackwell, Oxford, 1957.
HAGGARD, H. W., *Devils, Drugs and Doctors*, Heinemann, London, 1929.
JARAMILLO-ARANGO, J., *The Conquest of Malaria*, Heinemann, London, 1950.
SNOW, J., *On Cholera* (Reprint), Hafner, New York, 1965.

第七章

CARTER, C. O., *Human Heredity*, Penguin, Harmondsworth, 1962. (pb.)
MACALPINE, I., and HUNTER, R., *George III and the Mad Business*, Allen Lane, London, 1969.
—— *Porphyria, a Royal Malady*, B.M.A., London, 1968.
MASSIE, R. K., *Nicholas and Alexandra*, Gollancz, London, 1968. Pan Books, London, 1969. (pb.)
PARES, SIR B., *The Fall of the Russian Monarchy*, Cape, London, 1939.
SETON WATSON, H., *The Decline of Imperial Russia*, Methuen, London, 1952. University Paperbacks, 1964.
TAYLOR, E., *The Fossil Monarchies*, Weidenfeld and Nicolson, London, 1963. Penguin, Harmondsworth, 1967. (pb.)

第一章

ALLBUTT, SIR T. C., *Greek Medicine in Rome*, Macmillan, London, 1921.
CHADWICK, H., *The Early Church*, Penguin, Harmondsworth, 1967. (pb.)
CLAY, R. M., *The Mediaeval Hospitals of England*, Methuen, London, 1909.
CRAWFURD, R., *Plague and Pestilence in Literature and Art*, Clarendon Press, Oxford, 1914.
JONES, A. H. M., *The Later Roman Empire*, 3 vols. Blackwell, Oxford, 1964.
PROCOPIUS, *The Persian War*, Loeb Classical Library, Heinemann, London, 1914.
SCHOUTEN, J., *The Rod and Serpent of Asklepios*, Elsevier, Amsterdam, 1967.

第二章

BELL, W. G., *The Great Plague in London in 1665*, John Lane, London, 1924.
COHN, N., *The Pursuit of the Millenium*, Secker & Warburg, London, 1957. Paladin, London, 1970. (pb.)
CREIGHTON, C., *A History of Epidemics in Britain*, 2 vols. Cambridge University Press, 1891.
GOODRIDGE, J. F., *Langland, Piers the Ploughman*, Penguin, Harmondsworth, 1959. (pb.)
SHREWSBURY, J. F. D., *A History of Bubonic Plague in the British Isles*, Cambridge University Press, 1970.
(Shrewsbury's conclusions should not be accepted without consulting Morris, C., *The Plague in Britain*, Historical Journal, vol. xiv, No. 1. March 1971.)
SOUTHERN, R. W., *The Mediaeval Church*, Penguin, Harmondsworth, 1970. (pb.)
ZIEGLER, P., *The Black Death*, Collins, London, 1969. Penguin, Harmondsworth, 1970. (pb.)

第三章

CHAPMAN, H. W., *The Last Tudor King*, Jonathan Cape, London, 1958. Arrow Books, London, 1961. (pb.)
ELTON, G. R., *England Under the Tudors*, Methuen, London, 1955.
GOODMAN, H., *Contributors to the Knowledge of Syphilis*, Froben, New York, 1944.
GRAHAM, STEPHEN, *Ivan the Terrible*, Ernest Benn, London, 1932.
HOLCOMBE, R. C., *Who Gave the World Syphilis?*, Froben, New York, 1937.
HUDSON, E. H., *Trepanematosis*, Oxford University Press, 1946.
—— *Non-Venereal Syphilis*, Livingstone, Edinburgh, 1958.
MACLAURIN, C., *Post Mortem*, Jonathan Cape, London, 1923.
MACNALTY, SIR A., *Henry VIII: A Difficult Patient*, Christopher Johnson, London, und.
SCARISBRICK, J. J., *Henry VIII*, Eyre and Spottiswoode, London, 1968. Penguin, Harmondsworth, 1971. (pb.)
UDEN, G., *They Looked Like This*, Blackwell, Oxford, 1965.

参考文献

本書全般

ADAMS, F., *The Genuine Works of Hippocrates*, Sydenham Society, London, 1849. (revised) Williams and Wilkins, Baltimore, 1939.

BETT, W. R., *The History and Conquest of Common Diseases*, University of Oklahoma Press, Norman, 1954.

GALE, A. H., *Epidemic Diseases*, Penguin, Harmondsworth, 1959. (pb.)

HENSCHEN, F., *The History of Diseases*, Longmans, London, 1966.

L'ETANG, H., *The Pathology of Leadership*, Heinemann, London, 1969.

SCOTT, H. H., *Some Notable Epidemics*, Arnold, London, 1934.

SCOTT STEVENSON, R., *Famous Illnesses in History*, Eyre and Spottiswoode, London, 1962.

SHREWSBURY, J. F. D., *The Plague of the Philistines*, Gollancz, London, 1964.

YEARSLEY, M., *Le Roy est Mort*, Unicorn Press, London, 1935.

りぶらりあ選書
歴史を変えた病

1996年6月20日　初　版第1刷発行
2018年5月17日　新装版第1刷発行

著　者　フレデリック・F. カートライト
訳　者　倉俣トーマス旭／小林武夫
発行所　一般財団法人　法政大学出版局
〒102-0071 東京都千代田区富士見2-17-1
電話 03(5214)5540　振替 00160-6-95814
製版，印刷：三和印刷　製本：誠製本

Printed in Japan
ISBN978-4-588-02304-0

著　者

フレデリック・フォックス・カートライト（Frederick Fox Cartwright）
1909–2001年。ロンドンのキングス・カレッジで医学を学び、その後、麻酔科医としてキングス・カレッジ病院に勤務。退職までの間に、同病院麻酔科部長、キングス・カレッジ評議員、同医史学科主任、王立医学協会医史学部長、同名誉会員などの要職を歴任。なお、英国医史学会会長に選任されたが、病気のため辞退している。麻酔科医としての専門書のほか、『イギリスにおける麻酔の先駆者達』、『ジョセフ・リスター』、『近代外科学の発展』、『医学の社会史』などの著書がある。

訳　者

倉俣トーマス旭（くらまた・とーます・あきら）
1930年、神奈川県鎌倉市に生まれる。1954年、横浜医科大学（現・横浜市立大学医学部）卒業。1959年、ニューヨーク大学大学院耳鼻咽喉科専門医課程修了。同大学インストラクターを勤める。1961年、米国軍医として召集、陸軍軍医少佐。1965年、カリフォルニア州コヴィナ市に耳鼻咽喉科医院を開業。同地にて逝去。著書に『奴隷船船長の讃美歌　アメージング・グレース』（神奈川新聞社、2005年）、共訳書にゴードン『世界病気博物誌』（1991年）、同『歴史は病気でつくられる』（1997年）、同『歴史は患者でつくられる』（1999年）、同『歴史はSEXでつくられる』（以上、時空出版、2002年）、ランドル『ポーツマス会議の人々』（原書房、2002年）がある。

小林武夫（こばやし・たけお）
1932年、静岡県浜松市に生まれる。豊橋時習館高校を経て、1959年、東京大学医学部卒業。耳鼻咽喉科学専攻。ニューヨーク大学病院レジデント、東京大学耳鼻咽喉科助教授、JR東京綜合病院部長、東京藝術大学音楽学部講師、国立障害者リハビリテーションセンター学院講師、聖徳大学音楽学部講師などを経て、帝京大学客員教授。サー・チャールズ・ベル・ソサエティ会員、アメリカ喉頭科学会外国人会員。著書に『主治医のアドバイス27章』（共著、交通新聞社、1992年）、『喉もと過ぎた鼻白む耳障りなはなし』（メディカルカルチュア、1994年）、『疫病の時代』（共著、大修館書店、1999年）、『顔面神経障害（Client 21）』（共著、中山書店、2001年）、『耳科学』（共著、中公新書、2001年）、Hearing Impairment（共著、Springer Verlag、2004年）、『耳コースの手引』（東京大学医学部、2016年）、編著に『新図解耳鼻咽喉科検査法』（金原出版、2000年）『改訂新版　痙攣性発声障害』（時空出版、2005年）、共訳書にダレーヌ『外科学の歴史』（白水社、1988年）、ゴードン『世界病気博物誌』（1991年）、同『歴史は病気でつくられる』（1997年）、同『歴史は患者でつくられる』（1999年）、同『歴史はSEXでつくられる』（以上、時空出版、2002年）、デイヴィス／ヤーン『ヴォイス・ケア・ブック』（音楽之友社、2017年）などがある。